Wolf-Henning Petershagen

Wir Schwaben
Band 3

Wolf-Henning Petershagen

Wir Schwaben

Band 3
So sprechen wir

mit Illustrationen von Daniel Wiesmann

THEISS

Herausgegeben von der Neuen Pressegesellschaft Ulm mit ihren Partnerzeitungen: Alb Bote, Geislinger Zeitung, Haller Tagblatt, Hohenloher Tagblatt, Hohenzollerische Zeitung, Neue Württembergische Zeitung, Reutlinger Nachrichten, Rundschau, Südwest Presse, Südwest Presse Metzinger-Uracher-Volksblatt, Tauber Zeitung

Die Deutsche Nationalbibliothek verzeichnet diese Publikation in der Deutschen Nationalbibliografie; detaillierte bibliografische Daten sind im Internet über *http://dnb.ddb.de* abrufbar.

Der Konrad Theiss Verlag ist ein Imprint der WBG.

Sonderausgabe in 3 Bänden

Der vorliegende Band enthält Texte aus den Werken *Schwäbisch für Besserwisser* (1. Aufl. 2003), *Schwäbisch für Durchblicker* (1. Aufl. 2004) und *Schwäbisch für Superschlaue* (1. Aufl. 2006), die im Konrad Theiss Verlag, Stuttgart, erschienen sind.
Die Herausgabe des Werkes wurde durch die Vereinsmitglieder der WBG ermöglicht.
Umschlaggestaltung: Stefan Schmid Design, Stuttgart
Lektorat: Martin Müller, Ostfildern
Gedruckt auf säurefreiem und alterungsbeständigem Papier
Printed in Germany

Besuchen Sie uns im Internet: www.wbg-wissenverbindet.de
ISBN 978-3-8062-3154-0

Vorwort

Bücher, die *im* schwäbischen Dialekt geschrieben sind, gibt es viele – Bücher mit Gedichten, Erzählungen, Theaterstücken, und sogar Übersetzungen aus der Bibel. Bücher *über* das Schwäbische sind seltener. Sie lassen sich fast alle zwei verschiedenen Sparten zuordnen. Entweder sind es wissenschaftliche Abhandlungen, die sich trocken mit der historischen Entwicklung und geographischen Verbreitung bestimmter Wörter und Lautformen oder auch mit Einzelfragen der Grammatik auseinander setzen – Schriften, die sich ganz überwiegend an wenige Spezialisten wenden. Oder es sind Sammlungen, in denen Mundartliches aufgelistet wird. Dialektausdrücke aus kleinen Regionen, schwäbische Redensarten oder auch der Wortschatz bestimmter Sachbereiche – bekannt sind die Schimpfwörterlexika, die beliebt sind, weil die Einheimischen alte Bekannte darin aufspüren und weil sie die Grobheiten als eine Art sprachlicher Frischzellentherapie betrachten.

Henning Petershagen schafft den Spagat zwischen diesen beiden Abteilungen. Er greift einzelne Wörter, Wendungen und Formen heraus, fragt nach ihrer Herkunft, ihrer Entstehung und Veränderung, und er zieht dabei alles zu Rate, was die Sprachwissenschaft erarbeitet hat. Oft entwickelt er aber auch eigene Theorien, und besonders Spaß macht es ihm, wenn er die Forschung auf ungelöste Probleme hinweisen kann. Und das ist nicht das einzige, das ihm Spaß macht: Die ganzen Skizzen sind ungemein lebendig und mit großer Freude an der Vielfalt und Treffsicherheit der Mundart geschrieben, und diese Freude teilt sich auch den Leserinnen und Lesern mit. Sie entsteht auch dadurch, dass Petershagen sich nicht auf die ständig vorgeführten schwäbischen Signale – vom sentimentalen *Grüß Gottle* bis zum derben *Schwäbischen Gruß* – beschränkt, sondern auch Unauffälliges aufgreift wie etwa die vielen kleinen Zwischensilben und Zwischenwörter, die so etwas wie der Mörtel der Mundart sind. Wie sollte sich ein Schwabe verständigen ohne *ha, ha no* oder *gell*? Schließlich zeigt Henning Petershagen auch immer, wie man sich mit den behandelten Vokabeln verständigt; er verliert sich nie in der Sprachgeschichte, sondern zeigt auch mit großer Sensibilität die Funktion und damit den richtigen Gebrauch der Mundart in unserem Alltag.

Das Buch vermittelt Belehrung *und* Vergnügen. In welchem Mischungsverhältnis – darüber entscheiden vor allem die Leserinnen und Leser.

Prof. Dr. Hermann Bausinger

Ludwig Uhland Institut
für Empirische Kulturwissenschaft
Universität Tübingen

Schwäbisch offensiv!

Es mag vermessen erscheinen, ein Buch »Wir Schwaben – So sprechen wir« zu überschreiben. Doch der offensive Titel ist Programm. Denn noch immer gibt es genügend Schwaben, die (meist vergebens) krampfhaft bemüht sind, ihren Dialekt zu verbergen, weil sie sich haben einreden lassen, Schwäbisch sei schlechtes oder gar falsches Deutsch.

Das aber ist ein gewaltiger Irrtum. Schwäbisch hat seine eigene Entwicklung durchgemacht und dabei oftmals ältere Sprachzustände konserviert, die der Schriftsprache verloren gegangen sind. Es hat bisweilen seine eigene Logik – kurz: Es weicht oft von der so genannten »Hochsprache« ab. Doch deswegen ist es keineswegs falsch. Im Gegenteil: Manche Kapitel dieses Buches werden belegen, dass Schwäbisch nicht selten logischer und konsequenter ist als die Schriftsprache. Es besteht mithin kein Grund, sich vom Schwäbischen zu distanzieren. (Es besteht allerdings auch kein Grund, es auf Teufel komm raus bei jeder Gelegenheit breit und bekennend vor sich her zu tragen, weil das in der Tat abschreckt und nachvollziehbare Distanzierungsbedürfnisse auslöst.)

Das Buch ist hervorgegangen aus der Serie »Schwäbisch für Besserwisser«, die von September 2001 bis Ende Dezember 2006 in der Südwest Presse und ihren Partnerzeitungen erschienen ist. Dieser Serie einen solch anmaßenden Titel zu geben, habe ich mich erst getraut, nachdem ich mich der Rückendeckung durch die Schwäbisch-Koryphäe schlechthin versichert hatte. Der Dialektologe Arno Ruoff (1930–2010), der die Tübinger Arbeitsstelle »Sprache in Südwestdeutschland« gegründet und jahrzehntelang geleitet hat und der für seine Mundart- und Flurnamenforschung mit dem Ludwig-Uhland-Preis ausgezeichnet wurde, prüfte jede einzelne Folge vor ihrer Veröffentlichung. Für seinen wertvollen und lehrreichen Rat bin ich ihm zu ewigem Dank verpflichtet.

Mit der Gestaltung und Illustration dieses Bandes hat der Konrad Theiss Verlag neue Wege beschritten. Er übertrug diese Aufgabe an den Studiengang »Kommunikations-Design« der Staatlichen Akademie der Bildenden Künste Stuttgart unter Leitung von Niklaus Troxler. Die Auseinandersetzung der Studierenden mit den Feinheiten der schwäbischen Mundart hat eine ganze Reihe höchst origineller, intelligenter und gekonnter Vorschläge hervorgebracht, deren Qualität es schwer machte, sich für einen zu entscheiden. Die Wahl ist schließlich auf den Entwurf von Daniel Wiesmann gefallen.

Wolf-Henning Petershagen

Inhalt

Tun und Nichtstun

Gut aufgehoben

Superlative

Umgangsformen und Erziehung

Schwabenfutter

DER
BUTTER
ORIGINAL
SCHWÄBISCH

Nicht schlecht!

Wer Schwäbisch für schlechtes oder falsches Deutsch hält, irrt gewaltig.

Gute Gründe für »das« Teller

Zu den sprachlichen Eigentümlichkeiten der Schwaben gehört, dass sie »das *Teller« sagen statt* »der *Teller«. Das muss einen Grund haben. Aber welchen?*

Obwohl das Wort *Teller* in den Wörterbüchern mit einem hinzugefügten (m.) zweifelsfrei als »männlich« gekennzeichnet ist, setzen sich die Schwaben hartnäckig über diesen verbindlichen Hinweis hinweg. »Tue endlich *des Teller* en d' Schpülmaschee!«, lautet der Befehl, und nicht etwa *den Teller.*

Nun sagt man den Schwaben zwar eine gewisse Eigenwilligkeit nach. Doch wäre es verfehlt, ihnen zu unterstellen, dass sie dem Teller jenes *das* nur deshalb voranstellen, um sich von den Nichtschwaben abzuheben oder sie zu brüskieren.

Also muss der Grund für diese sprachliche Abweichung ein anderer sein. Und tatsächlich: Wenn man die Geschichte dieser Vokabel näher betrachtet, drängt sich der Verdacht auf, dass es eine andere mentale Eigenschaft der Schwaben ist, die für *das* Teller ursächlich sein dürfte: das Beharrungsvermögen, die Abneigung, sich von Bewährtem zu verabschieden. Im späten Mittelhochdeutsch hieß es nämlich allenthalben *das teller.* Erst im 16. Jahrhundert wandelte sich in der Schriftsprache das *das* zum *der.*

Warum aber war es von Anfang an ein Neutrum gewesen? Die Antwort steht im Deutschen Wörterbuch der Gebrüder Grimm. Dort wird nachgewiesen, dass jenes Wort vom mittellateinischen *tellerium* entlehnt ist, und das ist ebenfalls ein Neutrum. Das Grimm'sche Wörterbuch verweist ferner auf die alten romanischen Varianten des Wortes *Teller,* italienisch *tagliere* und französisch *tailloir.* Doch die sind nicht, wie im Lateinischen und im Spätmittelhochdeutschen, Neutra, sondern Maskulina, was allerdings daran liegt, dass das lateinische Neutrum im Französischen und Italienischen heute als Maskulinum daherkommt. Schlägt man die beiden Begriffe *tagliere* und *tailloir* in den entsprechenden Wörterbüchern nach, fällt auf, dass die Übersetzung nicht etwa *Teller* lautet – weder *der* noch *das* –, sondern *Hackbrett* (Neutrum!). Damit ist nicht das gleichnamige Musikinstrument gemeint, sondern ein Brett zum Zerkleinern von Speisen. Denn »(klein) schneiden« bedeutet auf italienisch *tagliare* – ein Verb, das in den *tagliatelle* genannten Nudeln steckt.

Das entsprechende französische Zeitwort lautet *tailler*, wobei damit neben dem Zerschneiden von Speisen auch das Zuschneiden von Stoffen gemeint ist. Daher heißt der Schneider *tailleur* – im Englischen wurde er zum *tailor* –, und der Zuschnitt, den er vornimmt, ist die *taille*, die sich ausdehnt, wenn man zu viele *Tagliatelle* auf den oder das *Teller* lädt, zu dem wir hiermit wieder zurückgekehrt sind. Vielleicht rührt sein ursprüngliches Neutrum auch daher, dass das Neutrum des (Hack-) Brettes auf ihn übertragen wurde, da er dessen Funktion übernahm?

Wie auch immer: Es gibt allemal gute historische Gründe, weiterhin offensiv »*das* Teller« zu sagen – auch wenn das nichts an seinem Fassungsvermögen ändert.

Alles im Butter!

Wenn ein Schwabe der *Butter sagt anstatt* die *Butter, dann gilt das vielen als schlagender Beweis dafür, dass das Schwäbische ein falsches oder schlechtes Deutsch sei. Welch ein Irrtum!*

Woher eigentlich nehmen die Nicht-Schwaben ihre absolute Sicherheit, dass Butter ein weibliches Substantiv ist? Weil diese Fettmasse, falls nicht gerade unterkühlt, so schön weich ist? Oder weil sie aus Milch gewonnen wird, die ausschließlich von weiblichen Säugern stammt? Oder einfach deswegen, weil Butter sich auf »Mutter« reimt, deren Weiblichkeit über jeden Zweifel erhaben ist?

Butter, egal ob sahnig, mildgesäuert oder ranzig, ist ein Ding, eine Sache und somit ein Neutrum. Das haben bereits die alten Griechen erkannt, was der Grund dafür sein mag, dass sie jenes Milchprodukt *bútyron* (n.) nannten.

Darin stecken höchstwahrscheinlich das lautmalerische Wort *bus*, »das Rind«, und *tyros*, »der Käse«, der den Griechenland-Touristen als neugriechischer *tiri* noch heute mundet. Zwar glaubte Hippokrates, der griechische Arzt und Erfinder des nach ihm benannten Eides, das Wort sei skythischen Ursprungs. Doch sein Kollege und Landsmann Galen hörte aus der Vokabel *bútyron* das griechische Rind muhen.

Sehen wir einmal von den Fragen ab, wer von beiden Recht hat und wie gegebenenfalls aus dem maskulinen *tyros* das Neutrum *bútyron* werden konnte. Halten wir fest: Im Anfang war die Butter alles andere als ein grammatisches Femininum.

Verfolgen wir die Geschichte des Wortes weiter anhand der Spur, welche die Butter im Laufe der Jahrhunderte auf Pergamenten und Papieren hinterlassen hat. Im mittelalterlichen Latein finden wir das Wort *butyrum*, ebenfalls ein grammatisches

Neutrum, dem man den griechischen Ursprung noch ansieht. Dessen Mehrzahl lautet *butyra*, und daraus wurde das spät-althochdeutsche Wort *butira*. Das heißt, die lateinische Neutrum-Plural-Endung *-a* wurde durch die Übernahme des Wortes ins Deutsche möglicherweise als weibliche Endung missverstanden – was erklären mag, wie aus *das* Butter *die* Butter werden konnte.

Allerdings existierte daneben immer die männliche Form *der* Butter, die auch der Nürnberger Arzt Paracelsus im 16. Jahrhundert verwendete. Meist wurde das Wort ohne Artikel benutzt, weshalb es schwierig ist, festzustellen, wann es männlich oder weiblich aufgefasst wurde. Die Brüder Grimm vermuteten, dass der weibliche Gebrauch seit Luther zunahm. Für die männliche Form *der* Butter hat Kluges etymologisches Wörterbuch noch eine andere Erklärung: Es heiße *der* Butter, weil auch das alte deutsche Wort für Butter ein Maskulinum war: *der Anken*.

Wie auch immer: Wenn die Schwaben *der* Butter sagen, befinden sie sich in guter Gesellschaft. Denn auch den Franzosen (*le beurre*) und Italienern (*il burro*) kommt der Butter männlich vor.

der wo, die wo, des wo

> *Alle die,* wo *nachweisen wollen, dass die Schwaben nicht Deutsch können, machen regelmäßig geltend, dass der Schwabe statt* derjenige, welcher *lieber* der, wo *sagt.*

Für die Ohren der Hochsprachler klingt es exotisch bis entsetzlich, wenn ein Schwabe seinen Relativsatz mit *wo* einleitet: Des isch der, *wo* mir vor zwei Jahr a Bier zahlt hat. Des isch die, *wo* immer falsch rausgibt. Des isch des Saumensch, *wo* nie sei Kehrwoch macht.

Bevor wir fragen, ob diese Art, Relativsätze zu bilden, legitim ist oder nicht, ist erst einmal zu untersuchen, ob sie sinnvoll ist. Am besten wird man das im Vergleich mit der Hochsprache ermessen. In der hieße es *der, der* statt *der, wo* und *die, die* statt *die, wo*. *Der, der* und *die, die* hören sich an wie eine Platte mit Sprung. Andere Möglichkeiten wären *der, welcher* oder *die, welche*. Das wiederum klingt nach heutigem Sprachgefühl etwas altertümlich. Auch *derjenige, der* oder *diejenige, die* sind nicht viel besser. Allein unter dem Gesichtspunkt des Wohlklangs spricht daher im Grunde alles für *der, wo* und *die, wo*.

Gelegentlich genügt den Schwaben *der, wo* nicht. In manchen Fällen steigern sie sich zu *der…, der wo*. Das macht vor allem Sinn in Sätzen, wo nicht mehr eindeutig ist, worauf sich das *wo* bezieht. Wenn es etwa heißt: »Des isch des Saumensch vom dritte Stock …«, dann kann es sachdienlich sein, den Relativsatz einzuleiten »…, *des wo* nie sei Kehrwoch macht«. Dann ist klar, dass mit dem geschlechtsneutralen *wo* nicht der Stock, sondern das Mensch gemeint ist.

Nun aber zur Frage, ob die Nichtschwaben zu Recht oder zu Unrecht erschauern, wenn sie *der, wo* und dergleichen hören. Hierzu empfiehlt sich der Blick in das Deutsche Wörterbuch der

Brüder Grimm. Dort steht, dass *wo* nicht nur nach dem Ort fragt, sondern auch relativ gebraucht wird. Ursprünglich geschah dies dort, *wo* es – wie hier – um eine Ortsangabe ging oder um die Zeit: der Tag, *wo* der Regen kam.

Der Einsatz des relativen *wo* entfernte sich von konkreten Orts- und Zeitvorstellungen; *wo* ersetzte nun auch »präpositionale Verbindungen« wie *bei dem* oder *in denen*: Gottsched schrieb in seiner Deutschen Sprachkunst über Sprachen, »*wo* … vieles nach gewissen Regeln übereinstimmt«, und selbst Goethe berichtete über optische Versuche, »*wo* man oft mit blendenden Lichtern zu thun hat«. Schließlich verzeichnet Grimm jene Fälle, wo *wo* in allen Fällen das Relativpronomen vertritt: *der, wo / die, wo / das, wo / dem, wo / dener, wo / den, wo / denen, wo*. Doch sei diese Verwendung nur in den Mundarten breiter entfaltet. Nicht vergessen sei schließlich jenes *wo*, das im Schwäbischen die Konjunktion *als* ersetzt: *Wo* i komme bin, war scho alles aufgesse.

Wo dient also auch in der Hochsprache zu weit mehr, als nur nach dem Ort zu fragen. Und daraus beantwortet sich die Frage, ob das spezifisch schwäbische *die, wo* falsch sei, mit einem eindeutigen: I wo!

Rom ond nom ond nauf ond raa

»Raus!« *Dieser Befehl ist zwar eindeutig, aber falsch. Richtig hingegen drückt sich der Schwabe aus, wenn er* »Naus!« *schreit.*

»Geh' *rein!*«, »Geh' *rüber!*«, »Geh *runter!*« – alles falsch. Wenn man zu jemandem sagt, er soll da oder dort *hin*gehen, dann schickt man ihn weg. *Hin*weg. Und deswegen heißt es im Schwäbischen völlig korrekt: »Gang *nei!*«, »Gang *nom!*«, »Gang *naa!*« Das heißt, der Schwabe verwendet weiterhin Lokaladverbien, deren anfängliches *n-* erkennen lässt, dass an seiner Stelle einmal ein *hin* gestanden hat: »Geh' *hinein / hinum / hinüber!*«

Natürlich gibt es *raus* und *rein* auch im Schwäbischen. Aber eben nur, wenn die Richtung stimmt: »Komm *reî!*«, »Komm *raus!*« Beide Adverbien enthalten das *r* von *her*, und *her* bezeichnet – im Gegensatz zu *hin* – eine Bewegung, die auf den Sprechenden zukommt. *Hin* hingegen weist vom Sprecher (*hin-*)weg.

Da fällt einem natürlich die Geschichte von dem Gågen ein, der mit seinem Sohn die Stufen des Weinbergs hinaufschnaufte. Als ihn der Sohn auf eine noch recht brauchbare Hacke aufmerksam machte, die ein anderer hatte liegen lassen, bedeutete ihm der Alte, dass er den Gegenstand längst erblickt und in seine weitergehenden Planungen einbezogen hatte, und deren Ergebnis lautete: »Em *raa*.«

Hätte er nicht »Em *naa*« sagen müssen? Schließlich meinte er, dass er sich der Hacke auf dem Heimweg, wenn er die Stiegen wieder *hinunter*steigen würde, annehmen wolle. Doch das situativ ausgestoßene *raa* war vollkommen richtig. Der Mann formulierte von seinem aktuellen Standpunkt aus, sah sich also im Geiste wieder *herunter-* oder *raa*kommen und nicht etwa *hinab-* oder *naa*gehen. Denn dazu hätte er körperlich und geistig erst einmal sein bergaufwärts liegendes Ziel erreicht haben müssen.

Statt *herüber* und *hinüber* kennt das Schwäbische kein *rüber* und *nüber*, sondern *rom* und *nom*. Das entspricht dem Hochdeutschen *herum* und *hinum*. Ebenso wenig verwendet der Schwabe die Richtungsadverbien *hinunter* und *herunter*. Er bevorzugt *hinab* und *herab*, was schwäbisch verkürzt *naa* und *raa* heißt. Das ist, wie obige Gågen-Geschichte beweist, eine andere akustische Qualität: Der Witz wäre keiner, hätte der alte Gåg anstatt »Em *raa*« »Em *runter*« gesagt.

Nun gibt es im Schwäbischen noch ein sehr beliebtes, stark genäseltes Lokaladverb: *nââ* – nicht zu verwechseln mit *naa* (hinab). So bedeutet *nââ*langen (zugreifen) etwas anderes als *naa*langen (hinunterfassen). Im langen *a* von *naa* steckt das *b* von *hinab*, das nasalierte *â* verrät ein weiteres *n*. Ergänzen wir vorn noch das verschluckte *hi-*, haben wir *hinan*, eine alte Vokabel, die im Hochdeutschen längst ihr Hinterteil verloren hat, so dass nur das *hin* übrig blieb. »Gang *nââ!*« heißt daher »Geh' *hin!*« Umgekehrt heißt es allerdings nicht »Komm *rââ!*«, sondern »Komm *her!*« – wie im Hochdeutschen. Mit einem Unterschied: Schwätzt der Schwabe mit seinem Hund, sagt er »Komm *herle!*«

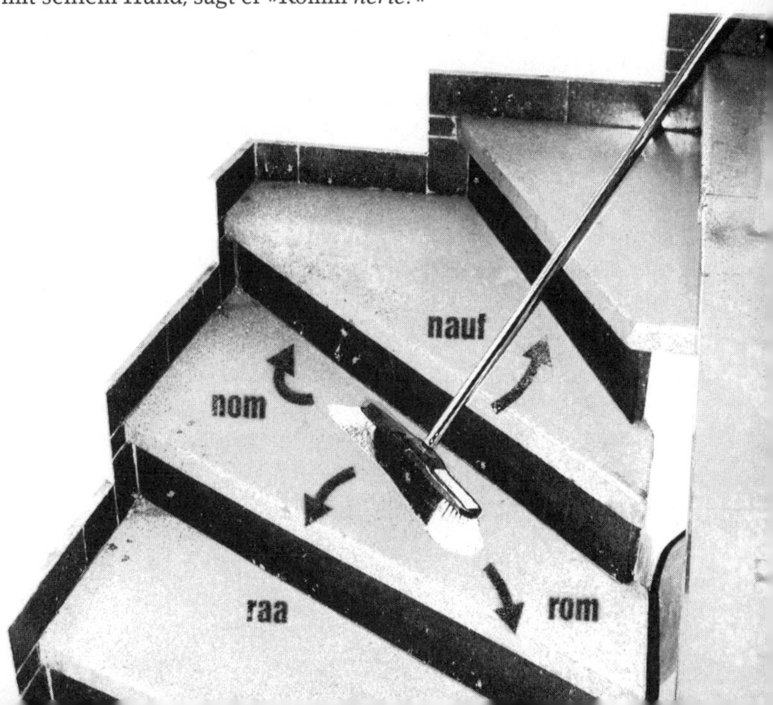

Vom Bolleneis zum Rossbollen

Der Bollen: *Als Maskulinum ist er der Hochsprache unbekannt. Die Schwaben hingegen nutzen diesen runden,* bollenstarken *Begriff gewissermaßen* bollenmäßig.

Was ist ein *Bollen*? Laut Dudens Deutschem Universalwörterbuch gibt es nur *die Bolle*, und die sei erstens eine große Zwiebel oder zweitens ein Loch im Strumpf. Wahrigs Wörterbuch weiß nichts vom Loch im Strumpf, bietet dafür aber neben der Zwiebel die Knospe, die Samenkapsel oder die (große) Nase an.

Den Bollen aber suchen wir vergebens. Fischers Schwäbisches Wörterbuch übersetzt ihn als »runder Körper, Klumpen, Kugel«, durchweg dreidimensionale Objekte. Es gibt aber auch *Bollen*, die nur zwei Dimensionen aufweisen. So greifen Zeitungsredakteure gerne auf den *Bollen* zurück,

- um wichtige Punkte eines Artikels zu kennzeichnen,
- um einem Artikel den äußeren Anschein einer inneren Struktur zu verleihen oder
- um den Leser am Einschlafen zu hindern.

Weist dieser Bollen die perfekte Kreis- oder Kugelform auf, darf der klassische *Bollen* auch unregelmäßige Konturen annehmen. Ein *Rossbollen* etwa kann schon aufgrund seiner Erzeugung nicht so rund sein wie der *Eisbollen*. Der ist seit der Einführung des Euro merklich teurer geworden, weshalb mancher Schwabe sich selbst bei der ärgsten *Bollen*hitze nur noch einen Eisbollen statt der bisherigen zwei gönnt.

Ist das *Bolleneis* vor dem Eingang in den Verdauungsprozess noch *bollenförmig*, so werden andere Nahrungsmittel erst im Magen-Darm-Trakt zu *Bollen* gerundet, vor allem im Bauch von Pferden, Schafen, Mäusen, Kaninchen oder Hunden. Diese *Bollen* lösen unterschiedliche Reaktionen aus. Während der Kleingärtner *Ross-* und *Schafbollen* als Naturdünger schätzt, rufen *Mäusebollen* als Indikatoren für Schädlingsbefall Abscheu und Entsetzen hervor, beschäftigen *Hundebollen* im öffentlichen Straßenraum ganze Bürgerversammlungen. Hingegen werden *Karnickelbollen* eher gleichgültig zur Kenntnis genommen. Ihre Festigkeit enthebt Kleintierhalter der Entsorgungsproblematik.

Ganz anderer Natur sind die Folklore-*Bollen*, welche die Schwarzwälderin auf dem *Bollenhut* zur Schau trägt. Und die Erzieherin fördert die kreative Entwicklung des Kindes, indem sie es nötigt, aus *Wattebollen* Schneemännlein zu basteln.

In den meisten Fällen ist der *Bollen* mit dem *Ball* verwandt, der so rund ist wie die englische *bowl*, die französische *boule* und die spanische *bola* – alles Kugeln. Die *Bollenhitze* hingegen dürfte dasselbe sein wie die *Bullenhitze*. Möglicherweise gehen auch die anderen, mit *bollen-* geformten Verstärkungen wie *bollenstark* oder *bollenmäßig* auf den *Bullen* zurück – so wie *saustark* und *saumäßig* auf die *Sau*.

Bleibt die Frage nach dem *Bollenrausch*, der auch gerne als *Allmachtsballen* bezeichnet wird. Doch wer den hat, braucht keine Antworten mehr.

le
le
le
le

Typisch! Typisch?

Seine differenzierten Laute und Urlaute kennzeichnen den Schwaben, der keineswegs an jedes Wort ein -le hängt.

Ei, ei, ei und au, au, au

Ei *und* au *sind Urlaute, an denen man Schwaben zweifelsfrei identifizieren kann. Deswegen versuchen Landesverräter als erstes, sie durch* ai *und* ao *zu ersetzen.*

Wenn Schwaben sich bemühen, ihren Dialekt zu verleugnen, versuchen sie als erstes mit Teufelsgewalt, zwei wichtige Identifikationsmerkmale auszumerzen: das *ei* und das *au*. Sie sagen dann nicht mehr »L*ei*bsp*ei*se«, sondern »L*ai*bsp*ai*se«, und die »d*au*be S*au*« mutiert zur »taoben S*ao*«.

Das zweite Beispiel zeigt, dass diese Verhochdeutschung der Aussprache eine lautliche Verarmung bedeutet. Beide Wörter, »t*au*b« und »S*au*« werden mit *au* geschrieben, das im Hochdeutschen gleich, im Schwäbischen hingegen unterschiedlich ausgesprochen wird. Diese Verschiedenheit ist kein Zufall. Sie dokumentiert, dass zwischen dem einen und dem anderen *au* ein historischer Unterschied besteht: Das *au* in der S*au* ist jünger als das *au* in t*au*b.

Bis zum 11. Jahrhundert hieß die S*au* nämlich noch *su* mit langem *u*, ebenso wie das H*au*s noch *hus* gesprochen wurde. In den folgenden Jahrhunderten verwandelte sich der einfache Vokal (Monophthong) in einen Doppellaut (Diphthong): Aus *u* wurde *au*. »T*au*b« hingegen hatte schon damals einen Doppellaut: t*ou*b, ebenso das *au* in *Au*ge (*ou*ge), Fr*au* (vr*ou*we) und L*au*ch (l*ou*h). Daher nennt man das *au* in diesen Wörtern »altes *au*«, das in der S*au* »neues *au*«.

Entsprechend verhält es sich mit dem *ei*. Es gibt davon ein altes und ein junges. Die beiden *ei* des Wortes L*ei*bsp*ei*se sind jung, denn vor der »Diphthongierung«, die im Schwäbischen Ende des 15. Jahrhunderts abgeschlossen gewesen sein dürfte, hieß der L*ei*b *lip* und die Sp*ei*se *spise* – jeweils mit langem *i*. Dasselbe gilt für das, was nach dem Verdauungsprozess von der Leibspeise übrig bleibt. Das alte *ei* hingegen finden wir unter anderem im Fl*ei*sch wie im *Ei*, im *Ei*ter und im Schw*eiß*.

Der Vollständigkeit halber sei angemerkt, dass der Wandel vom *u* zum *au* und vom *i* zum *ei* im Alemannischen ausfiel. Dort sagt man heute noch »H*uu*s« und »Schp*ii*s« für »H*au*s« und »Sp*ei*se«.

Nun fällt auf, dass es im Schwäbischen zwischen dem *au* in t*au*b und dem *au* in der S*au* noch ein drittes *au* gibt, das wieder etwas anders lautet. Wir hören es in Wörtern wie »B*au*m«, »Z*au*n«, »Tr*au*m« oder »k*au*m«. Interessant ist dabei, dass das *au* in diesen Wörtern – zumindest im »gepflegten« Schwäbisch – gleich ausgesprochen wird, obwohl es einmal jung (Z*au*n, k*au*m) und einmal alt (B*au*m, Tr*au*m) ist. Dass es anders klingt als das junge *au* in der S*au* und das alte in t*au*b, liegt daran, dass jeweils ein Nasallaut (m oder n) folgt.

Diese Nasale verändern auch den Klang des *ei*, etwa das junge *ei* in »W*ei*n« und »m*ei*n«. Spricht der Schwabe nach der Schrift, aber mit mundartlicher Färbung, klingt auch das alte *ei* im St*ei*n wie das junge im W*ei*n. Schwätzt er aber original Schwäbisch, sagt er »Schtoi«.

Den Schwaben ist nicht alles sch

Wenn Nichtschwaben versuchen, schwäbisch zu schwätzen, zischen sie gerne jedes beliebige s *wie ein* sch. *Das ist eine grobe und überdies falsche Vereinfachung.*

Wenn man das Schwäbische nicht mit der Muttermilch eingesogen hat, sollte man von Versuchen, es nachzuempfinden, besser absehen. Sonst kommen nämlich Peinlichkeiten etwa folgender Art zustande: »I e*sch* au zum Ve*sch*per am lieb*sch*te Lin*sch*e und *Sch*pätzle.«

Dieser Satz enthält zwei Klischees, ein richtiges und ein falsches. Richtig ist, dass Linsen und Spätzle zu den bevorzugten Speisen der Schwaben gehören – ein gehässiger Badener hat diese Erfolgsmischung einmal als »Schwabenzement« bezeichnet. Falsch hingegen ist, dass der Schwabe ein jegliches *s* als *sch* ausspricht. Es muss natürlich heißen »I i*ss* au zom Ve*sch*per am lieb*sch*te Lin*s*e ond *Sch*pätzle.« Das Beispiel zeigt: Der Schwabe verwandelt das *s* vor *p* oder *t* gerne in ein *sch*, etwa in »Ve*sch*per« und »lieb*sch*te«. Unterlässt er dies, etwa im Fall von »er fri*sst*«, dann hat früher zwischen dem *s* und *t* einmal ein *e* gestanden: »er fri*sset*«.

Auch im Hochdeutschen *schp*richt man das *s* vor *t* und *p* wie *sch*, allerdings nur am Anfang eines Wortes, im »Anlaut«: Daher *scht*ehen auch hochdeutsch *Schp*rechende auf *Schp*ätzle. Anders verhält es sich mit dem Ve*sp*er, dessen *s-p* mitten im Wort, im »Inlaut« steht. In diesem Fall bleibt es im Hochdeutschen beim *s-p*, während der Schwabe den Mund auch hier konsequent zum Ve*schp*er rundet. Dasselbe gilt für den »Auslaut«, etwa in Wörtern wie Re*st*/Re*scht*.

Konsequent: das ist der Schlüssel, um die Verwirrung der Nichtschwaben über die schwäbische Handhabung des *sch* zu beseitigen. Verwirrend ist nämlich, wie wir nun gesehen haben, nicht die konsequente schwäbische Aussprache, sondern die inkonsequente hochdeutsche. Konsequent sind auch jene Niederdeutschen, die *s-p* und *s-t* weder im An- noch im In- noch im Auslaut als *schp* oder *scht* sprechen, sondern so, wie es auf dem Papier steht: Sie *s-t*olpern über den *s-p*itzen *S-t*ein.

Man kann die Feststellung, dass nicht das Schwäbische, sondern das Hochdeutsche inkonsequent ist, sogar noch weitertreiben, indem man ein wenig in der Geschichte des *sch* herumstöbert. Das nämlich ist seit dem 12. Jahrhundert aus dem *sk* entstanden: Der *sk*alk wurde zum *Sch*alk. Später griff das *sch* auch auf das vor anderen Mitlauten stehende *s* über. So wurde aus den mittelhochdeutschen Wörtern *sm*al, *sn*el, *sw*arz im Neuhochdeutschen *schm*al, *schn*ell und *schw*arz – und es wurde auch so geschrieben. Nur bei *sp* und *st* wurde die alte Schreibweise beibehalten, während im Hochdeutschen die Aussprache *schp* und *scht* sich auf den Anlaut beschränkte.

Wer also versucht, das Schwäbische durch den undifferenzierten universellen Einsatz des *sch* zu imitieren, sollte aus mehreren Gründen lieber die Zunge hüten.

Der Schwabe mag kein Schwäble

Einem hässlichen Klischee zufolge endet im Schwäbischen jedes Hauptwort auf -le. *Das aber gilt allenfalls für die Speisekarten schwabentümelnder Gastronomen.*

Schweinelend*le* mit Maultäsch*le*, Pfannenbrät*le* im Rahmsöß*le* – solche pseudoschwäbisch formulierten Speisefolgen können bei echten Schwaben Brechreiz hervorrufen. Denn die bevorzugen den Braten und die Soße wie auch die Maultasche ohne süßlichen Beigeschmack – und im Übrigen nicht en miniature, sondern möglichst so groß, dass man noch etwas einpacken kann, für den Hund natürlich.

Speisekarten, in denen an jedem Gericht ein *-le* pappt, richten sich eher an ein auswärtiges Publikum, das dem Irrglauben anhängt, dieser Appendix gehöre zur Grundausstattung eines jeden schwäbischen Hauptwortes. Tatsächlich verwendet der gemeine Schwabe das *-le* nicht häufiger als der Hochsprachler das *-chen*. Der Mundartforscher Arno Ruoff hat festgestellt, dass man das *-le* in weiten Teilen des Landes als lächerlich empfindet und es Regionen gibt, in denen überhaupt keine Verkleinerungsform gebraucht wird. Frage man dort die Leute, wie sie zu einem Häus*le* sagen, bekomme man stets die Auskunft »a' klois Haus«.

Das heißt: Der normale Schwabe verwendet das *-le* dort, wo es angebracht ist. Zum Beispiel bei den Spätz*le*, die, wenn sie gut sein sollen, klein sein müssen. Wenn die Schwaben verkleinern, begnügen sie sich mit dem *-le*, das dem hochdeutschen *-lein* entspricht. Die Verkleinerungsform *-chen* und ihre mundartlichen Varianten verschmähen sie – im Gegensatz etwa zu den Pfälzern, bei denen das Mäd*le* (Mägd*lein*) ein Med*sche* (Mäd*chen*) ist.

Die Geschichte der »Diminutiv-Suffixe« *-chen* und *-lein* geht weit zurück. Eine Vorform von *-chen* enthält etwa Gib*ika*. Das ist die Verkleinerungsform des gotischen Namens Gibich. Und ein uraltes *-le* finden wir in der gotischen Verkleinerungsform *-ila*. Hängt man sie an das Wort »atta« (Vater), steht plötzlich Att*ila* vor uns, den man mit »Vatter*le*« übersetzen könnte, wenn es nicht so dämlich klänge.

Bemerkenswert ist, dass das *-n* am Ende von *-chen* und *-lein* erst später hinzugelangt ist. Im schwäbischen *-le* fehlt es fast immer, und so erhebt sich die Frage, ob die Schwaben dieses Schluss-*n* verschluckt oder gar nicht erst angenommen haben. Jenes fehlende *-n* korrespondiert mit einem anderen Phänomen, das damit zusammenhängen könnte. Im Schwäbischen lauten nämlich die Ein- und die Mehrzahl der Verkleinerungsform unterschiedlich: ein Spätzle, aber zwei Spätz*la*. Beim hochsprachlichen *-lein* ist das nicht der Fall, wie der Blick auf ein Fräu*lein* und zwei Fräu*lein* beweist.

Fazit: Die Schwaben verwenden das *-le* keineswegs diffus, sondern differenziert. Natürlich gibt es auch hier Ausnahmen. Denen empfiehlt man am besten einen Besuch beim Psychiäter*le*.

Warum der Schwabe »Noi!« sagt

Eines der wichtigsten Wörter im Schwäbischen lautet Noi! *Daraus spricht neben dem Geist, der vorsichtshalber zuerst stets einmal verneint, eine phonetische Eigenart.*

»*Noi,* duet mer l*oi*d, i han k*oi* *oi*zigs *Oi* meh«, bedauert die Inhaberin des Eierstandes. Die Ware hat »net g'r*oi*cht«. *Oioioioioi*: Wo in der Schriftsprache ein -*ei*- steht, ersetzen die Schwaben dies gerne durch ein -*oi*-: N*ei*n – n*oi,* l*ei*d – l*oi*d, *Ei* – *Oi*. Und so w*oi*ter.

Halt: Das war ein -*oi*- zu viel. Natürlich denkt auch der überzeugteste Schwabe nicht im Traum daran, »w*ei*ter« in »w*oi*ter« abzuändern. Zu keiner Z*ei*t würde er es l*ei*den, dass seine Kinder »Z*oi*t« oder »l*oi*den« sagen. Das wäre eine Entgl*oi*sung, wie man auf schwäbisch sagen täte, wenn das Wort in der Mundart vorkäme. Woher aber will man denn wissen, dass es auf Schwäbisch Entgl*oi*sung hieße?

Der Hinweis, dass schwäbische Züge nicht entgl*ei*sen, sondern entgl*oi*set, r*oi*cht hier nicht aus. Es geht vielmehr darum, herauszufinden, warum der Schwabe »w*ei*t und br*oi*t« sagt, obwohl beide Wörter mit -*ei*- geschrieben werden. Nun heißt es allerdings nur im br*oi*teschten Schwäbisch »br*oi*t«. Die etwas gemäßigtere städtische Mundart kennt stattdessen »br*ai*t«, das sich aber in der Aussprache ebenso deutlich wie »br*oi*t« vom mundartlichen »w*ei*t« – und ebenso von »Z*ei*t«, »Str*ei*t«, »S*ei*te« etc. – unterscheidet.

Das -*ei*- dieser zuletzt genannten Wörter ist noch relativ jung, genauer gesagt, etwa 700 Jahre alt. Es trat an die Stelle eines älteren -*i*-: w*ei*t statt w*i*t, Z*ei*t statt z*i*t, Str*ei*t statt str*i*t, S*ei*te statt s*i*te, l*ei*den statt l*i*den. Daran erinnert die schwäbische Aussprache jenes -*ei*-, die das -*i*- noch voll zur Geltung bringt. Dieses

»junge -*ei*-« wird nicht wie -*oi*- gesprochen, daher nicht Z*oi*t, sondern Z*ei*t. Doch auch, als »Z*ei*t« im Mittelhochdeutschen noch »z*i*t« hieß, gab es schon Wörter mit dem Doppellaut -*ei*-, etwa »*Ei*« und »Fl*ei*sch«, deren (altes) -*ei*- schon damals wie -*ai*- klang, und im Übrigen auch das L*ei*d, das schon althochdeutsch l*ei*d hieß – im Gegensatz zu l*i*den (leiden), das eine andere Herkunft hat. Die Schwaben machten aus dem alten -ei- jenes -*oi*-, das sich im westlichen Landesteil in ein -*oa*- verwandelt: br*oa*t statt br*oi*t, k*oa* statt k*oi,* Fl*oa*sch statt Fl*oi*sch.

Theoretisch müsste jedes Wort, dessen -*ei*- in der Stadtmundart -*ai*- gesprochen wird, im breiten Dialekt -*oi*- lauten. Doch bleibt auch im breiten Schwäbisch die Dummh*ei*t eine Dummh*ai*t: Die Endungen -h*ei*t oder -k*ei*t werden kaum je zu -h*oi*t oder -k*oi*t. Denn Wörter mit -h*ei*t/-k*ei*t sind meist Abstrakta und in der Umgangssprache wenig üblich. Statt »In meiner Kind*heit*« sagt man eben: »Wie-n-e no kloi war.«

Bleibt die Frage, in welchen Fällen auch der Stadtschwabe statt -*ai*- lieber -*oi*- sagt. In eingangs zitierten Beispielen ist dies dort der Fall, wo auf das -*ei*- ein -*n* folgt: »*ein*« wird zu »*oi*«, »k*ein*« zu »k*oi*«, »St*ein*« zu »St*oi*«. Und darum heißt »n*ein*« auch nicht »n*ai*«, wie Willy Reichert zu sagen pflegte, sondern »n*oi*!«

Wir sind mir

Die Schwaben kennen kein Wir-*Gefühl, sondern ein* Mir-*Gefühl. Denn hier lautet die erste Person Plural von* ich *nicht* wir, *sondern* mir. *Und statt* wo *sagen manche* mo.

Eine der Eigenarten des Schwäbischen und anderer deutscher Mundarten ist, dass die Mehrzahl von *ich* nicht *wir* lautet, sondern *mir*. Darüber hinaus besteht in manchen Landstrichen Schwabens die Neigung, auch in anderen Wörtern das *w*, wenn es der erste Buchstabe ist, durch ein *m* zu ersetzen. Dort heißt es dann nicht etwa »Der, *wo* …«, sondern »Der, *mo* …«. Und statt *warum?* fragt man *mårum?*

Mårum, so möchten *mir* wissen, ist das so? Haben wir es mit einem kollektiven Rückfall in die frühe Phase des Spracherwerbs zu tun? Schließlich ist *m* der erste Konsonant, den neben Rindern, Schafen und Ziegen auch der Mensch erlernt, indem er ganz einfach den Mund auf- und zumacht und dabei einen Ton absondert. Deswegen lautet das erste Wort, das der Mensch gemeinhin spricht, *Mama* – und nicht *Wawa*. Doch wäre es sicher verfehlt, frühkindliche Prägungen für das zum *m* mutierte *w* verantwortlich zu machen. Eher dürfte es die berüchtigte schwäbische Maulfaulheit sein, die jenen Wandel verursacht hat.

Allerdings wird man differenzieren müssen zwischen einerseits *mir / wir* und andererseits *mo / wo*, *mårum / warum* und so weiter. Zum einen deswegen, weil die erste Person Plural des persönlichen Fürworts nicht nur bei den Schwaben *mir* heißt, sondern, wie Hermann Fischer in seiner 1895 erschienenen Geographie der schwäbischen Mundart feststellt, »im größten Theil des deutschen Sprachgebietes überhaupt«. Zum andern deswegen, weil zwar alle Schwaben *mir* statt *wir* sagen, hingegen nur ein Teil von ihnen *mo* statt *wo*.

Fischer siedelt in seinem Schwäbischen Wörterbuch die *mo*-Region im »Mittelland« an, das genauer einzugrenzen hier zu weit führen würde. Für *mo* gibt es bislang keine einleuchtende Erklärung außer eben einer regional besonders ausgeprägten Maulfaulheit, deren Ursachen (Klima, Ernährung, Abnormitäten der Sprechwerkzeuge, Klebergehalt der Teigwaren) noch zu untersuchen wären.

Anders sieht es aus mit dem Wechsel vom *wir* zum *mir*. Der lässt sich anschaulich nachvollziehen in den 1478 gedruckten Übersetzungen des Nikolaus von Wylen, der dem Grafen Eberhard im Bart als Schreiber gedient hat. Da heißt es an einer Stelle: »... dass *wir* aber ... so finden *mir*«. Daraus schließen die Sprachforscher, dass das *w* zum *m* wurde, wenn das Personalpronomen *wir* hinter das Verb – in diesem Falle »finden« – trat. Es stieß dann mit dem vorausgehenden *-n* zusammen, glich sich diesem an und verwandelte sich so zum *m*.

Das scheint sich dann so gründlich eingebürgert zu haben, dass *wir* auch dann *mir* – unbetont *mer* – gesprochen wurde, wenn kein *-n* davorstand. Und damit könne*mer* dieses Kapitel abschließen.

Dääz
Grend

Der Schwabenleib

Der schwäbische Körper besteht im Großen und Ganzen aus dem Ranzen, auf welchem der Grend, Möckel, Dääz oder Riebel sitzt.

Verkopftes von Grend bis Möckel

Die Hydra, das Ungeheuer der griechischen Sage, hatte wenigstens sieben Häupter. Der Schwabe bringt's immerhin auf sechs: den Kopf, Grend, Möckel, Dääz, Riebel *und das* Hire.

Der *Kopf* ist nicht ausschließlich als Gefäß für Hirnmasse zu betrachten, sondern weist noch andere Aspekte auf. Deswegen hält das schwäbische Vokabular für den Begriff *Kopf* Synonyme vor, welche die unterschiedlichen Erscheinungsweisen jenes Körperteils betonen.

Bleiben wir zunächst beim *Kopf,* den der Schwabe mit dem Rest der Nation gemein hat. Dieses Wort bezeichnet die obere Extremität sowohl im anatomischen als auch im Sinne dessen, was darin vorgeht. »Der hat an gute *Kopf*« kann ebenso charaktervolle Züge wie ein gut funktionierendes Hirn bezeichnen.

Das Verbum *verkopfe* hingegen bezieht sich allein auf das Denken, und zwar ein intensives. Kommt dabei nichts heraus, ist das immer noch besser als ein *verkopftes* Ergebnis, das die beim Denkprozess ausgestandenen Mühen ahnen lässt.

Ein anderer schwäbischer Ausdruck für heftiges Nachdenken ist *hirne,* wobei dessen Dauer und Intensität keine Rückschlüsse auf Quantität und Qualität der Hirnmasse – schwäbisch: *Hire* – zulassen. Die weiß der Schwabe wohl einzuteilen. Daher sagt er, wenn er keine Zeit hat, sich mit einer bestimmten Sache auseinanderzusetzen: »Dafür han i jetzt koi *Hire*.«

Hire bezeichnet im Schwäbischen nicht nur die kleinen grauen Zellen, sondern auch die sie schützende Schale. Denn sonst wäre die Ankündigung »I schlag dr oine aufs *Hire*!« eine Morddrohung. Das Grimm'sche Wörterbuch geht sogar davon aus, dass »Hirnschale« die ursprüngliche Bedeutung des Wortes war – so wie

»tête«, das französische Wort für Kopf, auf das lateinische »testa« (Schale) zurückgeht.

Damit sind wir beim schwäbischen *Dääz* angelangt, einer mutmaßlichen Missbildung der französischen »tête« – auch insofern, als man sich unter einem *Dääz* alles andere als ein edles Haupt vorstellt. Er entspricht dem *Riebel,* dem man ebenso wenig glauben möchte, dass er Sitz des Denkvermögens ist. Ihn übertrifft noch der *Mostriebel.*

Am verbreitetsten ist aber wohl der *Grend.* Nichtschwaben muss dieses Wort äußerst unappetitlich erscheinen, da »Grind« den Kopfschorf bezeichnet. Doch scheint noch nicht zweifelsfrei geklärt, ob der *Grend* nicht vielleicht auf ein uraltes Wort für *Kopf* zurückgeht, das mit der Krankheit nichts zu tun hat. Die Wörterbücher deuten diese Möglichkeit an unter Verweis auf Bergnamen wie »Hornisgrinde«.

Wer »an rechte *Grend* hat«, ist ein eigensinniger Dickschädel. Dabei ist nichts über dessen physische Konsistenz ausgesagt. Die findet ihren Ausdruck in dem Wort *Möckel* oder *Möckes,* laut Hermann Fischers Schwäbischem Wörterbuch »dicker, harter Kopf«: Hat ein Schwabe seinen *Möckel* irgendwo nââg'schlage, muss man sich um diesen keine Sorgen machen. Wohl aber um den dabei beschädigten Gegenstand.

Wozu die Gosch gut ist

Einer der wichtigsten Körperteile des Schwaben ist die Gosch. *Der eine reißt sie auf, der andere zieht es vor, sie zu halten, aus Angst, dass er sonst eine draufkriegt.*

»Halt' dei' *Gosch*!« Im Zeitalter der Konferenzen und Besprechungen, in denen ohnehin viel zu viel geschwätzt wird, wäre es durchaus angebracht, diesen Befehl zum kategorischen Imperativ zu erheben. Doch in dieser lakonischen und daher kompromisslosen Form ist er nicht gesellschaftsfähig.

Anders verhält es sich mit der Langversion: »Oh halt doch du dei domma *Gosch*!« Da schwingt ein Schmunzeln mit, eine leise Anerkennung, dass es der andere geschafft hat, seinen Gesprächspartner argumentativ zu entwaffnen.

Insgesamt aber wird das Wort *Gosch* nach wie vor als grob empfunden – wenn auch nicht ganz so grob wie *Maul*, das den direkten Vergleich zum Tier wissentlich und willentlich provoziert.

Denn trotz alledem ist und bleibt die *Gosch* menschlich, selbst die große und erst recht die lose. In modifizierter Form drückt das Wort Ablehnung oder Zuneigung aus. Setzt man etwa das Eigenschaftswort *ôôg'wasche* davor, deutet dies auf Gefahr im Verzug: Wer dem anderen nahe legt, sei *ôôg'waschena Gosch* zu halten, drückt damit aus, dass im Falle der Nichtbefolgung der Erstschlag auf dieselbe droht. Das *Göschle* hingegen signalisiert unverhohlenes Wohlwollen, das Gefahr läuft, auf die Grenze zur Zudringlichkeit zuzusteuern. Bewunderung vor Schlagfertigkeit und vor der Fähigkeit, einen Sachverhalt in gnadenloser Schärfe zu formulieren, schwingt mit im Vergleich *a Gosch wie a Schwert*.

Schließlich reicht die *Gosch* weit über die anatomische und rhetorische Dimension hinaus: Sie spielt eine wichtige Rolle in der Pädagogik. Nachdem die antiautoritäre Erziehung ihre

Schwächen nachhaltig offenbart hat, etwa indem jeder meint, die *Gosch* auch dann aufreißen zu müssen, wenn er außer Inkompetenz nichts vorzubringen hat, findet die allmähliche Rückbesinnung statt. Dabei verweisen die Alten gerne auf das seinerzeitige Prinzip, dem vorlauten oder altklugen Nachwuchs »oina an d' *Gosch* nââ« zu geben.

Doch woher kommt dieses unentbehrliche Wort? Manche vermuten Frankreich als Ursprungsland, dem die Schwaben andere sprachliche Errungenschaften wie *Trottwar* und *pressieren* verdanken.

Das Etymologische Wörterbuch bestätigt dies nicht, stellt vielmehr fest, dass die Herkunft der *Gosch* unklar ist. Doch es weist auf zwei lateinische Vokabeln hin, zu denen ein Zusammenhang bestehen könnte. Die eine, *geusiae*, bedeutet »Rachen, Schlund« und kommt möglicherweise aus dem Keltischen. Die andere, *gula*, bedeutet »Schlund, Kehle«, und die ist auf alle Fälle die Mutter der französischen *gueule*, die der schwäbischen *Gosch* entspricht: »Ta *gueule*!« heißt »Halt d' *Gosch*!« Was mangels weiterer Erkenntnis hiermit befolgt sei.

Om de ganze Ranze rom

Als Schulkind trägt auch der Schwabe seinen Ranzen *auf dem Rücken. Später wandert der* Ranzen *om de* Ranze *rom nach vorn, wo er meistens bleibt und sich auswächst.*

Im Schwäbischen versteht man unter *Ranze* nicht nur die Tasche, die auf den Rücken geschnallt wird, sondern auch den körpereigenen *Ranze,* welcher der Nahrungsaufnahme und -verarbeitung dient.

Dieser muss ebenso wenig wie der gleichbedeutende *Bauch* ein Mindestvolumen aufweisen; beide Begriffe können die Leibesmitte ohne Aussage über deren Umfang bezeichnen. Hingegen deuten die Verkleinerungsformen *Ränzle* und *Bäuchle* einen vergrößerten Leibesumfang jenseits des Idealmaßes an.

Natürlich kann *Ranze* auch eine respektable Körperfülle kennzeichnen, etwa in der Wendung »an *Ranze* wie dr Probst von Marchtal« – respektabel im buchstäblichen Sinne. Schließlich war der *Ranze* früher kein Symptom für falsche Ernährung oder Bewegungsmangel, sondern galt als Zeichen gottgefälligen Wohlstandes, den man sich rechtschaffen erarbeitet hatte.

Wie konnte der *Ranze* von der ursprünglichen Rückentasche zum Bauch geraten? In der älteren Literatur finden sich Beispiele, die zeigen, dass das Füllen des Magens gerne verglichen wurde mit dem Füllen eines Vorratsbeutels.

Auch der Bauch kann sein Aussehen verändern entsprechend der Menge des Füllstoffes. Wird genügend zugeführt, verschwinden die Runzeln und der *Ranze* spannt. Manche Nahrungsmittel sind für einen solchen Spannungsaufbau geradezu prädestiniert, etwa eine Art Kartoffelbrei, der »*Ranze*spanner« heißt. Die dazu gehörigen gebratenen Zwiebelwürfel fahren einem im *Ranze* rum. Und hat man sich in seiner Gier den *Ranze* zu voll geschlagen, kriegt man *Ranze*weh.

»De *Ranze* voll schlage« hat im Schwäbischen allerdings noch eine andere Bedeutung, nämlich »verprügeln«. Die Erklärung, wie es zu dieser Redewendung kam, findet sich im Wörterbuch der Brüder Grimm. Als weiteres Synonym von *Ranzen* ist hier »Buckel, Rücken« angegeben: »jemandem etwas auf den *Ranzen* geben, ihn prügeln«.

Demnach befindet sich der *Ranzen* im weiteren Sinne nicht nur vorn, sondern reicht, wie der Schwabe sagt, »om de ganze *Ranze* rom«. Tatsächlich bedeutet *Ranze* im Schwäbischen neben »Bauch« auch noch »Leib«.

In diesem Sinne ist der *Ranze* im Lied von der schwäbischen Eisenbahn zu verstehen: Nachdem das Bäuerle am Ende der Reise von seinem Geißbock nur noch Kopf und Seil am hinteren Wagenteil vorgefunden hat, schmeißt er diesen Restbestand »em Kondukteur an *Ranze* nââ«. An *Ranze* oder, wie abweichende Versionen behaupten, »an Schädel« oder »an d' Aure«?

Alles spricht für *Ranze*. Denn der reicht, als »Leib« verstanden, vom Hals bis zur Grattel und bietet daher für erregte Kleinviehhalter ein leichteres Ziel als nur Haupt oder Ohren eines Bahnbeamten.

Ranze

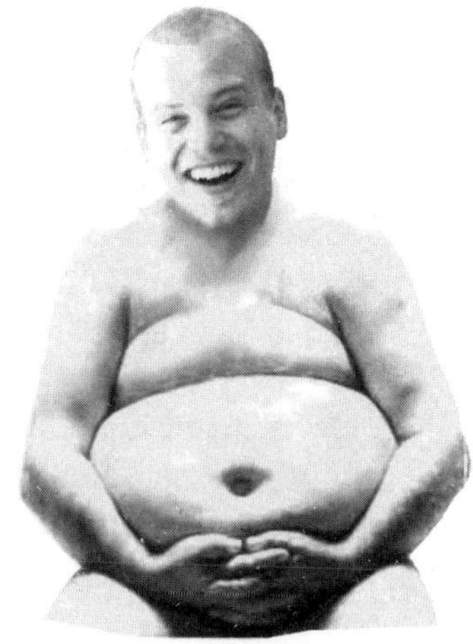

Ränzle

Dem Zenka auf der Spur

Die normale Nase dient erstens als Riechorgan und verleiht zweitens ihren Trägern Profil. Die Nase des Schwaben wird darüber hinaus zum Sprechen benötigt.

Stimmbänder und andere Sprechwerkzeuge reichen nicht aus, um eine korrekte schwäbische Aussprache zu erzielen. Der Einsatz der Nase ist dazu unabdingbar. Schwäbisch wird durch die Nase gesprochen – zum Beispiel das Wort *Nase*, das auf Schwäbisch je nach Region zu *Nâân* oder *Nêês* nasaliert wird.

Nâân oder *Nêês* ist ein wertneutraler Ausdruck, der für alle Funktionalitäten der Nase taugt. Man »schwätzt durch d' *Nâân*«, man setzt sie als Signalgeber ein, indem man *d' Nâân naufzieht*, so einem etwas nicht passt. Oder als Stimmungsbarometer, indem man *d' Nâân naahenkt*. In diesem Falle kann aus der *Nâân/Nêês* auch leicht ein *Rüeßel* werden, den man noch ein Stück weiter naahenken kann.

Die Nase fungiert als Antenne, etwa wenn einem etwas *in d' Nâân sticht*. Als eine der am weitesten hervorspringenden Körperregionen ist sie bei Vorstößen in Risikobereiche am meisten gefährdet, auch im übertragenen Sinne: Mancher Hobby-Börsianer hat in letzter Zeit *d' Nêês arg neibrâcht*.

Nur zu einem braucht der klassische Schwabe *sei Nâân/Nêês* nicht: zum *Riechen*. Denn er *riecht* nicht, sondern er *schmeckt* – im doppelten Sinne: Er *schmeckt* den Schweinebraten, und er *schmeckt*, wenn er vom Tanken kommt, nach Diesel.

Insofern ist es merkwürdig, dass er die Nase auch als *Riechkolben* bezeichnet und nicht als *Schmeckkolben*. Merkwürdig ist auch, dass, wer instinktiv eine vorteilhafte Entscheidung getroffen hat, sich rühmt, den *richtigen Riecher* gehabt zu haben.

Müsste es nicht *Schmecker* heißen? In diesem Zusammenhang sei daran erinnert, dass in den Fünfzigerjahren unter der Jugend tatsächlich das Wort *Schmecker* kursierte. Aber damit war ein Schlag auf die Nase gemeint, dem stets die mit geballter Faust vorgetragene Frage vorausging: »Mâgsch amål *schmecke?*«

Während *Riecher* das Wahrnehmungsorgan Nase kennzeichnet, gilt das Synonym *Zinken* ausschließlich der Nase als optischem Signal. Wer einen *Allmachtszenka* vorweisen kann, zeigt Profil, selbst wenn seine Persönlichkeitsstruktur einem nassen Sack gleicht.

Zinken ist laut dem Grimm'schen Wörterbuch oberdeutschen Ursprungs: »Hier ist eigentlich die derbe Bezeichnung einer starken Nase als *Zinken* zu Hause.« Insofern wird es alle, welche den Schwaben für den Ursprung der Menschheit halten, freuen, dass in der Inka-Sprache Quechua das Wort für Nase *senqa* lautet, was fast wie der schwäbische *Zenka* ausgesprochen wird.

Damit wäre Erich von Däniken widerlegt, der Außerirdische in den Anden hat ausmachen wollen. Der *Zenka* hat uns auf die richtige Spur geführt: Jene geheimnisvollen Fremden, welche dort gelandet sind und die markanten Inka-Nasen sofort als *Zenka* bezeichnet haben, waren natürlich Schwaben.

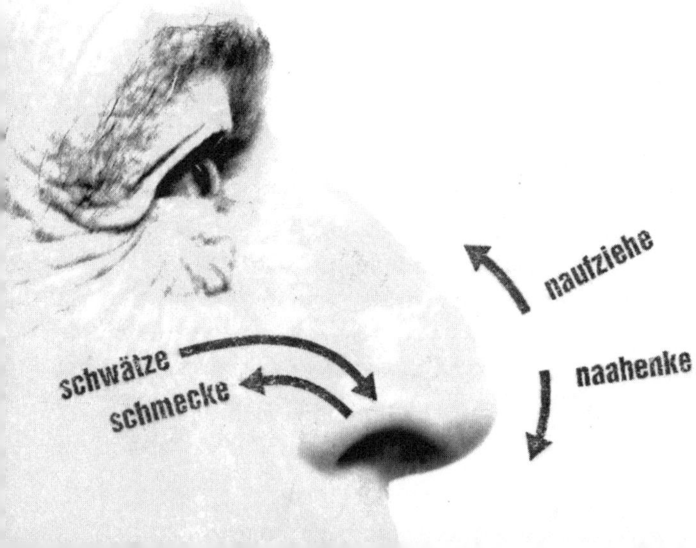

Füß und Boiner

Der schwäbische Fuß *reicht hinauf bis zur Grattel, wie der »Schritt« auf schwäbisch heißt.* Beine *hat der Schwabe keine, allenfalls* Boiner, *die aber von Kopf bis Fuß.*

Wenn sich ein Schwabe den *Fuß* bricht, kann sich die Fraktur irgendwo zwischen den Zehen und dem Oberschenkelhals befinden. Denn der schwäbische *Fuß* vereint in sich die schriftdeutschen Begriffe »Fuß« und »Bein«. Warum verzichten die Schwaben auf jenes »Bein«?

Diese Frage lässt sich vielleicht mit der Gegenfrage beantworten: Warum nicht? Denn Bein und Fuß bilden eine funktionale Einheit. Fehlt eines der beiden Elemente, kann man weder gehen noch stehen noch kicken. Da der Mensch im Gegensatz zum Affen verlernt hat, seine Zehen differenziert zu gebrauchen und mit ihnen weder greifen noch Klavier spielen noch in der Nase bohren kann, ist der Fuß ohne Bein praktisch funktionslos, und das Bein ohne Fuß sowieso.

Das mag erklären, warum den pragmatischen Schwaben der Begriff *Fuß* zur Beschreibung des gesamten Gehapparates genügt. Und über »tolle Beine« spricht man im Schwäbischen ohnehin nicht. Man erfreut sich ihrer schweigend, allenfalls mit anerkennendem Grunzen. Und sollte einem das Herz doch so voll sein, dass die Gosch überfließt, wird er die fleischigen Teile, nämlich die Schenkel und Waden rühmen und nicht die »Beine«.

Aus gutem Grund: Das Wort *Bein* existiert im Schwäbischen durchaus, hat allerdings seinen ursprünglichen Sinn von »Knochen« beibehalten. Ausgesprochen wird es *Boî*, die Mehrzahl lautet *Boiner. Boiner* hat man im ganzen Körper, und wenn sie, etwa in Folge von Magersucht, allzu sehr zum Vorschein treten, dann wird der oder die Betreffende gerne als *boinig* beschrieben. Ist nach der ortsüblichen Ruhezeit auf dem Friedhof Asche zu Asche und Staub zu Staub geworden, bleiben dennoch meistens die *Boiner* übrig. Präpariert und zusammengefügt ergeben sie den *Boiner*karle, der die Schüler durch den Biologieunterricht begleitet und der im übertragenen Sinne am Ende des Daseins als Sensenmann fungiert.

Im Mittelhochdeutschen wurde das *Bein* vom schieren Knochen allmählich zu Ober- und Unterschenkel, wie wir von Walther von der Vogelweide wissen, der im 13. Jahrhundert beim Nachdenken »Bein mit Beine« deckte. Die Schwaben haben diesen Schritt nicht mitvollzogen und schlagen beim Denken nach wie vor die *Füß* übereinander.

Auch für die Erhaltung der Art spielen die *Füß* im ganzheitlichen Sinne mitunter eine wichtige Rolle, nämlich bei der Kontaktaufnahme. Dafür gibt es eigens das Verbum *fußle*, das Fischer vorstellt als »mit den Füßen unter dem Tisch aneinander zu berühren suchen, besonders von Liebenden«. »Die *fußlet* mitananader«, heißt es dann.

Besonders prickelnd ist verbotenes, also vor- oder außereheliches *Fußeln*. Wird dies jedoch bemerkt, hilft mitunter nur eines: *fußle* im Sinne von »hurtig hinwegeilen«.

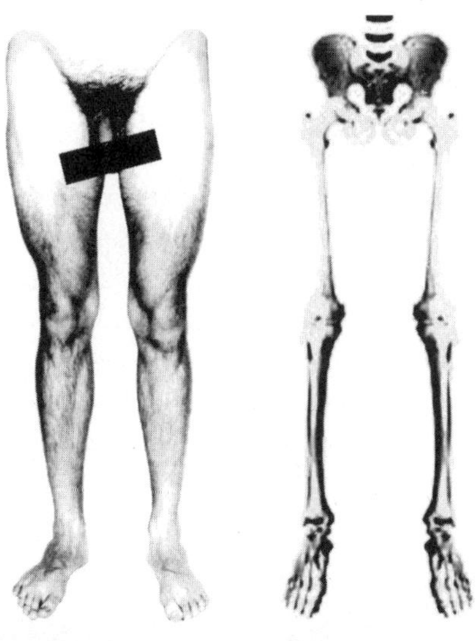

Füß **Boiner**

Vom Stoffwechsel

Zu den Dingen, über die man offiziell nicht spricht, gehört die Endphase des menschlichen Stoffwechsels. Doch inoffiziell gibt es dafür einige untersuchenswerte Verben.

Nach den herrschenden Benimmregeln gilt es als unfein, außerhalb von Arztpraxen über das Ausscheiden von Verdauungsendprodukten zu reden. Doch die Menschen im Lande sehen das meist nicht so eng und nutzen die dafür zur Verfügung stehenden Vokabeln ausgiebig.

Der diesbezügliche Wortschatz weist, was das Absondern fester Nahrungsrückstände betrifft, gegenüber dem Schriftdeutschen keine Besonderheiten auf. Für das Harnlassen hingegen werden in der Mundart vor allem drei Zeitwörter verwendet, die in der Standardsprache unüblich (geworden) sind: *bisele(n)*, *brunze(n)* und *seiche(n)*.

In seinem Schwäbischen Wörterbuch hat Hermann Fischer eine Art Grobheitsskala entwickelt, auf der *biselen* ganz unten steht, gefolgt von *brunzen* und dem als noch derber eingestuften *seichen*. Beginnen wir mit dem milden *biselen*, das vor allem auf Kinder angewandt wird. Mild wird es durch die eingeschobene Verkleinerungssilbe *-le-*, die es von seinem vergleichsweise rohen Herkunftsverbum *pissen* unterscheidet. Das ist bereits im Mittelalter aus dem Französischen *(pisser)* entlehnt worden.

Brunzen ist ein hochinteressantes Zeitwort, das trotz der vier identischen Anfangsbuchstaben weder mit »Brunst« noch »Brunft« zu tun hat. Seiner mittelhochdeutschen Form *brunnezen* kann man noch ansehen, dass darin der *Brunnen* steckt. Was heute allerdings vergessen ist: Dieses Wort bezeichnete früher nicht nur eine Wasserentnahmestelle, sondern auch den Urin.

Und der spielte eine wichtige Rolle in der Diagnostik. Der Arzt besah den »Brunnen«, weshalb er respektlos als *Brunz*doktor oder *Brunz*gucker bezeichnet wurde.

Liegt es an der von Fischer festgestellten Derbheit, dass *seichen* die meisten Ableger getrieben hat? Es ist verwandt mit *seihen*, Ausgangsbedeutung ist »rinnen lassen«. Was dabei herauskommt, heißt *Seich*, womit im übertragenen Sinne auch ein lauwarm (schwäbisch: *seich*warm) daherrinnendes Geschwätz gemeint sein kann. Ein unreifer Jüngling ist ein »junger *Seicher*«, und der schwäbische Superlativ von »nass« lautet »*seich*nass«. Man wird es, wenn's draußen *seicht*.

Warum heißt der Löwenzahn *Seich*blümle? Fischer zieht zwei Erklärungen in Betracht, nämlich eine harntreibende Wirkung oder eine Wirksamkeit gegen Bettnässen.

Fischer zitiert zudem eine gereimte Lebensweisheit: »Das Leben ist dem Nachttopf gleich, von außen schön, von innen *Seich*«, wozu er kritisch anmerkt, dass »Nachttopf« ein unschwäbisches Wort sei. Tatsächlich sprach man im Schwäbischen von *Seich*- oder *Brunz*hafen oder -kachel, bevor der französische »Botschamber« (pot de chambre) in Mode kam. Doch in den wurde nach wie vor auf gut schwäbisch *biselet*, *brunzt* oder *g'seicht*.

Seele und Verhalten

Viele schwäbische Begriffe und Redensarten sind nur aus der komplizierten schwäbischen Psyche zu verstehen.

Gscheitle und Oberschlaule

»Klugscheißer« sind den Schwaben fremd. Dafür aber herrscht unter ihnen kein Mangel an Obergscheitle. *Neuerdings trifft man auch* Supergscheitle.

»Klug« zu sein, liegt den Schwaben fern. Darum gibt es »Klugscheißer« bei ihnen allenfalls als Lehnwort. Sie gelten lieber als *gscheit. Gscheit* aber können nicht nur Menschen sein, sondern auch Dinge, sofern sie den schwäbischen Ansprüchen an die Qualität und an ein akzeptables Preis-Leistungs-Verhältnis entsprechen. Was diese Kriterien nicht erfüllt, ist »nix *Gscheits*«.

Diese Begriffserweiterung gibt Klugscheißern Anlass, darüber zu witzeln, dass Schwaben nicht nur *gscheite* Bücher besitzen, sondern auch *gscheite* Schuhe oder *gscheite* Duschvorhänge. Es folgt dann stets die dümmliche Frage, ob es auch dumme Schuhe und dumme Duschvorhänge gebe. Doch ist die Übertragung des Begriffes *gescheit* auf Dinge und Abstrakta keine Erfindung der Schwaben. Schon Dichterfürst Goethe ließ seinen Mephisto lästern: »Natürlich, wenn ein Gott sich erst sechs Tage plagt / Und selbst am Ende Bravo sagt / Da muss es was *Gescheites* werden.«

Gscheit ersetzt im Schwäbischen das norddeutsche »klug«. Es steht auch für »vernünftig«, »begabt« oder ganz einfach »intelligent«. Es ist ein rundum positiv besetzter Begriff – im Gegensatz zu dem davon abgeleiteten *Gscheitle.* Als solches wird bezeichnet, wer durch sein Verhalten zu erkennen gibt, dass er sich für *gscheiter* hält, als er ist. Das *Obergscheitle* wähnt sich *gscheiter* als die anderen und glaubt, ihnen dies ständig ungefragt nachweisen zu müssen – etwa durch Klugscheißerei. Zur Verteidigung derer, die *Gscheitle* heißen, sei bemerkt, dass dieser Begriff einst einen gesunden Menschenverstand bezeichnete.

Auf eine eher pragmatische Intelligenz weist das Eigenschaftswort *schlau,* aus dem die Schwaben das *Schlaule* geformt haben. Dieses muss nicht besonders *gscheit* sein, versteht es aber, mit List, doch ohne Arglist, seine Vorteile wahrzunehmen. Allerdings ist der Begriff ambivalent: Auch einer, der sich oder etwas besonders dumm angestellt hat, wird *Schlaule* genannt. Die Steigerung *Oberschlaule* zielt eher auf diese zweite Art von *Schlaule*.

Vielleicht war es die Zweideutigkeit des *Schlaule*s, die Ende des 20. Jahrhunderts zur Geburt des *Cleverle*s beigetragen hat, einer raffinierteren Abart des listigen *Schlaules*.

Zahlreiche nur positive Bedeutungen enthält das schwäbische Wort *wief*: lebhaft, klug, verständig, gescheit, schlau, pfiffig, scharfsinnig, mit allen Wassern gewaschen – ein Mix an Eigenschaften, die man zwar oft an Franzosen beobachtet, aus deren Wortschatz das Adjektiv *vif* (lebendig) stammt, an Schwaben hingegen seltener. Wenn es dennoch *wiefe* Schwaben gibt, dann wahrscheinlich deshalb, weil die Franzosen nach ihren diversen Einmärschen außer einer Reihe von Vokabeln auch ein paar Gene hier zurückgelassen haben.

Gschiß ums Gschiss

Der typisch schwäbische Vorwurf, jemand habe oder mache ein Gschiss *oder* Gschiß, *kann vieles bedeuten. Aber er ist nicht so anrüchig, wie es zunächst scheint.*

Bevor wir uns in die Bedeutung und Herkunft des Wortes *Gschiss / Gschiß* vertiefen, ist zunächst ein Problem zu klären, das die neue deutsche Rechtschreibung aufgeworfen hat. Die verlangt nämlich, dass das stimmlose oder scharfe *s* nach kurzem Vokal *ss* und nach langem Vokal *ß* geschrieben wird.

Nun ist aber das Schwabenland, was das *Gschiss / Gschiß* betrifft, zweigeteilt. Im Westen sagt man *Gschiss* mit kurzem *i*, im Osten *Gschiß* mit langem *i*, und bisher hat keine Rechtschreibkommission erklärt, was richtig sei. Um diese Erörterung nicht in ein *Gschiß* um die korrekte Schreibweise von *Gschiss* ausarten zu lassen, schreiben wir es einfach so, wie es in Fischers Schwäbischem Wörterbuch steht: mit *ss*.

Damit sind wir bereits bei einer der Bedeutungen des Wortes angekommen, die man mit »unnötige Umstände« übersetzen könnte. Mit *Gschiss* gibt der Sprecher ein deutliches Genervtsein zum Ausdruck. Und genervt sein kann man von allem Möglichen, nicht nur von allzu detaillierten orthographischen Einlassungen.

Wenn es etwa jemand übertrieben wichtig mit etwas oder jemandem hat, reagiert die Umwelt gerne ablehnend bis allergisch. Und das äußert sich dann beispielsweise im Vorwurf: »Was der für a *Gschiss* mit dera håt!« In diesem Fall ist das *Gschiss* geschlechterübergreifend und deutet daher auf ein unkontrolliertes Balzverhalten.

Wer ein *Gschiss* mit seinen Kindern hat, missachtet die klassische Erziehungsregel, dass man dem Nachwuchs nicht mehr Aufmerksamkeit zuwenden soll als ihm gut tut. Die Aufforderung

»Mach koi so a *Gschiss!*« kann sich auch gegen nervtötendes Gejammer richten.

Das Merkwürdige am *Gschiss* ist, dass auf die Frage, wo dieses Wort sich herleitet, wohl die meisten auf *scheißen* tippen würden, dass hingegen *Gschiss* ungehemmter über die Lippen geht als jenes Verbum, auf das es vermeintlich zurückgeht.

Diese Herkunft ist aber keineswegs gesichert. Zwar erklärt das Grimm'sche Wörterbuch *Geschiss* lapidar mit »das Scheißen, dann Wesen, Umstände«, was den Eindruck verstärkt, dass das eine mit dem anderen zusammenhängt. Hingegen ordnet Fischer das *Geschiss*, wo es im Sinne von »übergroße Geschäftigkeit, Umständlichkeit, viel Wesens« etc. gebraucht wird, eindeutig dem Zeitwort *schießen* zu.

Das weist auf eine inzwischen vergessene Bedeutung von *schießen* hin, die eine schnelle Bewegung kennzeichnet. So gibt es im Schwäbischen wie im Schweizerdeutschen neben *Gschiss* tatsächlich auch das Wort *Gschieß* mit der Bedeutung »allzu rasches Gehen, hastiges Hin- und Herrennen«. Doch wie das *Gschiss* tatsächlich zustande gekommen ist, das herauszubekommen ist eine wichtige Aufgabe für künftige Forschergenerationen.

Volk der Bruddler und Brägler

Wenn der Schwabe grantig ist, dann bruddelt *oder* brägelt *er. Das sind zwei vergleichsweise geräuscharme Möglichkeiten, seinen Unmut anhaltend kundzutun.*

Wenn einmal der Zorn in ihm hochkocht, kann auch der Schwabe fuchsteufelswild und ziemlich laut werden. Solche Temperamentsausbrüche sind bei ihm zwar nicht auszuschließen, doch neigt er eher zu verhalteneren, dafür aber umso anhaltenderen Unmutsäußerungen, etwa zum *Bruddeln*. Diese Verhaltensweise bevorzugt er, wo kein unmittelbarer Handlungsbedarf besteht, wenn ihm etwas zwar nicht passt, er jedoch lautstarken Protest für sinnlos, übertrieben oder inopportun hält. Dann *bruddelt* er lieber. Vielleicht *brägelt* er auch bloß.

Bruddeln tut, wer nicht ganz, sondern nur halb narret ist. Es ist introvertierter als das Schimpfen, ähnelt dem Schmollen, welches allerdings auch lautlos zu bewerkstelligen ist. Im Gegensatz dazu ist das *Bruddeln* mit verbalen Äußerungen verbunden, die jedoch eher an sich selbst als an ein Publikum gerichtet sind. »Widerwärtig brummen, murren, seine Unzufriedenheit halblaut zu verstehen geben«, so definiert Fischers Schwäbisches Wörterbuch. Man sagt daher auch »vor sich nââ *bruddle*«: Die Umwelt soll ruhig mitbekommen, dass man sich über etwas oder jemanden ärgert, doch liegt es nicht in der Absicht des *Bruddelnden*, sich auf Diskussionen über die Gründe seines Unmuts einzulassen. Er belässt es dabei, ihn kundzutun und schließt diese Äußerung gerne ab mit dem Satz »Ha, isch doch au wahr!« Ist er versöhnlich gestimmt, hängt er noch ein »Oder?« an.

Brägeln ist eine variable Vorstufe des *Bruddelns* – variabel deswegen, weil sie nicht nur dazu dienen kann, ein Nichtgefallen, sondern auch einen Mangel mitzuteilen: die Unfähigkeit, sich kurz und prägnant auszudrücken. Fischer übersetzt *brägle* daher mit »umständlich reden, besonders unaufhörlich tadeln oder betteln«. Der feine Unterschied zwischen *bruddle* und *brägle* erklärt sich aus der ursprünglichen Bedeutung jener Verben, die beide aus dem Küchenvokabular stammen. *Bruddle*, das Fischer übrigens mit nur einem *-d-* (*brudeln*) schreibt, ist dasselbe wie »brodeln«. In der Redensart »*bruddle* wie en alter Krauthafe« verbinden sich der ursprüngliche und der übertragene Sinn des Wortes. *Brägle* hingegen bedeutet laut Fischer »im Schmalz backen, schwach rösten; z. B. Würste, schon gekochtes Fleisch, besonders aber ›Spatzen‹, ›Knöpflein‹, Kartoffeln, Nudeln u. ä.«. Daraus erhellt, was man sich unter »*bräglete* Spätzle« vorzustellen hat.

Auf menschliche bzw. schwäbische Verhaltensweisen übertragen, bedeutet dies, dass das *Bruddle* näher als das *Brägle* am Siedepunkt angesiedelt ist. Doch der wird weder vom *Bruddler* noch vom *Brägler* erreicht, die als bedächtige Schwaben sowohl vom Schäumen wie vom Überschäumen weit entfernt sind.

Wo der Ehrenkäs duftet

Eines der Eigenschaftswörter, die den Schwaben unentbehrlich sind, ist ehrenkäsig. *Man muss sich wundern, wie andere Mundarten ohne diesen Begriff auskommen.*

Ehrenkäsig: Wie viele Befindlichkeitsstörungen und wie viele zwischenmenschliche Konflikte lassen sich mit diesem einen Wort plausibel erklären! Hermann Fischer definiert es in seinem Schwäbischen Wörterbuch: »in Ehrensachen, Rang, Titel, Etikette kleinlich empfindlich«.

Diese kleinliche Empfindlichkeit betrifft das symbolische Kapital der Ehre, das der Schwabe ebenso hartnäckig verteidigt wie sein materielles, das Sach: Man schafft nicht gerne umsonst, und wenn man für seinen ehrenamtlichen Einsatz schon kein Geld bekommt und die spätere Belohnung im Himmel reine Glaubenssache ist, dann muss der Lohn wenigstens aus gebührender Anerkennung bestehen. Und wehe, wenn jemand diesen ideellen Lohn zu drücken oder gar einzubehalten versucht! Dann reagiert der Schwabe *ehrenkäsig*. (Wobei der Vollständigkeit halber anzumerken ist, dass besoldete Würdenträger nicht minder *ehrenkäsig* sind.)

Jedem das rechte Maß an Ehre zukommen zu lassen, bedarf eines Höchstmaßes an Fingerspitzengefühl. Gnade Gott dem Vereinsvorsitzenden, der in der Jahreshauptversammlung die verdienten Mitglieder in der verkehrten Reihenfolge erwähnt oder womöglich eines zu erwähnen versäumt. Wie aber ist die richtige Reihenfolge? Nach welcher Formel, in die Alter, Mitgliedsjahre und ehrenamtlicher Einsatz einzugehen haben, wird sie berechnet?

Überlassen wir die Antwort den Schreibern für Vereins-Ratgeber. Wenden wir uns lieber der Frage zu, woher dieses merkwürdige Wort stammt, das es nur im Schwäbischen gibt. In den Lexika der anderen Mundarten sucht man es vergebens, ebenso im Deutschen Wörterbuch der Brüder Grimm. Nur Fischer hat es aufgenommen und in oben zitierter Weise erklärt. Doch über die Herkunft ist auch er sich unsicher: »Ob aus *-grätig*? *-gehässig*? Jedenfalls denkt man an Käs = unbedeutende Sache«, schreibt er.

An einer anderen Stelle in Fischers Schwäbischem Wörterbuch findet man allerdings noch ein weiteres Wort, das wie *Käs* mit langem *ä* ausgesprochen wird, sich aber *G'häss* schreibt und dasselbe bedeutet wie *Häs* (bei Fischer: *Häss*), nämlich Anzug. Könnte es sein, dass dem Begriff *ehrenkäsig* ein Bild zugrunde liegt, in dem sich jemand in die Ehre hüllt wie in einen Sonntagsanzug? Das wäre zumindest freundlicher als das Bild eines Ehr-Geizes, der gleich einem stinkenden Weichkäse an einem haftet und den anderen in die Nase sticht.

Doch wird es wohl letztgenannte Assoziation sein, die diesem Adjektiv zu seiner ungewöhnlichen Beliebtheit verholfen hat. Warum aber gibt es dieses Wort nur im Schwäbischen? Etwa weil die Angehörigen anderer Stämme weniger *ehrenkäsig* wären? Wohl kaum. Eher deswegen, weil sie nicht kreativ genug waren, ein so schönes Wort zu erfinden.

Scho narret!

Wenn Menschen allzu gut aufgelegt sind, neigen sie dazu, übermütig oder gar närrisch *zu werden. Wenn hingegen ein Schwabe* narret *wird, dann ist Gefahr im Verzug.*

»Jetz isch'r scho *narret.*« Diese Bemerkung will sagen: Dein Gegenüber ist hochgradig verstimmt. Es ist nicht mehr bereit, deinen Ausführungen zu folgen. Beende daher die Konversation, denn jedes weitere Wort steigert die Gefahr eines Tobsuchtsanfalls.

Narret sein: Das ist der furor Suevicus, der schwäbische Zorn. Er unterscheidet sich vom jähen, offensiven furor Teutonicus, der teutonischen Raserei, durch eine introvertierte, beleidigte Komponente: Man ist meistens nicht einfach *nur* narret, sondern narret *auf jemanden*. Dafür bieten sich an: 1. der Verursacher des Zorns, der einen durch sein saudummes Geschwätz oder Verhalten dazu gezwungen hat, den Laden dicht zu machen und zu bruddeln, oder 2. die Umwelt im Allgemeinen.

Narret sein bedeutet mithin auch eine selbstgewählte Isolation, die man nicht einfach so wieder verlassen kann. Es muss sich erst ein geeigneter Anlass finden, etwa ein Signal der Reue jener, die diesen Zustand verursacht haben. Da aber der schwäbische Stolz es ablehnt, Reue zu zeigen, kann es mitunter ziemlich lange dauern, bis ein solches Signal erfolgt, das dem Narreten erlaubt, ohne Gesichtsverlust in seine normale Gemütsverfassung zurückzukehren – etwa, nachdem ihm ein einfühlsames Umfeld lange genug schön getan hat, ohne dabei pädagogisch zu erscheinen.

Möglicherweise ist es die hohe Komplexität dieses Vorgangs, ist es das komplizierte Geflecht von Reaktionen und Gegenreaktionen, was den Vergleich zum Verhalten eines Narren provoziert hat. Denn *narret*, das im Grimm'schen Wörterbuch gleich gestellt ist mit *närricht, narricht* und *narrecht*, wird dort mit »töricht, verkehrt, unklug, wunderlich« u. ä. übersetzt.

Die Bedeutung »zornig« suchen wir dort allerdings vergeblich. Es bleibt dem Schwäbischen Wörterbuch vorbehalten, die Definition von *narret* über *närrisch* (verrückt) hinaus auszudehnen: »Häufiger im weiteren Sinn. Besonders von Aufregungszuständen, Zorn, Ungeduld usw.«

Ungeduld: »Dua doch net so *narret*!« In diesem Fall ist mit *narret* ein ungesunder Eifer gemeint, der befürchten lässt, dass der davon Befallene dem Herzkasper zum Opfer fällt. Hier bezeichnet *narret* nicht die schlichte Wut, sondern die übertriebene Arbeitswut.

Zurück zum Zorn: Ist jemand so *narret*, dass er zu den gotteslästerlichsten Flüchen greift, dann spricht man paradoxerweise auch von *kreuznarret*. Das mag ebenso widersinnig erscheinen, wie die Tatsache, dass jemand, der *narret* ist, jeden Humor verloren hat. Wenn einem in diesem Zustand Befangenen jemand *närrisch* kommt, womöglich auch noch in der Absicht, ihn aufzumuntern, riskiert er Kopf und Kragen. In solchen Fällen hilft nur das alte Rezept: Mache lasse.

Das Schwabenalter

Verbirgt sich hinter dem Begriff Schwabenalter *eine Beleidigung, oder hebt er die Schwaben positiv gegenüber anderen Stämmen ab?*

Das *Schwabenalter* ist definiert als der Lebensabschnitt jenseits der 40. Die Begründung lautet, der Schwabe werde mit 40 Jahren »gescheit«, was immer man darunter verstehen mag. Denn aus den allfälligen Oberschul-Aufsätzen, deren Verfasser genötigt wurden, die Begriffe »klug«, »intelligent« und »gescheit« zu erörtern und gegeneinander abzugrenzen, wissen wir, dass jemand einen hohen Intelligenzquotienten haben kann, ohne deswegen zwangsläufig klug, geschweige denn gescheit sein zu müssen.

Ob die Definition beleidigend ist oder nicht, hängt vom Wörtchen »erst« ab. Wer sagt, Schwaben würden »erst« mit 40 gescheit, unterstellt, andere seien es bereits vorher. Schwaben pflegen sich gegen diese Lesart mit jenem Spruch zu verteidigen, dessen defensiver erster Zeile *Mir Schwåba werde erscht mit 40 g'scheit* die Gegenoffensive folgt: *Die andere net in Ewigkeit.*

Was soll man von diesem Spruch halten? Ganz offensichtlich liegt ihm die kollektive Verunglimpfung einer Bevölkerungsgruppe zugrunde, wie wir sie aus den Ostfriesenwitzen kennen. In der Tat waren die Schwaben die Ostfriesen der frühen Neuzeit; sie galten schlicht als dumm.

Differenzierter ausgedrückt hat sich Johannes Böhm, einer der ersten deutschen Volkskundler. In seiner 1520 erschienenen Beschreibung der Sitten und Gebräuche aller Stämme bescheinigt er den Schwaben: *Sero resipiscunt*, frei übersetzt: »Sie kapieren spät.« Mit diesem Phänomen hat sich 1781 der Berliner Friedrich Nicolai auf seiner Reise durch Deutschland ernsthaft auseinander gesetzt: Der Charakter der Schwaben sei *oft auf die unbilligs-*

te Art missdeutet worden. Er attestiert ihnen *Gemächlichkeit, Zufriedenheit und Ruhe* sowie *eine gewisse Treuherzigkeit und ein unbefangenes Wesen, … das selbst nichts von Arglist hat und sie bei anderen auch nicht vermuthet*. Dies habe dazu geführt, *daß ein Schwabe seinen Vortheil nicht genau wahrnahm*. Das aber habe man den Schwaben als Dummheit ausgelegt. Und deswegen bedeute das *allgemein bekannte Sprüchwort*, wonach die Schwaben *erst im fünfzigsten* (!) *Jahre klug* werden, keine späte Entwicklung der Verstandeskräfte, sondern *deren spätere Anwendung im gemeinen Leben*.

Ob mit 50 oder mit 40 – bemerkenswert ist, wie Nicolai sich das Zustandekommen des Sprichworts erklärt: *Man bemerkte, daß ein Schwabe, der sehr oft durch seine angeborne Gutherzigkeit von anderen war überlistet worden, endlich durch lange Erfahrung aufmerksam gemacht ward, um sich durch seinen angebornen Verstand vor der Schlauigkeit anderer zu hüten*.

Kürzer und zeitgemäßer ausgedrückt: Von seinem 40. Geburtstag an erkennt der Schwabe, dass er verarscht wird. Und, so sei hinzugefügt, wenn andere dies früher erkennen, nützt es ihnen auch nichts.

Tun und Nichtstun

Im Schwäbischen arbeitet und redet man nicht, sondern man schafft und schwätzt. Auch andere Tätigkeiten, Untätigkeiten oder Befindlichkeiten werden von den Schwaben vermittels ureigener und eigentümlicher Tunwörter ausgedrückt.

Schaffe isch a G'schäft

> Arbeiten *ist für Schwaben ein Fremdwort. Lieber* schaffen *sie sich krumm und bucklig. Doch wenn ihnen das* Geschäft *zu mühselig wird, stöhnen sie: »Isch dees a* Arbet!«

»Jaa, bei ons wird *g'schafft;* 's isch a wahre Pracht«, fistelte einst das Rundfunk-Fritzle über den Südfunk Stuttgart. Und weil das Fritzle damit die Schwaben exakt so zeichnete, wie sie sich selber gerne sehen, nahm im Lande von Schiller, Hegel, Uhland und Hauff kein Mensch Anstoß daran, dass sich *»g'schafft«* ums Verrecken nicht auf »Pracht« reimt.

Das Lied gipfelte in der Aussage: »*Ôôg'schafft* kââ dr Schwob net sei!«, was sich nicht wörtlich ins Schriftdeutsche übersetzen lässt. Denn was sollte ein Schleswig-Holsteiner mit der Aussage anfangen: »Ein Schwabe kann nicht *ungeschafft* sein«? Er könnte diese doppelte Verneinung so verstehen, dass der Schwabe *g'schafft* sei, und dies als Hinweis auf einen dauerhaften Erschöpfungszustand unter den Schwaben begreifen. Dabei ist genau das Gegenteil gemeint.

Das Missverständnis kommt daher, dass man außerhalb Schwabens erst *arbeitet* und dann *geschafft ist.* In Schwaben aber *schafft* man, und wenn man *g'schafft hat,* ist man *hee.*

Das Verbum *arbeiten* ist den Schwaben zwar bekannt, aber sie benutzen es nicht. Es klingt lange nicht so *schaffig* wie schaffen, das eine ganz andere Qualität enthält als *arbeiten.* Denn *schaffen* ist im Kern wie *erschaffen* ein schöpferischer Vorgang und im Übrigen mit dem Wort *schöpfen* verwandt.

Daran ändert auch nichts, dass *schaffen* im Neuhochdeutschen sowohl stark wie schwach auftritt: *schaffen, schuf, geschaffen* und *schaffen, schaffte, geschafft,* die mitunter einen konträren Sinn haben können: Der Schöpfer hat die Welt *geschaffen*, die sich dreht, bis der Mensch sie eines Tages vollends *geschafft* hat.

Dennoch: *Schaffen* ist ein konstruktiver Vorgang, selbst wenn er destruktiv endet. *Arbeiten* hingegen ist allein von der Geschichte des Wortes her etwas Negatives. Wenn das Nibelungenlied an die alten Mären erinnert, die von »grozer *arebeit*« künden, dann wird hier nicht das Lob der Werktätigen gesungen, sondern auf große Müh' und Plage hingewiesen.

Das Wort *Arbeit* bedeutete also Mühsal und Not, etwas, dem man sich nicht freiwillig aussetzt. Dieser ursprüngliche Sinn ist im Schwäbischen noch erhalten, wo der Seufzer: »Isch dees a *Arbet!*« jene Mühen erkennen lässt.

Für die *Arbeit* im Sinne einer schaffenden Tätigkeit haben die Schwaben ein anderes Substantiv, das von *schaffen* kommt: das *G'schäft*, das nicht zu verwechseln ist mit dem *G'schäft* im Sinne von Laden oder Profit – eher im Gegenteil: Die Fälle sind selten, in denen der, der das das *G'schäft* hat, auch das *G'schäft* macht. Diese Erkenntnis steckt in der alten schwäbischen Redensart: »Vom *Schaffe* wird keiner reich.« Aber der Schwabe *schafft* ja nicht wegen dem Geld, sondern weil es sich so gehört.

Warum die Schwaben doa dädet

Die Schwaben gelten als rührig, man kann auch sagen: tätig. *Das spiegelt sich in ihrem Sprachverhalten wider, in welchem das Verbum* tun *eine bedeutende Rolle spielt.*

Schwaben *würden* nicht, sie *täten* beziehungsweise *dädet*. Sie *würden* nicht sagen, sondern *dädet* sage, *würden* nicht heimgehen, sondern *dädet* hoimgange. Sie bilden die Möglichkeitsform nicht mit *werden*, sondern mit *tun*, das sich damit in ein Hilfszeitwort verwandelt.

Diese Besonderheit passt trefflich ins Selbstbild der Schwaben, demzufolge sie schaffig sind bis zum Umfallen und demzufolge sie selbst dann, wenn sie einmal nichts *tun* wollten, lieber schlafen *täten* als schlafen *würden*. Denn *tun* ist aktiv, während *werden* inaktiv ist und ein Geschehen schildert, das sich auch ohne äußeres Zu*tun* abspielen kann. Dennoch ist nicht anzunehmen, dass es derlei Erwägungen waren, welche die Schwaben veranlasst haben, dem *tun* den Vorzug vor *werden* einzuräumen. Was aber war es dann?

Zunächst ist festzuhalten, dass die Konstruktionen mit *täte/würde* Hilfskonstruktionen sind. Denn anstatt »ich *würde* gehen« beziehungsweise »i *dät* gange« hieß die Möglichkeitsform ursprünglich »ich ginge« – schwäbisch: »i geeng«. Mit *tun* als Hilfsverb beantworten Kinder bisweilen die Frage, was sie gerade treiben: »Ich *tu* gehen.« Die Verneinung »Ich *tu* nicht gehen« ist zwar im Deutschen unüblich, im Englischen hingegen Pflicht: »I *do* not go.« Welcher Schritt aber liegt wohl näher: der von »Ich *tu* gehen« zu »Ich *täte* gehen« oder zu »Ich *würde* gehen«?

Doch *tun* ist im Schwäbischen, wo es neben *doa* auch *dao* heißt, weit mehr als nur ein Hilfsverb. Es ist ein Multifunktionszeitwort, das ein breites Spektrum von Bedeutungen abdeckt. Seine ursprüngliche, nämlich »setzen, stellen, legen«, ist erhalten in Komposita wie nei*doa*, naus*doa*, nom*doa*, weg*doa* usw. *Tun* im Sinne von »handeln, agieren« spricht aus Wendungen wie »*Due* langsam!«, »*Due* net so bleed!« oder »Der *duet* wie's Rädle«.

Auch zur Beschreibung der Funktionsfähigkeit eines Gerätes ist *doa* an Knappheit und Präzision kaum zu übertreffen. Das geht vom triumphierenden »Jetz *duet's*!« über das situative »Des *duet* net« zum endgültigen »Des *duet* nemme«.

Doa hat auch eine akustische Komponente. »Was *duet'n* då so?«, fragt etwa der Autofahrer, wenn aus dem Motorraum ein ungewohntes Geräusch zu ihm dringt. Und wenn die Nachbarstochter auf der Geige übt, kann es schon mal vorkommen, dass ein entnervter Anwohner klagt: »Des *duet* ja saumäßig!«

Am liebsten aber verwendet der Schwabe *doa* im Sinne von »genügen«. »D'Hälfte hätt's au *doa*«, hört etwa der Sohn, der seinen Teller mit Spätzle überhäuft hat. Und als Synonym für »seinen Zweck erfüllen« gehört *doa* zu den Wörtern, die der Einzelhandel am meisten hasst. Denn vor jeder Neuanschaffung prüft der Schwabe mehrfach seinen Kaufwunsch und kommt meist zum Schluss: »Des alte *duet's* no lang.«

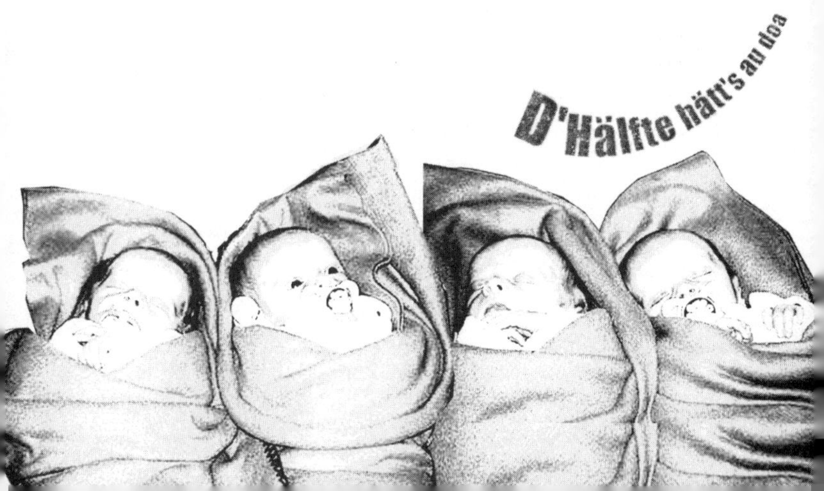

Vom Schwätzen und Schwatzen

Schwäbisch spricht *man nicht – man* schwätzt *es. Selbst der schweigsamste Schwabe* schwätzt, *wenn er etwas sagt. Doch wehe, man nennt ihn einen* Schwätzer.

Im Schwäbischen ist *schwätze* die Grundlage der menschlichen Verständigung. Doch im Schriftdeutschen gehört *schwätzen* wie das gleichbedeutende *schwatzen* zu den kommunikatorischen Redundanzen, das heißt, es ist überflüssig.

Der Unterschied liegt darin, dass das Zeitwort *schwätze* im Schwäbischen die schriftdeutschen Verben *sprechen, reden, sich verständigen, kommunizieren* ersetzt. Der Deutsche *spricht* deutsch, der Schwabe *schwätzt* schwäbisch. Ist er im Ausland, wo man ihn nicht versteht, *schwätzt'r mit de Händ.*

Mancher schwäbische Eigenbrötler tut, was nach schriftdeutschem Sprachverständnis ein Widerspruch in sich wäre: Er *schwätzt* wenig. Nicht möglich wäre im Schriftdeutschen auch das Lob: »Was der *schwätzt,* hat Hand und Fuß.«

Eine der effektivsten Methoden, Probleme zu lösen oder gar nicht erst aufkommen zu lassen, ist das *Miteinander-Schwätzen.* Auch die modernste Kommunikationstechnik und die perfekteste Videokonferenz können das nicht ersetzen.

Das aber bedeutet, dass *miteinander schwätzen* mehr ist als der reine Informationsaustausch. Es bedeutet das Erfassen der Persönlichkeit des Gegenübers nicht nur mit dem Ohr, sondern auch mit dem Auge und vielleicht der Nase (Tast- und Geschmackssinn sollte man besser nicht bemühen). Es bedeutet, Grenzen auszuloten, auf den Anderen einzugehen, ihm nötigenfalls entgegenzukommen. Das heißt, *miteinander schwätzen* ist ein ganzheitlicher Verständigungsprozess und daher ungleich erfolgreicher als der Austausch von Aktennotizen. Das Ende dieses Prozesses quittiert der Schwabe mit der zufriedenen Feststellung: »Mâ kââ ja *schwätze* mitanander.«

Worin besteht der Unterschied zwischen *schwätzen* und *schwatzen*? Warum eigentlich hat *schwätzen* diese unterschiedliche Wertigkeit?

Die doppelte Form liegt schon in den mittelhochdeutschen Verben *swatzen* und *swetzen* vor. Doch in der gesprochenen wie geschriebenen Sprache war *schwätzen* die üblichere Form. Im 18./19. Jahrhundert gewann *schwatzen* in der Schriftsprache das Übergewicht; *schwätzen* zog sich in die Mundart zurück.

In der Schriftsprache nahm das zunächst wertfreie *schwätzen* nun einen »tadelnden Nebensinn« an. So schrieb Lichtenberg: »Was heißt *schwätzen*? Es heißt, mit einer unbeschreiblichen Geschäftigkeit von den gemeinsten Dingen, die entweder schon jedermann weiß, oder niemand wissen will, so weitläufig sprechen, dass niemand darüber zum Worte kommen kann, und jedermann Zeit und Weile lang wird.«

Diesem Bedeutungswandel haben sich die Schwaben erfolgreich widersetzt – außer im Falle des *Schwätzers*. Den können auch sie nicht leiden.

Damit wäre wohl *älles gschwätzt*.

Halt halt oder heb halt?

Sagt ein Schwabe »Jetzt halt halt!«, *stottert er nicht, sondern fordert jemanden auf, endlich anzuhalten. Anders lautet der Befehl, etwas festzuhalten: »Jetzt* heb halt!«

Zwischen dem Schwäbischen und dem Schriftdeutschen gibt es immer wieder Bedeutungsverschiebungen. Dem Schriftdeutschen *heben* entspricht das schwäbische *lupfen*, während das schwäbische *heben* auf Schriftdeutsch *halten* heißt. Das schwäbische Verb *halten* wird neudeutsch zu *stoppen*. Die dringende Bitte, anzuhalten, lautet daher: »Jetzt *halt halt*«, und die ungeduldige Aufforderung, etwas festzuhalten: »Jetzt *heb halt!*«

Entsprechend verhält es sich mit den Komposita: Hat sich ein Fliegengewicht an einem Fass Bier *verhoben*, hat es sich auf schwäbisch *verlupft*. Das schwäbische *verheben* jedoch meint »zurückhalten«. Die beliebte Wendung »Komm, *verheb's!*« kann zur Zügelung sowohl eines körperlichen Bedürfnisses als auch des Mundwerks auffordern. Die Gabe einer Schwertgosch bleibt umso länger erhalten, je besser deren Inhaber(in) situativ zu entscheiden vermag, wann man »es« besser *verhebt*.

Kann einer einen anderen Drang, etwa den, sich fortzupflanzen, nicht *verheben*, muss er das Ergebnis später *verhalten* und sich zudem von allen, die es schon immer besser wussten, vorhalten lassen: »Hättsch's *halt verhobe.*« Das Beispiel zeigt, dass man das schwäbische *heben* nicht immer mit *halten* übersetzen kann, denn *verheben* und *verhalten* sind zwei Paar Stiefel.

Das trifft auch für das ganz wichtige schwäbische Verbum *aufheben* zu, das mit *aufhalten* überhaupt nichts zu tun hat, sondern »aufbewahren« bedeutet. Man kann *aufheben* jedoch auch ganz wörtlich verstehen: Wer kennt sie nicht, die schwäbischen Unternehmer, die in der Werkhalle jedes Schräuble *aufgehoben* haben, um es so lange *aufzuheben*, bis man es gebraucht hat.

Mit ihrem Verständnis von *heben* haben die Schwaben im Übrigen am ursprünglichen Sinn des Wortes fest*gehoben*. Denn das geht zurück auf eine indogermanische Wurzel *kap-*, und die bedeutet »fassen, ergreifen«. Daher stammt auch das gleichbedeutende lateinische Verb *capere*, dem wir unser »kapieren« verdanken.

Der ursprüngliche Wortsinn von *halten* war hingegen »hüten, schützen, bewahren«; in der Vieh*halt*ung hat er sich bis heute gehalten. Später entwickelten sich Bedeutungsvarianten wie fest- und stillhalten, aber auch ein geistiges Begreifen.

Die schwäbische Partikel *halt*, die dem schriftdeutschen »freilich, eben« entspricht, hat jedoch mit dem Verb *halten* höchstwahrscheinlich nichts zu tun. Schon im Mittelhochdeutschen gab es dieses *halt* im Sinne von »vielmehr«. Vermutlich geht es auf ein germanisches *haldiz* (mehr, eher) zurück.

Wo auch immer dieses *halt* herkommen mag: Es eignet sich vortrefflich, um Ungeduld und Resignation festzustellen – oder Unumstößlichkeiten wie die, dass das, egal warum, im Schwäbischen *halt* so ist.

Wenn es langsam pressiert

Wo andere es eilig haben, pressiert *es dem Schwaben. Manchmal* pressiert *er auch selber. Und wenn er* langsam pressiert, *heißt das keineswegs, dass er mit Weile eilt.*

»*Pressiert's* arg?« Mit dieser Frage prüfen Eltern, die mit ihren quengelnden Sprösslingen auf der Autobahn im Stau stecken, ob sie nun tatsächlich den Topf hervorkramen müssen oder ob es noch bis zum nächsten Parkplatz langt. In dieser Frage hat das französische Fremdwort *pressieren* einen Rest seiner ursprünglichen Bedeutung bewahrt. Denn *presser*, von lateinisch *pressare*, bedeutet »drücken«, und wenn die Blase drückt, sagt der Schwabe: »'s *pressiert*«.

Das soll allerdings nicht heißen »es drückt«, sondern »es eilt«. Mit »es« ist mithin nicht die Blase gemeint, sondern die Zeit, die drückt oder drängt, wobei die Zeit nicht ausdrücklich genannt ist, sondern im Hintergrund mitschwingt in der unpersönlichen Formulierung *es pressiert*. Die lässt sich erweitern um ein persönliches Fürwort, das ausdrückt, wem *es pressiert*: mir, dir, ihm, ihr, uns, euch, ihnen.

Wenn *es ihm* oder *ihr pressiert*, dann ist das etwas anderes als wenn *er / sie pressiert*. Im einen Falle drängt es ihn / sie, im anderen Falle drängt er / sie, womit er / sie die Abwehrreaktion »*Pressier* doch net so!« auslösen kann.

Sowohl in der unpersönlichen wie in der persönlichen Aussage kann angegeben werden, *wohin* es pressiert. Die unpersönliche Version lautet: »Es *pressiert* ihm auf den Zug«; die persönliche: »Er *pressiert* auf den Zug«. Die erste Variante drückt nur aus, dass der Betreffende unter Zeitdruck steht; die zweite hingegen teilt mit, dass er diesen Druck bereits in eine körperliche Aktion umgesetzt hat.

Um das Drängen zu verstärken, wird gerne das Adverb *langsam* eingesetzt, das jedoch nicht im Sinne von »tempoarm« zu verstehen ist, sondern von »allmählich«, als Eintritt in einen Beschleunigungsvorgang. »Jetzt *pressiert's* aber langsam« meint daher, dass es höchste Zeit wird, den nächsten Gang einzulegen und die Drehzahl zu erhöhen.

Ebenso gut kann man sagen: »Jetzt wird's langsam *pressant*«, was wiederum nicht mit *brisant* zu verwechseln ist – wiewohl ein kausaler Zusammenhang zwischen *brisant* und *pressant* nicht zu leugnen ist: Wer in einer *brisanten* Situation erwischt wird, hat es oft sehr *pressant*. Damit ist bereits erwiesen, dass *pressant* sowohl mit *sein* als auch mit *haben* zu verwenden ist: Ein Auftrag, der *pressiert* (denn nicht nur Lebewesen können *pressieren*), *ist pressant*. Eine Person, die *pressiert*, hingegen *hat es pressant*.

Während das Adjektiv *pressant* allerdings rein französisch ist, wurde an das Verb *presser* die deutsch-französische Misch-Endung *-ieren* gehängt: Die wurde bereits im frühen Mittelhochdeutschen aus der altfranzösischen Infinitiv-Endung *-ier* und der deutschen *-en* gebildet. Somit ist *pressieren* ein Stück deutsch-französisch-schwäbischer Multikultur – falls das hier interess*ieren* möchte.

No net hudle!

Ihre sprichwörtliche Gründlichkeit haben die Schwaben in einer kurzen und prägnanten Maxime zusammengefasst: No net hudle! *Was heißt das eigentlich?*

Die Empfehlung *No net hudle!* zu übersetzen mit dem auf den ersten Blick sinnverwandt anmutenden »Eile mit Weile«, wäre krottenfalsch. Jenes »Eile mit Weile« führte in seiner lateinischen Version »festina lente« schon Kaiser Augustus häufig im Munde, und auch die Griechen handelten gerne nach dem gleichbedeutenden Grundsatz »speude bradeos«. Als Sklavenhalter, die andere für sich schaffen ließen und selber den ganzen Tag auf dem Marktplatz oder im Zirkus herumlungerten, konnten die Griechen und Römer sich tatsächlich eine bis zur Untätigkeit reichende Gemächlichkeit erlauben.

Nicht so die Schwaben. Ob der Not gehorchend oder dem eigenen Triebe oder einem aus der Not geborenen Trieb oder, um einen im Notstand befindlichen Trieb zu überlisten – oder vielleicht auch nur, um ein hartnäckiges Klischee zu bedienen: Sie schaffen. Und wenn sie schaffen, dann schaffen sie gründlich, so, dass das Produkt möglichst lange »hebt«. Die Haltbarkeit wäre aber gefährdet, wenn der Produzent anfinge zu *hudle*, das heißt, schlampig zu arbeiten. Überdies lässt sich ein *nââg'hudlets* Produkt schlechter verkaufen als ein »sauber g'schaffts«, weswegen selbst der profitorientierteste schwäbische Unternehmer seinen Mitarbeitern empfehlen wird, nicht zu *hudle*. Hingegen käme es weder ihm noch einem schwäbischen Gewerkschafter jemals in den Sinn, das arbeitende Volk aufzufordern, mit Weile zu eilen.

Was heißt *hudle* eigentlich? Das Zeitwort stammt vom Hauptwort *Hudel*. Und das bedeutet in erster Linie »Lumpen, Lappen«. Im Schwäbischen ist *Hudel* oder *Hudelwisch* darüber hinaus der an einer Stange befestigte Lumpen, mit dem der Bäcker die glühend heiße Asche des Holzfeuers aus dem Ofen wischt, das diesen aufgeheizt hat. Dies muss sehr schnell geschehen, was zur Vermutung führte, dadurch habe *hudle* den Sinn eines hurtigen, oberflächlichen Tuns erhalten.

Die einschlägigen Wörterbücher bestätigen diese Annahme jedoch nicht. Grimm leitet *hudeln* aus einer anderen Bedeutung von *Hudel* ab, nämlich »Schimpfwort für einen nichtswerten Menschen«. Das Verb *hudeln* bedeutet demzufolge »wie ein nichtswerter Mensch verfahren«, und auch Fischer vermutet in seinem Schwäbischen Wörterbuch einen Zusammenhang mit *Hudel* im Sinne von »Lump, Taugenichts, verkommener Mensch«.

Nun einfach zu behaupten, die eine oder die andere Herleitung sei richtig, wäre *hudelig* und soll daher unterbleiben. Stattdessen sei noch ein ziemlich heißer Spruch mitgeteilt, den Fischer in seinem Wörterbuch überliefert hat (Tierfreunde mögen die Lektüre zuvor abbrechen): »'s isch älles a G'wohnheit, hat dr Bäcker g'sait und hat d' Katz zum *Hudle* g'nomme.«

Der springende Schwabe

Wenn die Schwaben durch ihren Sprachraum laufen, *bewegen sie sich keineswegs schneller als die anderen Deutschen, aber bei weitem nicht so sprunghaft.*

Berichtet ein Schwabe, er sei gestern auf der Alb »schpaziere-g'*loffe*«, kommt das allen, die seiner Mundart nicht mächtig sind, ebenso als Widerspruch in sich vor wie die schwäbische Bitte »*Lauf* langsam!« Denn unter *laufen* versteht man in der Standardsprache das, was der Schwabe als *springen* bezeichnet: jene beschleunigte Gangart, die beim Pferd »Trab« heißt. Im Schwäbischen hingegen bedeutet *laufen* so viel wie »gehen«, genauer gesagt: »zu Fuß gehen«, egal wie schnell.

Natürlich gibt es im Schwäbischen auch »gehen«, das hier noch, wie einst im Althochdeutschen, *gangen* heißt. Es bezeichnet das Fortbewegen unabhängig von dessen Art und Mittel: Die Ankündigung »I *gang* hoim« kann sowohl zu Fuß wie auch mit dem Auto, dem Rad oder in extremen Fällen auf allen Vieren vollzogen werden. »I *lauf* hoim« hingegen sagt man beispielsweise, wenn man das Auto lieber stehen lässt und trotzdem noch auf zwei Beinen nach Hause gehen will.

Nun ist, bei genauerer Betrachtung, nicht die schwäbische Bedeutung von *laufen* merkwürdig, sondern die standardsprachliche Einschränkung jenes Verbs auf ein beschleunigtes Gehen im Sinne von »rennen« – merkwürdig deswegen, weil diese Einschränkung in der Schriftsprache nicht konsequent durchgehalten wird, etwa, wenn man sagt, dass ein Kind »laufen lernt«. Denn im Gegensatz zu irgendwelchen afrikanischen Gazellenarten, die sofort nach ihrer Geburt losgaloppieren, bewegt sich der homo sapiens zum Beginn seiner *Lauf*bahn eher torkelnd und keineswegs schnell. Das beweist: Die schwäbische Gleichsetzung von *gehen* und *laufen* wird mitunter, aber eben nicht konsequent, auch im Schriftdeutschen praktiziert, etwa in der Frage »Wie *läuft's*?«, in Wendungen wie der vom »*Lauf* der Dinge« sowie in Komposita von der *Lauf*masche bis zur eher trägen Beamten*lauf*bahn.

Ähnlich verhält es sich mit *springen*. Im Schriftdeutschen ist dieses Wortes bedeutungsmäßig eingeengt zum einen auf das, was im Schwäbischen *hupfen* heißt, zum andern auf das Ausführen eines Sprunges. Der Schwabe hingegen behält auch beim *Springen* meist Bodenhaftung, und wenn er schnell »en d' Apothek *schpringt*«, dann *springt* er nicht durchs geschlossene Fenster in den Verkaufsraum, sondern begibt sich fliegenden Schrittes hin und betritt den Raum ordnungsgemäß durch die Tür.

Zwar *springt* der Schwabe bisweilen auch vertikal, etwa wenn er sich saumäßig freut oder ärgert oder mit dem Hammer auf den Daumen gehaut hat. In aller Regel aber *springt* er horizontal, wenn es ihm pressiert, etwa nach einem Ein*lauf*. Und damit bewegt er sich näher an der ursprünglichen Bedeutung des Wortes, der zufolge *g'schprunge* eben weit mehr als bloß *g'hupft* war.

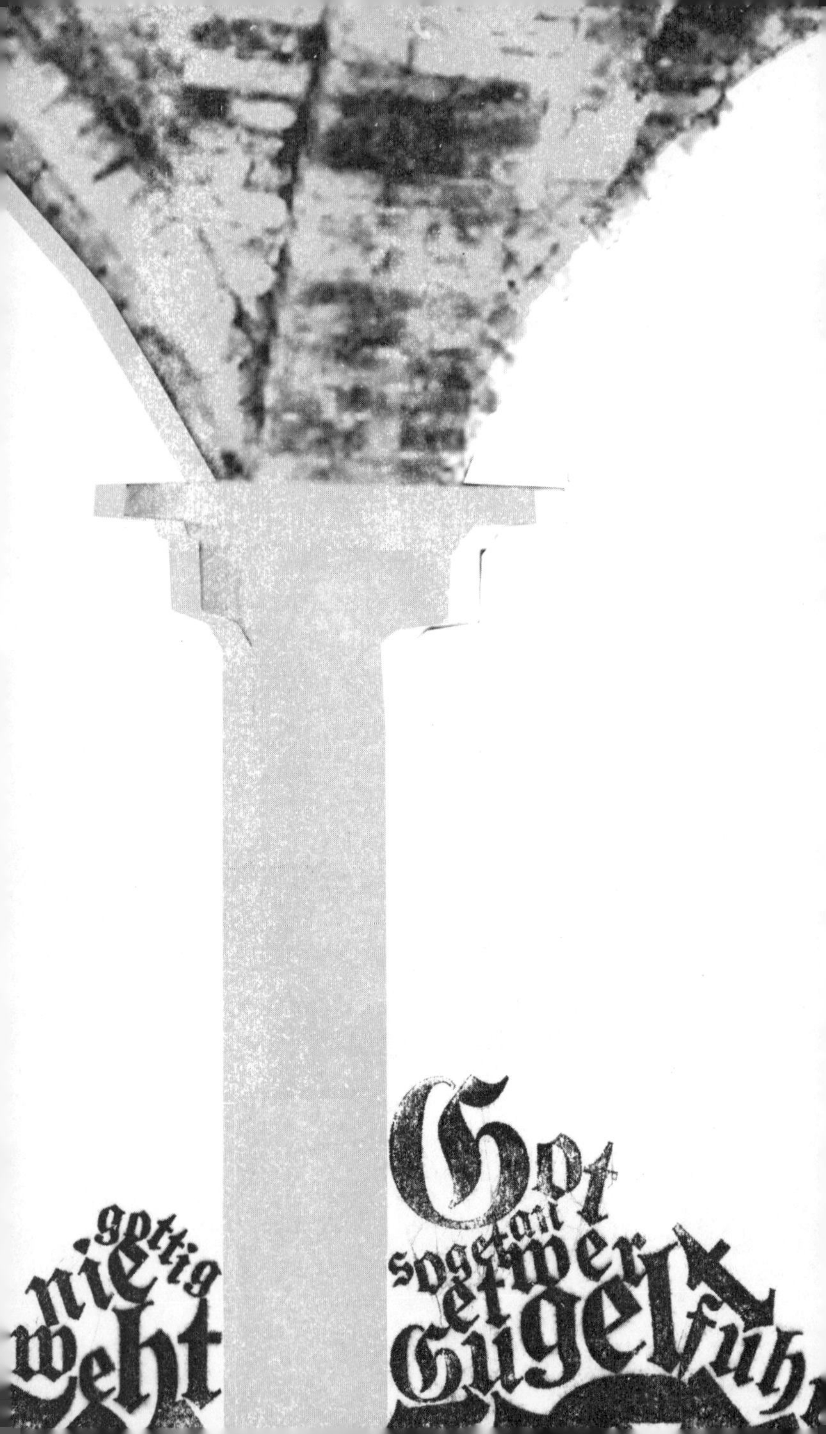
gottig
nie
weht
Got

Gut aufgehoben

Die schwäbische Mundart hat vieles aus den älteren Sprachen bewahrt.

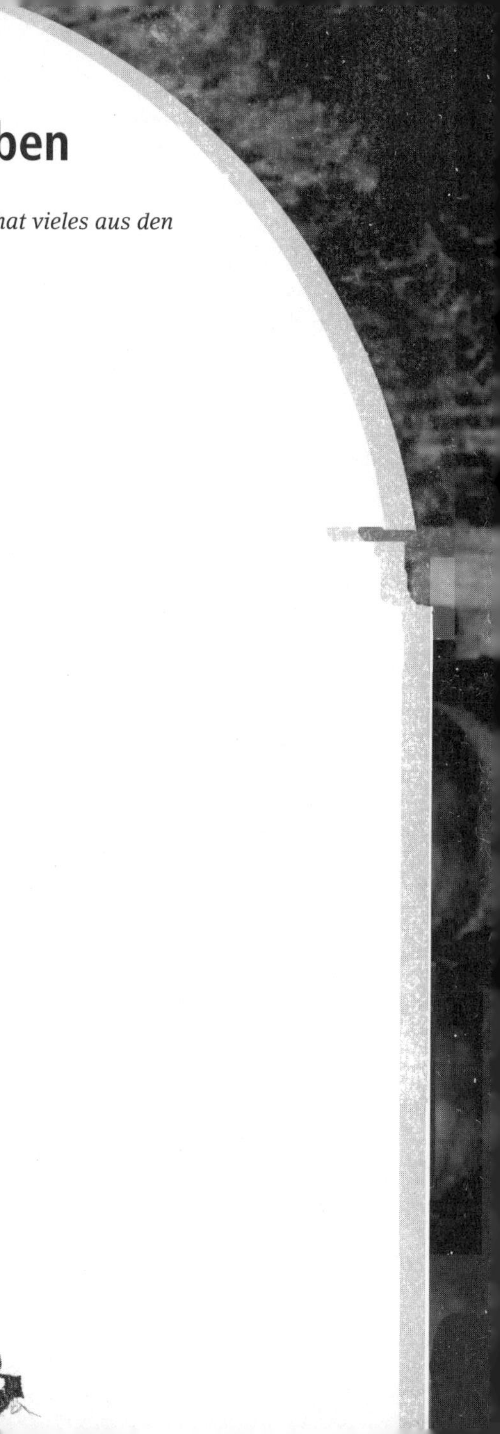

Im Gruscht gegruschtelt

Gruscht *ist ein wunderbares schwäbisches Wort, das im Hochdeutschen nicht seinesgleichen findet. Wir verdanken ihm auch das* Gruschteln *und den* Gruschtler.

»Der hat sei' ganze Wohnung voller *Gruscht*.« Was bedeutet diese Feststellung für den, über den sie getroffen wird? Die Frage ist nicht ganz einfach zu beantworten, denn jenes Urteil umfasst zwei Aspekte, die für den schwäbischen Menschen gewissermaßen konstituierend sind: die Ordnungsliebe und die Sparsamkeit.

Doch zunächst zum Wort *Gruscht*: Man kann es annäherungsweise übersetzen mit Zeug, Kram, Krimskrams. Aber diese hochdeutschen Begriffe treffen insofern nur unvollkommen zu, als ihnen ein Beigeschmack des Wertlosen, Überflüssigen anhaftet.

Für den Schwaben aber gibt es nichts Wertloses. Früher war es das berühmte Schräubchen, das man auf dem Trottwar gefunden und aufgehoben hat, weil man es ja möglicherweise irgendwann einmal brauchen könnte. Heute mögen es irgendwelche CD-Rom sein, deren Inhalt zwar nicht interessiert, die man aber vielleicht irgendwann einmal sinnvoll verwerten kann, ob als Untersetzer oder zum Basteln etwa eines Mobiles.

Wenn einer seine Wohnung voller *Gruscht* hat, könnte das bedeuten, dass sie nicht aufgeräumt ist. Das würde ein schlechtes Licht auf den Wohnungsinhaber werfen. Doch muss *Gruscht* keineswegs zwangsläufig Unordnung bedeuten. Man kann seinen *Gruscht* auch systematisieren. Und dann kommt seine positive Seite voll zur Geltung: die potenzielle Verwertbarkeit des scheinbar Unnützen, die dem schwäbischen Sparsamkeitsdenken entspricht. Allerdings bleibt ein Restzweifel, ob man den *Gruscht* wirklich irgendwann einmal brauchen kann oder ob er womöglich nur unnötig Raum beansprucht.

Woher kommt dieses Wort? Der schwäbische Architekturtheoretiker Joseph Furttenbach hat in seiner 1632 verfassten »Architectura universale« den Vorraum eines Speisesaales beschrieben, in dem die Frauen »ihren *Gerust*« deponieren konnten. Das war ihre »Ausrüstung«, also Kleidungs-, wohl auch Schmuckstücke und andere Utensilien, die sie bei Tisch nicht benötigten. *Gruscht* kommt also vom mittelhochdeutschen Wort *geruste*, in dem wiederum *rüsten* steckt und von dem auch das neuhochdeutsche *Gerüst* abstammt.

Das Wort hat seine Bedeutung dem *Gruscht* entsprechend gewandelt: Der besteht schließlich aus Gegenständen, die zu einem ganz bestimmten Zweck hergestellt wurden. Dieser Zweck aber ist mit der Zeit verloren gegangen, und nun warten die nutzlos gewordenen Dinge darauf, vielleicht eines Tages einem neuen zugeführt zu werden.

Und mit ihnen wartet der *Gruschtler*, der sinnend in seinem *Gruscht gruschtelt*, entweder um Ordnung in denselben zu bringen oder in der Hoffnung, irgendeine Verwendung für ihn zu finden.

Sotte, sottane und sottige

Bekanntlich gibt es sotte *und* sotte. *Deswegen sagen manche statt* sotte *lieber* sottige *und wieder andere* sottane. *Doch keiner darf behaupten, der andere habe Unrecht.*

Der Fatalismus findet in den unterschiedlichen Kulturkreisen seinen unterschiedlichen Ausdruck. Der Moslem reagiert auf die Unbilden der Welt mit dem Seufzer *inschallah* (wie Allah will). Der Schwabe neigt eher dazu, den oder die Verursacher des Problems zu suchen, um, wenn er sie gefunden hat, seinerseits zu seufzen: »'s gibt halt *sotte* und *sotte*.« Sofern er ein ausgemachter Pessimist ist, fügt er hinzu: »Und mehr *sotte* als *sotte*.« Er sagt nicht *solche* und schon gleich gar nicht *so'ne*, sondern, wie bereits festgestellt, *sotte*, vielleicht sogar *sottige* oder *sottane*. Denn auch was den Sprachgebrauch betrifft, gibt es *sotte* und *sotte*.

Nun muss man zwar hinnehmen als vermutlich von Gott oder Allah gegeben, dass es *sotte* und *sotte* gibt und geben wird bis an der Welt Ende, da bislang die Versuche sämtlicher Weltverbesserer gescheitert sind, die *Sottigen* so zu reduzieren, dass nur noch *sottige* übrig geblieben wären. Doch keineswegs gottgegeben ist, dass es bei den Schwaben *sotte, sottige* und *sottane* gibt anstatt *solche*. Erst recht liegt keine Verhunzung des schriftdeutschen Demonstrativpronomens *solch* vor, sondern ein ganz anderes Wort, das in der Hochsprache zwar einmal existiert hat, aber mittlerweile längst vergessen ist. Grimms Deutsches Wörterbuch hat es konserviert, sogar in dreifacher Form: *sogethan*, *sothan* und *sothanig*.

Diese Reihenfolge entspricht nicht nur dem Alphabet, sondern auch der historischen Entwicklung. Streichen wir, der Rechtschreibreform vom 1. Januar 1903 gemäß, das *h* hinterm *t*, so lautet der erste dieser Begriffe *so getan* und bedeutet »so beschaffen«. Im späten Mittelhochdeutsch ist daneben auch die Form belegt, in der das *ge-* von *getan* ausgefallen ist; sie lautete *sotan*. Als diesem schließlich ein *-ig* angehängt wurde, entstand *sotanig*.

Sogetan war in der Schriftsprache nur bis ins 16. Jahrhundert hinein üblich; länger gehalten hat sich *sotan*, »doch ist das Wort seit Beginn der klassischen Periode (seit Lessing) im gewöhnlichen Gebrauche aufgegeben und findet sich nur noch in alterthümelnder Sprache«, sagt Grimm, der auch auf den mundartlichen Gebrauch hinweist.

Die Mundart machte aus den *Sogetanen* und *Sotanen* die *Sottanen* und *Sotten*. Und die *Sotanigen* wurden auf die *Sottigen* reduziert. Damit war der schwäbische Bedarf an Demonstrativa gedeckt und die *Solchen* im Grunde überflüssig. Dennoch seien auch die kurz betrachtet: *Solch* hieß im Mittelhochdeutschen noch *solich*, und dieses *-lich* ist verwandt mit der *Leiche*.

Doch um dieses Kapitel nicht allzu trostlos enden zu lassen, sei betont, dass damit ursprünglich der lebendige Körper, die Gestalt gemeint war, und bekanntlich gibt es auch hiervon *sotte* und *sotte* – und mehr *sotte* als *sotte*.

Ebbes sein und ebber werden

Wenn im Land der Schwaben einer ebbes *kann,* ebbes *darstellt und vor allem auch noch* ebbes *besitzt – kurz: wenn er es zu* ebbes *gebracht hat –, dann ist er* ebber.

Was *ebbes* bedeutet, ist nicht besonders schwierig zu erraten: Es ist die bewegungsökonomisch günstigere Variante von *etwas*. Bewegungsökonomisch günstiger bedeutet, dass man die Sprechwerkzeuge zum Formulieren des Wortes *ebbes* weniger strapazieren muss als im Falle von *etwas*.

Aber: Wenn *eb-bes* mit *et-was* gleichzusetzen ist, welche Entsprechung gibt es dann für *eb-ber?* Wenn wir uns am Beispiel von *ebbes/etwas* orientieren, das *eb-* in ein *et-* verwandeln und das zweite *b* in ein *w*, dann ergäbe dieses *et-wer*. Und das ist tatsächlich des Rätsels Lösung.

Ein Wort *etwer* suchen wir in den heutigen Wörterbüchern vergeblich. Im Duden hat sich gerade noch *etwelche* halten kön-

nen, mit dem Vermerk: »veraltet für: einige«. Im Wörterbuch der Brüder Grimm aber findet sich nicht nur *etwelch,* die Einzahl von *etwelche*, sondern auch *etwer*, und das bedeutete »irgendwer«, so wie *etwas* mit »irgendwas« gleichzusetzen ist. *Etwer* wurde sogar dekliniert, der Akkusativ oder Wen-Fall hieß folgerichtig *etwen*. Dem entspricht das schwäbische *ebben*, das sich in manchen Gegenden ebenso gehalten hat wie der Dativ *ebbem* (*etwem*): »Håsch du des *ebbem* verzählt?«

Woher kommt dieses *et-*? Dies herauszufinden, muss man in Kluges etymologischem Wörterbuch unter *etlich* nachsehen, denn dessen *et-* ist dasselbe wie das von *etwas*, *etwer*, *etwelch*(*e*) und im Übrigen auch von *etwa*. Und da steht geschrieben, dass *etlich* aus den althochdeutschen Wörtern *eddes-* »irgend-« und *hwelih* »welch« zusammengesetzt ist. Also bedeutete *etwas / ebbes* und *etwer / ebber* tatsächlich »irgend*was*« und »irgend*wer*«. Entsprechendes gilt für *etwa*, dessen *-wa* mit dem heutigen *wo* identisch ist: *etwa* entspräche demnach »irgend*wo*«. Heute steht *etwa* für »vielleicht«.

Übersetzt man nun dieses *etwa* nach der oben beschriebenen Weise ins Schwäbische, bekommt man *ebba*. Und so versteht nun auch ein Nichtschwabe die besorgte Mutter, die ihren nasebludenden Sprössling fragt: »Håt dir *ebba ebber ebbes* doa?!« – Hat dir etwa einer etwas getan? Man kann die Unschärfe verdoppeln, indem man *ebber* und *ebbes* mit einem *irgend-* koppelt: »Då isch *irgendebber*, und der will *irgendebbes*.« Umgekehrt können die beiden Adverbien ihre Beliebigkeit verlieren, etwa dann, wenn man von *ebber* sagt, der oder die sei »*ebbes* geworden«.

Das ist übrigens keineswegs dasselbe, wie wenn einer »*ebber* geworden« ist. Denn »*ebbes* werden« meint, ein Amt oder einen Posten ergattert zu haben, der Ansehen verschafft, wobei die Mittel zur Erreichung dieses Zieles keine Rolle spielen. *Ebber* zu sein ist hingegen eine Frage der Persönlichkeit, eines wie auch immer gearteten Profils, das für *ebbes* zu sein nicht zwingend erforderlich ist.

Grüß Gott und Ade

Der Schwabe grüßt gern gottvoll, und zwar nicht nur beim Grüß-Gott-*Sagen, sondern nicht minder beim Abschied. Denn der Herr steckt auch in* Ade *und in* Pfiat de.

»*Grüß Gott!*« – »Wenn d'en siehsch.« Dieser etwas abgestandene Scherz offenbart die inhaltlichen Schwierigkeiten, die viele mit der Formel *Grüß Gott* haben. *Grüß Gott* klingt nach einer Befehlsform. Doch der Befehl, den Allmächtigen zu grüßen, macht wenig Sinn.

Was also bedeutet *Grüß Gott*? Ist hier im Lauf der Zeiten etwa ein »ich« verloren gegangen? Doch welchen Sinn ergäbe »Ich *grüß' Gott*«? Ein solcher Satz würde sich allenfalls als Glaubensbekenntnis eignen, kaum aber, um dem Gesprächspartner Gutes zu wünschen.

Grüß dich Gott klingt schon eher nach einem Segenswunsch. Tatsächlich ist die Grußformel *Grüß Gott* ebenso wie *Grüß dich* die Kurzversion von *Es grüße dich Gott* oder *Gott grüße dich*. Allerdings kommen wir auch hier nicht um die Sinnfrage herum: Soll nun ein freundliches Hallo! vom Himmel schallen?

Die Antwort finden wir in Grimms Deutschem Wörterbuch. Dort steht, dass *grüßen* auch gleichbedeutend sein kann mit »freundlich, teilnehmend entgegenkommen«. Und es ist ein Sprichwort genannt: »Gott *grüßt* die Menschen, sie wissen es ihm aber nicht zu danken.« Damit bedeutet *Grüß (dich) Gott* »Gott sei dir wohlgesonnen«.

Seit dem 12. Jahrhundert wurden die traditionellen germanischen Heils- und Willkommenswünsche unter dem Einfluss der Kirche von solchen frommen Grüßen abgelöst. Zu denen gehören auch *Guten Tag*, *Guten Abend* etc., denn vor diesen Akkusativen stand ursprünglich ein *Gott gebe dir einen …*

»*Geh mit Gott*, aber geh« ist heute eine eher unfreundliche Verabschiedung, in der aber noch das wohlmeinende alte *Geh mit Gott* steckt. Und *Gott behüte dich* ist in Bayern und bayerisch Schwaben zusammengezogen zu *Pfüat di* bzw. *Pfiat de*.

Dass der schwäbische Abschied *Ade* mit dem französischen *Adieu* zu tun hat, ist offensichtlich. Auch in *Adieu* steckt Gott, der französisch *dieu* heißt; es bedeutet in etwa »Gott befohlen«. Bemerkenswert ist allerdings, dass das breite *-e* in *Ade* keine schwäbische Verflachung des graziösen *-iö* ist. Vielmehr hat sich hierzulande die ursprüngliche Aussprache, wie sie im 12. Jahrhundert gepflogen wurde, erhalten. Denn bereits in höfischer Zeit wurde dieser Gruß aus dem Französischen ins Mittelhochdeutsche übernommen. Als sich im 16. Jahrhundert in Frankreich die Aussprache änderte, blieb es im Deutschen bei *Ade*. Und als im Ersten Weltkrieg die deutsche Sprache von Fremdwörtern gesäubert werden sollte, wurde *Ade* durch *Auf Wiedersehen* ersetzt.

Doch hat sich *Ade/Adieu* nicht nur im Schwäbischen gehalten. Weiter nördlich hat es als *Adschüs* überlebt und als *Tschüs* bzw. neuerdings *Tschöö* den Weg in den Süden gefunden. So findet sich Gott selbst in *Adele* und desgleichen im neuschwäbischen *Tschüssle*.

I gib nix

Wenn der sprichwörtliche Bauer ein Nahrungsmittel vorgesetzt bekommt, das er noch nicht kennt, dann sagt er, sofern er ein Schwabe ist: »Des friss *i net.«*

Was Deutsch lernende Ausländer zur Verzweiflung bringen kann, sind jene Verben, die in der 2. und 3. Person Einzahl der Gegenwart plötzlich den Stammvokal ändern wie etwa »ich n*e*hme, du n*i*mmst, er/sie/es n*i*mmt«. Die Schwaben sind konsequenter. Sie sagen: I n*i*mm, du n*i*mmsch, er / sie / es n*i*mmt. Dementsprechend verkündet der schwäbische Mensch, wenn er zu Tisch geht: »I *i*ss jetzt.« Auf die Frage »Haste mal ne Mark?« teilt er mit: »I g*i*b nix.« Und wenn ein Kunde den Verkäufer auf eine preismindernde kleine Unregelmäßigkeit an der Ware aufmerksam macht, erwidert dieser: »I s*i*eh nix.«

In all diesen Fällen weicht das Schwäbische vom Hochdeutschen ab – genauer gesagt vom heute gebräuchlichen Hochdeutsch. Nehmen wir etwa das Gegensatzpaar *geben* und *nehmen*. Luther, der bekanntlich alles andere als ein Schwabe war, schrieb mitunter »ich g*i*b«, wobei er allerdings daneben auch »ich g*e*be« verwendete. Hans Sachs (1494–1576), der als Schuhmacher und Poet dazu in Nürnberg wirkte, reimte folgenden Rat:

»Ich g*i*b den E(he)leuten iren Sinn / ich spreche, es sei gar gering: / der Man soll sich derhenken, / das Weib soll sich dertränken.«

Auch im Falle von *nehmen* lautet die 1. Person Einzahl bei Luther wie bei seinen Zeitgenossen »ich n*i*m«. Demnach müssten »ich g*i*b« und »ich n*i*mm« älter sein als »ich g*e*be« und »ich n*e*hme«. Und so ist es auch. Im Mittelhochdeutschen wurde das Verb *nemen* im Indikativ der Gegenwart konjugiert: »ich n*i*me, du n*i*mest, er / siu / ez n*i*met, wir n*e*men, ir nemet, sie n*e*ment.« In den mitteldeutschen Dialekten jedoch hieß es schon bald »ich n*e*me, du n*e*mest« usw., und unter diesem Einfluss geriet das »ich n*i*mm« allmählich zum »ich n*e*hme«.

Allerdings mag man sich fragen, warum im Mittelhochdeutschen der Stammvokal – etwa von »n*e*hmen« – in der Einzahl *-i-* lautet und in der Mehrzahl *-e-*. Um diese Frage zu beantworten, müssen wir in der Geschichte der deutschen Sprache einen weiteren Schritt zurückgehen ins Althochdeutsche, das im oberdeutschen Sprachraum von der Mitte des 8. Jahrhunderts bis etwa 1100 gepflogen wurde.

Im Althochdeutschen hieß es noch »ih n*i*mu, du n*i*mist, er/siu/is n*i*mit, wir n*e*mem, ir n*e*met, sio n*e*men«. Das heißt, der Vokal des Wortstammes nimmt deutlich Bezug auf den Vokal der Endung: wo hinten *-i-* und *-u* stehen, geht vorn ein *-i-* voraus, wo die Endung ein *-e-* enthält, steht vorn auch ein *-e-*.

Im Übrigen erlauschen wir die Erinnerung an diesen alten Lautstand auch bei Vicky Leandros, wenn sie in ihrem Lied »Adler und Taube« singt: »Du brauchst zum Leben Siege / Ich g*i*b viel eher mal nach.« Haben die Texter des Songs schwäbische Wurzeln? Oder können sie bloß nicht richtig deutsch?

1 EURO
Saugut

Superlative

Wenn auch die Schwaben im Umgang mit Superlativen eher zurückhaltend sind, verfügen sie doch über eine Reihe sprachlicher Mittel, den Grad ihrer Begeisterung – oder ihres Missfallens – punktgenau auszudrücken.

Im Anfang war die Sau

Was wäre der Schwabe ohne die Sau? *Ohne sie wäre nicht nur seine Küche, sondern auch sein Wortschatz um vieles ärmer und zu keiner Steigerung fähig.*

Selbst wenn ein Schwabe mal *Schwein* hat, nimmt er es nicht in den Mund. Für ihn gibt es nur die *Sau*, und die kann auch männlich sein: »*Sau* bezeichnet die Gattung überhaupt, ›*Schwein*‹ sagt nur der Gebildete«, stellt Hermann Fischer im Schwäbischen Wörterbuch fest.

Das *Schwein* kennen die Schwaben allenfalls in Begriffen, die im Handel üblich sind, wie *Schweinefleisch*. Das wird folgerichtig zum *Schweinebraten* und nicht etwa zum *Saubraten* verarbeitet. Doch schon beim *Schweinemarkt* wird es kritisch. So kommt es in Ulm in regelmäßigen Abständen zu Versuchen, auf dem offiziell so genannten *Schweinmarkt* die Straßenschilder durch andere mit dem populären Begriff *Saumarkt* zu ersetzen.

Das geschieht nicht aus einem Hang zum Ordinären, sondern zum Originären – und aus Trotz: Es besteht der Verdacht, die Obrigkeit schäme sich der schwäbischen Platzbezeichnung, und das lässt der Stolz der Eingeborenen nicht zu. Wenn der Schwabe die *Sau* dem *Schwein* vorzieht, beweist er in der Tat Sinn für das Ursprüngliche.

Denn im Anfang war die *Sau*. Im Althochdeutschen hieß sie noch *su*, und im Lateinischen *sus*. Das bedeutet jedoch nicht, dass das Wort *Sau* beziehungsweise *su* von den Römern stammt. Vielmehr wurzeln *su* und *sus* in einem indogermanischen Wort, das mutmaßlich *su* lautete. Durch Anhängen einer Endung *-in* wurde daraus ein *suin*, was ein Ferkel bezeichnete. Daraus entwickelte sich schließlich das Wort *Schwein*.

Sind sich die Schwaben in der Ablehnung des *Schweins* einig, so sind sie uneins hinsichtlich der Mehrzahl von *Sau*. Die einen sagen *Säu*, die anderen *Saue*, wobei es auch dafür nach Aussage eines Tübinger Veterinärs eine klare Definition gibt: »*Säu* sind alle, die man füttern muss, und *Saue* nur die weiblichen *Säu*.« Laut Grimm ist *Säu(e)* die ältere Form. *Saue* darf übrigens nicht verwechselt werden mit dem Verbum *saue*, das zum einen »beschmutzen«, zum andern aber »sausen« meint. »Håsch recht *g'sauet!*« bedeutet etwas anderes als »Bisch recht *g'sauet?*«

Völlig unentbehrlich ist die *Sau* als Vorsilbe. Auch hier gibt es feine Unterschiede. Im einen Fall dient sie ausschließlich der Verunglimpfung, was daran zu erkennen ist, dass in diesem Falle nur das *Sau-* betont ist, der Rest nicht: *Saukerle, Saumensch, Saubuabe*. Im anderen Fall steigert *sau-* im Positiven wie im Negativen. Dann ist auch das zweite Wort betont: *saugut, sauschlecht, saug'scheit, saudumm*.

In beide Kategorien fällt *saumäßig*. Steht es allein, wird nur *sau-* betont und es bedeutet ganz einfach »schlecht« (nach Art der *Sau*). Dient es dazu, ein nachfolgendes Adjektiv zu steigern, wird auch das *-mäßig* betont. Da Steigerungen gelegentlich neuer Ausdrucksformen bedürfen, wurde *saumäßig* in jüngerer Zeit ersetzt durch *wie d' Sau*, was exakt dasselbe bedeutet. Und so lautet das Urteil über ein *saumäßig* nettes Mädle auf Neuschwäbisch: »Dui isch geil *wie d' Sau*.«

Kähl! Geil! Cool!

> Kähl! Geil! *Diese Ausdrücke der Bewunderung bis Begeisterung klingen nicht nur ähnlich, sie haben beide einen krassen Bedeutungswandel durchlaufen.*

Noch vor kurzem sind die Muttis heftig zusammengezuckt, wenn die Töchter aus vollem Halse und auch noch in Gegenwart anderer Leute das furchtbare Wort *geil* in die Runde schmetterten. Inzwischen haben sie sich an dieses Adjektiv ebenso gewöhnt wie die Mütter der 50er-Jahre an das *kähl*, das damals die Kinder im Munde führten, bevor es von *cool* verdrängt wurde.

Gewiss: *Kähl* war um Klassen harmloser als *geil*, aber so, wie die Jugend es vor 40 Jahren anwendete, im Sinne von »toll, verwegen, bewundernswert, überlegen«, hatten die Alten es nicht gekannt. Darum widersprachen sie ständig: »*Kähl* isch doch ebbes ganz anders!« Das war den Jungen egal. Offenbar benötigt die Begeisterung immer wieder neue Vokabeln, um sich wirksam mitzuteilen, und bei deren Auswahl scheint, so lässt der Blick auf *kähl*, *geil* und *cool* schließen, das Zusammenspiel der Laute wichtiger zu sein als der eigentliche Sinn: Alle drei Wörter beginnen mit einem »Hintergaumenverschlusslaut« (*k*, *g*), dem nach einem Vokal oder Doppellaut ein *l* folgt.

Ähnlich konstruiert, wenn auch in anderer Reihenfolge, ist der Ausruf *Klasse!* Und zeitenweise sah es so aus, als ob die Neuschöpfung *kultig*, welche ebenfalls ein *k* und ein *l* aufweist, das in die Jahre gekommene *cool* ablösen sollte. Es scheint sich aber nicht durchzusetzen; das *-tig* am Ende verhindert, dass sich der Sprecher genüsslich auf dem abschließenden *-l* ausruht.

Längst gehört *cool* ebenso zum schwäbischen Wortschatz wie *geil*, das in seiner Steigerung *ôôzgeil* eine spezifisch schwäbische

Ausprägung gefunden hat. Rein und ausschließlich schwäbisch hingegen ist *kähl*, das die übrigen deutschen Mundarten nicht kennen – von der Hochsprache ganz zu schweigen.

In Fischers Schwäbischem Wörterbuch wird es *käl* geschrieben, wovon hier wegen des gedehnten *-ä-* abgewichen sei. Als Bedeutung gibt Fischer an: »wüst, abscheulich, hässlich, garstig, ekelhaft, widrig von Sachen und Menschen«. Dies gelte sowohl in äußerlicher (»Meist der stärkste Grad von Hässlichkeit«) als auch in moralischer Hinsicht (»unflätig, widerwärtig«). Kein Wunder also, wenn die Älteren Schwierigkeiten hatten, das unattraktive *kähl* plötzlich als Ausdruck höchster Begeisterung zu begreifen.

Für die Eigenschaft *geil* hingegen konnte sich auch schon die Elterngeneration erwärmen – wenn auch nur hinter vorgehaltener Hand. Denn noch vor kurzem zeugte dieses Wort von erhöhtem Paarungsdrang. Durch seinen Bedeutungswandel wurde es kastriert und reduziert auf einen sexuell indifferenten Superlativ. Wenn übrigens die Uroma sich an *geil* nicht sonderlich stört, dann deswegen, weil dies zu ihrer Zeit noch »üppig, übermäßig hervorsprießend« bedeutete – auf Pflanzen bezogen, wohlgemerkt!

Das Käpsele

Wenn, was selten vorkommt, ein Schwabe ein Lob ausspricht, gehört Käpsele *zu den höchsten Auszeichnungen in seinem knappen Vokabular anerkennender Worte.*

»Du bisch a *Käpsele*!« Dieses Kompliment lässt den damit Bedachten vor freudiger Verlegenheit erröten. Es drückt die Anerkennung herausragender Leistungen aus, egal ob die in guten Schulnoten, im Knacken von Computer-Codes oder Errichten von Bierdeckel-Burgen bestehen.

Was ist ein *Käpsele*? Schriftdeutsch hieße es *Käpselchen*, kleine Kapsel. Was das Konversationslexikon dazu mitteilt, geht alles am Sinn des schwäbischen *Käpsele* vorbei. Das ist mit »Zündblättchen« oder »Amorces« zu übersetzen.

»Zündblättchen« wiederum irritiert den Schwaben, genauer gesagt, die männliche Nachkriegsgeneration, die mit der *Käpselespistole* aufgewachsen ist. Denn neben den runden, konfettiartigen *Käpsela*, den eigentlichen »Zündblättchen«, gab es die anderen in Form eines zusammengerollten schmalen Streifens (»Amorcesbänder«), mit denen man pausenlos knallen konnte – davon abgesehen, dass nur jedes dritte detonierte. Diese als Blättchen zu bezeichnen, widerstrebt dem Sprachgefühl der schwäbischen *Käpseles*pistoleros.

Tatsächlich rührt die lobende Bedeutung des Wortes *Käpsele* von jenem Miniatursprengsatz her. Das Illustrierte Lexikon der deutschen Umgangssprache übersetzt *Käpsele* mit der Ursprungsbedeutung »Zündhütchen« unter anderem als »Klassenbester« und datiert die Entstehungszeit dieser übertragenen Bedeutung auf 1950. Insofern könnte das *Käpsele* eine schwäbische Nachahmung des *Knallers* sein, der im selben Nachschlagewerk unter anderem als »erfolgreicher Könner, Publikumsliebling, tüchtiger Mensch« ausgewiesen ist und diese Bedeutungen um 1930 erhalten hat.

Das würde auch erklären, warum Fischers Schwäbisches Wörterbuch *Käpsele* noch nicht als Knaller kennt, sondern es mit »Kapselbrot« übersetzt. Allerdings führt Fischer auch ein Verbum *käpsele* auf. Dieses ist heute fast vergessen und spielt allenfalls in den Ausführungen alter Männer eine Rolle, die ihrer Jugend Maienblüte nachtrauern. Ob sie tatsächlich jemals so viel *g'käpselet* haben, wie sie behaupten, ist eine andere Frage. Fischer weigert sich übrigens, das Wort ins Deutsche zu übersetzen. Er belässt es beim lateinischen »coire«. Davon ist das Hauptwort Koitus abgeleitet.

Da das Verb *käpsele* älter ist als das *Käpsele* im Sinne von Zündkapsel, hat es auch nichts mit bumsen im Sinne von knallen zu tun. Vermutlich kommt es vom längst vergessenen *kebsen*. Darin steckt die *Kebse*, auch *Kebsweib* genannt. Das war die Konkubine. *Kebsen* bedeutet mithin dasselbe wie das etwas zärtlichere schwäbische *käpsele*.

Ob übrigens hervorstechende Leistungen auf diesem Gebiet ebenfalls mit dem Prädikat *Käpsele* honoriert werden, darüber gibt es bisher keine Untersuchungen.

So, isch ma fleißig?

Umgangsformen und Erziehung

Entgegen anders lautenden Behauptungen verfügen Schwaben über höchst differenzierte Umgangsformen – die zugegebenermaßen mitunter so räs sein können wie ihre Erziehungsmethoden.

Der andere schwäbische Gruß

»So, isch ma au scho auf!?« Eigentlich eine saudumme Frage, da sie nur ein Ja zulässt und sich somit selbst beantwortet. Oder ist es am Ende gar keine Frage?

Wer am Samstag kurz vor 16 Uhr auf dem Recyclinghof gefragt wird: »So, duet ma au no schnell entsorge!?«, wird wohl kaum antworten »Noi, i b'sorg mr grad a neue Eirichtung!« Solcher Sarkasmus wäre hier völlig verfehlt. Vielmehr wird der oder die so Angesprochene die Frage bejahen und einen längeren Seufzer über den Gruscht hinzufügen, der sich im Laufe der Jahrzehnte im Haus angesammelt hat.

»So, isch ma au unterwegs!?« Jeder Schwabe kennt jene Fragen, die keine sind und nur gestellt werden, damit etwas geschwätzt ist. Die Sprachwissenschaftler nennen derlei Formulierungen »Frage- und Antwort-Gruß« oder einen »Zwiesprache-Gruß«. Der ist vergleichbar mit der Pseudo-Frage »Wie geht's?«, die keine ernsthafte Antwort erwartet (zumal sie sonst in vielen Fällen gar nicht gestellt würde).

Zur schwäbischen Höflichkeit gehört es, dem Gegenüber bevorzugt solche Grußfragen zu entbieten, die ihm Gelegenheit geben, seine Tugenden hervorzuheben: »So, isch ma fleißig!?« »So, gåht ma zom Schaffe!?« »So, duet ma Rase mähe!?«

Die Fragegrüße werden überwiegend mit einem »So!« eingeleitet. Das unterscheidet sie von der schlichten Frage, die sonst in diesen Fällen meist eine dumme Frage wäre. Schließlich wäre es in der Tat dämlich, jemanden, der gerade triefnass aus dem Regen kommt, zu fragen: »Sind Sie nass worde?« Ganz anders verhält es sich mit »So, isch ma nass worde!?« Das drückt Teilnahme aus, in der allerdings auch Schadenfreude oder Spott mitschwingen kann. Im Übrigen zeigen die beiden Beispiele einen weiteren Unterschied zwischen echter Frage und Grußfrage: Die Grußfrage vermeidet das direkte Du/Ihr/Sie und bevorzugt das neutrale Man.

Tatsächlich kann man Grußfragen durchaus in boshafter Absicht stellen, wobei stets der Ton die Musik macht und die Mimik eine wichtige Rolle spielt. Etwa im Falle von »So, war ma beim Frisör!?« Wer dabei den korrespondierenden anerkennenden Gesichtsausdruck vermissen lässt, riskiert ernsthafte atmosphärische Störungen, vor allem, wenn die Frage an eine Vertreterin des weiblichen Geschlechts gerichtet ist.

Die Grußfrage kann auch dazu dienen, Neugier als Anteilnahme erscheinen zu lassen. So erwartet ein fröhlich ausgerufenes »So, håt ma an Gipsfuß!?« die Schilderung des Unfallhergangs, ist aber nicht so plump und direkt wie die Frage: »Was ist denn Ihnen passiert?«

Schließlich kann die Grußfrage auch pädagogische Absichten verfolgen, etwa wenn der verschlafene Spätaufsteher empfangen wird mit den Worten: »So, kââ ma's au scho richte!?« Auch dann, wenn die Begrüßung lautet »So, hat ma Knoblauch 'gässe!?«, ist es angebracht, sich Gedanken darüber zu machen, ob den Mitmenschen etwas stinkt.

Derf's a bissle meh sei?

Vor allem beim Einkaufen zeigt sich die Virtuosität, mit welcher schwäbische Verkäufer(innen) das Modalverb einsetzen. Sie versuchen damit, die Käufer zu steuern.

Von hoher sprachlicher Kompetenz zeugt die Frage, die der Bäcker jeden Morgen dem Kunden stellt, der gerade seine Butterbrezel kauft: »*Soll*e's eipacke oder *derf*e's Ehne so gebe?« Der Kunde spürt, dass die erwartete Antwort lautet: »I nemm's au so.« Und abermals hat der Bäcker es geschafft, durch die richtige Art der Fragestellung die Kosten für eine Tüte einzusparen.

Wie hat er die gewünschte Wirkung erzielt? Antwort: Durch den präzisen Einsatz der Modalverben *sollen* und *dürfen*. Modalverben modifizieren die Aussage des nachfolgenden Zeitworts. Das zeigt der Unterschied zwischen »ich packe ein«, »ich *soll* einpacken« und »ich *darf* einpacken«. *Sollen* drückt ein Gebot aus, wird also benutzt, wenn kein freiwilliges Handeln vorauszusetzen ist. »*Soll*e's eipacke« bedeutet mithin: »Freiwillig tu ich das nicht, sondern nur auf Anordnung.«

Die nächste Stufe wäre »*Muss*e's eipacke?« Da dem Modalverb *müssen* eine höhere Stufe der Verbindlichkeit anhaftet als dem *sollen*, würde diese Formulierung bedeuten, dass der Bäcker nur unter Anwendung von Zwang bereit wäre, die Butterbrezel einzupacken. *Dürfen* hingegen steht für die Erlaubnis, die man für etwas bekommt, das man gerne täte. Der Verkäufer gibt also durch sein *derf*e? zu erkennen, dass er die Brezel lieber netto aushändigen würde.

Damit wird auch klar, warum die beliebteste Formel im Metzgerladen lautet »*Derf*'s no a bissle meh sei?« und niemals »*Soll*'s no a bissle meh sei?« Denn der Metzger wartet auf die Erlaubnis, das halbe Pfund, das er zu viel auf die Waage gebeigt hat, liegen lassen zu *dürfen*. *Soll* hingegen würde bedeuten, dass er seinen Braten nur ungern herausrückt, und dieser Metzger müsste erst noch geboren werden.

Angesichts dieses höchst sensiblen Umgangs mit den Modalverben fällt der Unterschied auf zwischen der Initialfrage »Was *derf*'s denn sei?« und der Schlussfrage »*Wellet* Se a Guck!?« Der Kontrast wird deutlich, wenn man *dürfen* und *wollen* austauscht: »Was *wellet* Se?« und »*Derf*'s no a Guck sei?« Ein Verkäufer, der so fragte, müsste zu Recht mit seiner Entlassung rechnen: Er würde den Zielen zuwiderhandeln, den Umsatz zu steigern und unnötige Ausgaben für Verpackungsmaterial zu minimieren.

Wie aber verhält sich der Kunde? Auch nach den in Schwaben herrschenden Benimmregeln gilt es als unhöflich, eine Bitte mit dem Modalverb *wollen* zu äußern. Man *will* nicht, sondern man *möcht* oder *hätt gern*. Zu sagen »I *will* a Butterbrezel!« wäre unartig. Allerdings geht vielen Schwaben auch das »I *möcht* bitte« oder »I *hätt gern*« nicht über die Lippen. Sie weichen daher aus auf eine Formulierung, mit der verglichen »I *will*« geradezu höflich wirkt. Und diese Forderung lautet: »I *krieg* a Butterbrezel.«

Schwäbische Höflichkeit

Auch wenn manchen schwer fällt, es zu glauben: Die Schwaben sind ausgesprochen höflich. Das verrät die häufige Verwendung des Konjunktivs.

»*I hätt* a Rezept«, sagt der Patient etwas zögerlich. »*Hent* Se oins oder *hättet* Se bloß gern oins?«, fragt die Apothekerin, eine Freundin klarer Worte. Denn üblicherweise wird mit dem Konjunktiv *i hätt* ein Kaufwunsch eingeleitet, etwa »*I hätt* gern a Kopfwehtablett«.

Doch in diesem Falle will der Kunde mitteilen, dass er tatsächlich ein Rezept hat. Dennoch wählt er statt des Indikativs oder der Wirklichkeitsform *i han* den Konjunktiv oder die Möglichkeitsform *i hätt*. Damit setzt er sich zwar dem Verdacht aus, nicht recht deutsch zu können, doch dieser Verdacht ist, zumindest in diesem Falle, falsch.

Denn nicht sprachliches Unvermögen ist es, sondern vorsichtige Höflichkeit, die ihn so formulieren lässt. Zu ergänzen ist nämlich die Formel »wenn's recht wär'«. (Hier kann auch gemeint sein: »Wenn ich nicht zu viel zuzahlen muss.«) Dieses »wenn«, das gleichzusetzen ist mit »unter der Bedingung«, eröffnet einen Bedingungs- oder Konditionalsatz, der vollständig lauten täte: »Wenn es Ihnen recht wäre, hätte ich hier ein Rezept einzureichen.«

Damit unterwirft der Sprecher die Erfüllung seines Wunsches der Entscheidung seines Gegenübers. Er äußert eine Bitte, anstatt die sofortige Herausgabe der Medizin zu fordern. Er ist »höflich«, wobei man dieses Wort durchaus so verstehen kann, dass die Herrscherhöfe ihre Untertanen auch zu verbaler Unterwürfigkeit nötigten. Das wirkt nach. Man ist vorsichtig geworden.

Nicht unterwürfig, aber höflich ist die Abschiedsformel »Mir *dätet* jetzt nå gange« oder – was dasselbe ist: »Mir *geengat* jetzt nå.« Auch hier ist ein »wenn's geschtattet isch« zu ergänzen. Der Einsatz des Konjunktivs eignet sich im Übrigen vorzüglich dazu, in formvollendeter Höflichkeit grobe Unhöflichkeiten zu äußern, etwa wenn die Gastgeber ihren Gästen mitteilen: »Mir *dätet* jetzt nå ins Bett gange, aber ihr könnet gern no bleibe.«

Nicht nur im Schwäbischen werden Bitten fast immer im Konjunktiv geäußert. So ist, was allerdings die wenigsten bedenken, die Form *ich möchte* der Konjunktiv von *ich mag* (wobei in gewissen Fällen der Konjunktiv unhöflich wirken kann, etwa, wenn man anstatt »*ich mag* dich« sagt »*ich möchte* dich«).

Auch die Wendung »i *dät* sage« gehört zu jenen scheinbar unmotivierten und falsch angewandten Konjunktiven, die aber durchaus Sinn machen, sobald man den Satz zu Ende denkt: »Wenn mi jemand fråge *dät*. Aber mi frågt ja koiner.«

Welcher Sinn aber steckt hinter der Formulierung »Mir *wäret* jetzt nå fertig«? Denn wenn man fertig ist, egal womit, ist man fertig, ob's anderen recht ist oder nicht. In diesem Fall bedarf es einer doppelten Ergänzung: »Mir *wäret* jetzt nå fertig ond *dätet* Feieråbend mache, wenn's recht wär.«

Die Schwaben und das Lob

Schmeicheleien, Komplimente und Lobesworte sind der Schwaben Sache nicht. Unter ihnen gilt die raue Regel: Net g'schimpft isch g'lobt gnueg.

Das Wort »loben« hat im Schwäbischen einen eigenartigen Klang. Es erinnert an die Schule, wo der Klassenstreber mit angelegten Ohren das Lob des Oberlehrers einsog, oder an die Kirche, wo die Gemeinde mit gespitztem Mund und angemessener Verzögerung zur Orgelbegleitung zum »Lobet den Herren« anhob.

Im Alltag jedoch ist das Lob praktisch unbekannt. Gelobt werden allenfalls Hunde nach dem Apportieren und kleine Kinder, wenn sie gelernt haben, auf den Topf zu gehen. Aber bereits die größeren begreifen sehr schnell, dass eine anerkennenswerte Leistung keineswegs automatisch den Anspruch auf eine verbale Würdigung begründet. Vielmehr wird sie als selbstverständlich vorausgesetzt, was wiederum bedeutet, dass ââ'goscht (kritisiert) wird, wer diese Erwartung nicht erfüllt.

Diese Einstellung bringt der eingangs zitierte Spruch auf den kürzesten Nenner. Er und ein paar weitere, die sich mit dem Verhältnis der Schwaben zum Lob auseinandersetzten, liefern den Schlüssel zum Verständnis dieser vermeintlichen Verhaltensstörung.

»Wer g'lobt werde will, muss sterbe«, lautet eine alte Volksweisheit, deren Fortsetzung im Übrigen nicht minder überliefernswert ist: »Wer g'schimpft werde will, muss heirate.« Während diese Sentenz lediglich die Tatsache beschreibt, dass auch die Schwaben sich nicht trauen, über Tote anderes als nur Gutes zu verbreiten, formuliert der folgende Satz eine Maxime: »Ma lobt koin, außer er braucht's.«

Warum aber lobt man keinen? Aus Missgunst? Keineswegs. Vielmehr will man sich nicht unnötig dem Verdacht aussetzen, »interessiert« zu sein, sich also durch Lob, das in diesem Fall als Schmeichelei verstanden wird, die Gunst des/der Gelobten zu erwerben. Umgekehrt will man selber nicht in die Schuld anderer geraten, die einen loben. Daher der Spruch: »D' Schelter sind mir lieber als d' Lober.« Dabei mag auch das Misstrauen gegen jene mitspielen, die es verstehen, einen »ans G'schäft nââz'lobe«, also gegen Motivationskünstler, die ihre Opfer durch geschickte Schmeicheleien zu Höchstleistungen verführen.

Die Skepsis gegenüber Lob bedeutet jedoch kein Ablehnen von Anerkennung. Die aber wird stets wohldosiert erteilt, bestimmt von der Sorge, dass sie berauschen und zum Größenwahn verleiten könnte. Die Skala anerkennender Äußerungen beginnt im nonverbalen Bereich mit freundlichem Grunzen, steigert sich über ein achtungsvolles »âhâ« zu dem bereits hochachtungsvollen »net schlecht« zum Superlativ »Mâ kââ's lasse.« Wortreich gelobt wird in manchen Gegenden Schwabens nur der Christbaum. Dieser Brauch, genannt »Christbaumloben«, folgt allerdings niedrigen Beweggründen: Für das Lob gibt es einen Schnaps.

1/2 Pf
3 Eier
Meh
1/8

Schwabenfutter

Auch der Schwabe ist, was er isst.

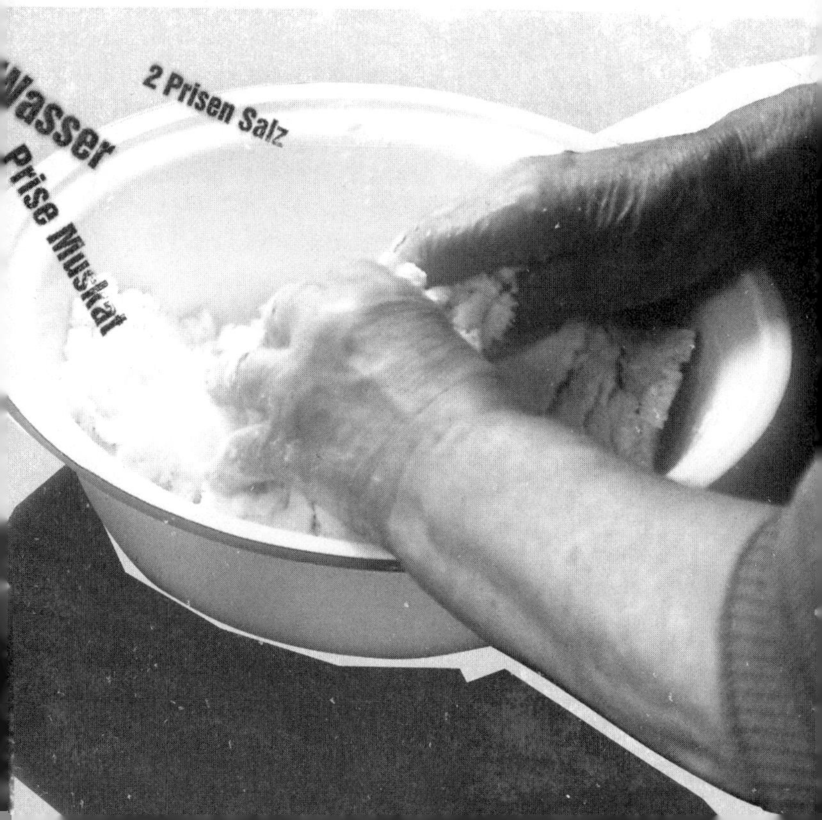

Der Schwaben Leibgericht

Die Schwaben gelten als ausgesprochen eigensinnig; selten teilt einer die Meinung des anderen. Doch was ihr Leibgericht betrifft, sind sich alle einig: Spätzle.

Die Herkunft des *Spätzles* ist, sowohl was das Ding an sich als auch seinen Namen betrifft, noch immer nicht gesichert. Spekulationen über den Ursprung des Begriffs gibt es viele, angefangen von einer vagen Ähnlichkeit mit frisch geschlüpften Haus-Sperlingen bis zu den gelehrten Erwägungen des Ulmer-Münster-Konzertmeisters Georg Hertz.

Der hat in seiner 1937 erschienenen Autobiographie »So reich ist die Welt!« das Wort *Spätzle* auf das italienische *spezzato* zurückgeführt, das er mit »Gestückeltes, Geschnetzeltes« übersetzte: »Das Küchenlatein der Mönche, die ein *spezzato* aus Teig machten, wurde von den Schwaben irrtümlich oder witzig mit *Spätzle* verdolmetscht.«

Hertz ist nicht der erste, der im *Spätzle* eine italienische Wurzel wittert. Zuvor schon war vermutet worden, der Volksmund habe »pasta« zu einem schwäbisch ausgesprochenen *Spatza* vernuschelt. Aber die eine wie die andere Erklärung ist buchstäblich weit hergeholt. Der von Hertz hergestellte Bezug zum Küchenlatein der Mönche ist nirgends verbürgt. Die frühesten Belege für das Wort stammen aus dem 18. Jahrhundert, während die wesensverwandten *Knöpfle* schon früher literarisch verbraten worden sind – etwa in der Figur des *Knöpflesschwaben*, der bezeichnenderweise nicht *Spätzlesschwab* heißt.

Zudem finden wir in Belegen aus dem 18. Jahrhundert mehr *Spatzen* als *Spätzle*. So bemerkt Rosinus Lentilius in seinem 1725 erschienenen Buch über den Göppinger Sauerbrunnen: »In des Badmeisters Küche zoge ich Erkundigung ein, ob man das Sauer-

Wasser auch zum Kochen gebrauchte, und bekame zur Antwort, daß alles, was von Meel zubereitet wird, als Knöpflein, Nudeln, Spazen etc. schmakkhafter und lukkerer vom Sauer-Brunnen als vom süßen Wasser werden.« Auch in dem 1795 gedruckten Versuch eines schwäbischen Idiotikon von Johann Christoph Schmid gibt es keine *Spätzle*, sondern »*Spatzen*, kleine Klöße von Mehl und Wasser«. Um dieselbe Zeit schrieb eine unbekannte »Freundin der Kochkunst« das Göppinger Kochbuch. Es enthält Rezepte für »gute Wasser*späzlen*«, »gebrühte Wasser*spazen*« und »gebrühte Milch*späzlein*«.

Einen interessanten Hinweis enthält das Schweizerische Idiotikon, nämlich dass die tägliche Fleischration des Soldaten *Spatz* genannt wurde. Dazu passt der Hinweis in Kluges Etymologischem Wörterbuch, dass der *Spatz*, von dem die *Spätzle* stammen, möglicherweise nicht das gleiche Wort sei wie der *Spatz* im Sinne von »Sperling«, sondern ein Ausdruck für »Klumpen«.

Ob *Spätzle* nun »kleiner Klumpen« oder »kleiner Sperling« bedeutet: Freuen wir uns, dass niemand auf die Idee gekommen ist, die *Spätzle* so zu bezeichnen, wie sie aussehen. Sonst müssten sie nämlich *Würmle* heißen.

Semmeln, Wecken und einwecken

»Brötchen!« Welch armseliger Ausdruck für ein eigenständiges Gebäck, das keineswegs nur ein klein geratenes Brot ist. Die Schwaben nennen es Wecken *oder* Semmel.

Wollte man »Brötchen« ins Schwäbische übersetzen, müsste man *Brötle* sagen. Tatsächlich gibt es Brötle auch im Schwäbischen, doch damit ist das süße Kleingebäck gemeint, das an Weihnachten Kalorienbewusste zur Verzweiflung treibt. Man nennt es auch *Gutsle*.

Das, was im Schriftdeutschen als »Brötchen« gilt, hat hierzulande die alten und früher über ganz Deutschland verbreiteten Bezeichnungen *Wecken* oder *Semmel* beibehalten. Den *Wecken* darf man auch zum *Weckle* verkleinern, doch die *Semmel* zum *Semmele* zu verniedlichen, ist unüblich, auch wenn der Bäcker – schwäbisch: *Beck* – noch so kleine Brötchen bäckt.

Dennoch hat es das Wort *semele* schon einmal gegeben: im Mittelhochdeutschen. Althochdeutsch hieß es *semala* beziehungsweise *simila*. Letzteres ist eine direkte Entlehnung aus dem Lateinischen, wo *simila* das feine Weizenmehl bezeichnete. Der Begriff ging allmählich über auf das Gebäck, wobei es in erster Linie um dessen Inhaltsstoff, den Weizen, ging und nicht, wie heute, um seine Größe. So ist, der Ur-Bedeutung des Wortes *Semmel* nach, die *Roggensemmel* ein Unding, während *Roggenwecken* oder in Gottes Namen *Roggenbrötchen* möglich sind.

Mit der *Semmel* verwandt – zumindest sprachlich – sind jene Spaghetti, deren Rohmaterial auf der Packung ausgewiesen ist als »*semola* di grano duro« (Hartweizengrieß). Das italienische *semola* (Grieß) geht ebenso wie das gleichbedeutende französische *semoule*, das schon erwähnte lateinische *simila*, das altgriechische *semídalis* und das arabische *samit* zurück auf *semida*, das syrische Wort für Weizenmehl, beziehungsweise das assyrische *samidu*.

Die *Semmel* hat sich auch in Bayern gut gehalten, wo sie gerne zum *Semmelknödel* verarbeitet wird. (Zurecht hat der bayerische Denker Karl Valentin gefordert, dass die Zahl sowohl der verarbeiteten *Semmeln* als auch der daraus resultierenden Knödeln in der Begriffsbildung zu berücksichtigen sei, also: 1 Semmel → 1 Knödel = Semmelknödel; 2 Semmel*n* → 1 Knödel = Semmel*n*knödel usw.)

Der *Wecken* oder *Weck* hingegen hat eine monokulturelle Vergangenheit. Im Althochdeutschen hieß er *weggi*. Das bezeichnete zunächst einen Keil und, daraus folgend, wohl ein keilförmiges Gebäck.

Die schwäbische Tugend des Ein*weck*ens könnte übrigens auch etwas mit dem *Wecken* zu tun haben, allerdings nur sehr indirekt: Das noch ziemlich junge Zeitwort »ein*weck*en« geht zurück auf das dafür notwendige Ein*weck*glas (nicht zu verwechseln mit Einwegglas), das nach seinem Erfinder Johann *Weck* benannt ist. Dessen Familienname kann darauf deuten, dass einer seiner Vorfahren *Wecken* fabriziert hat. Hätte er *Semmeln* gebacken, müsste die schwäbische Hausfrau heute wohl ein*semmeln*.

Das Gsälz und die Salsa

Ob sie zum Frühstück Gsälz *haben wolle, so wurde eine Dame aus Dortmund von ihrer schwäbischen Gastgeberin gefragt. Nein, sagte sie, ihr sei etwas Süßes lieber.*

Das schwäbische *Gsälz* sorgt immer wieder für Missverständnisse. Leute, die des Bayerischen kundig sind, halten es oft für »Gselchts«, ein »geselchtes«, also eingepökeltes oder geräuchertes Fleisch. Dem liegt das Verb »selchen« zu Grunde, das man nur im Südosten des deutschsprachigen Raumes kennt und dessen Herkunft unklar ist. Manche sehen eine Verwandtschaft zur »Sülze«. Das ist zwar nicht falsch, aber um eine Verbindung von der Sülze, die von althochdeutsch »sulta« (Salzwasser) abstammt, zum *Gsälz* herzustellen, muss man in der Wortgeschichte weit zurückgehen.

Ob die Dame aus Dortmund an das Gselchte oder die Sülze dachte, als sie das *Gsälz* ablehnte, muss offen bleiben. Oder witterte sie einen Zusammenhang mit *Salz*? Damit hätte sie vollkommen richtig gelegen. Denn das *Gsälz*, der schwäbische Inbegriff des Süßen, ist tatsächlich vom *Salz* abzuleiten.

Zwar gibt es das Wort *Gsälz* nur im Schwäbischen, aber es könnte ebenso gut der Schriftsprache angehören und hieße dann *Gesälz* oder *Gesälze*. Denn die erste Silbe ist das »Kollektivpräfix« *Ge-*, dessen *-e-* die Schwaben schlucken: *G*schäft, *G*schroi, *G*lomp (*Ge*lumpe). Lässt man es weg, bleibt *Sälz*.

Dieses Wort hat es tatsächlich gegeben, als Mehrzahl von *Salz*. Es wurde auch *Seltz* geschrieben, und im Wörterbuch der Brüder Grimm findet sich ein Hinweis, der die Verbindung vom *Salz* zum *Gsälz* herstellt: »Die ältere Heilkunde nennt auch die aus Pflanzensäften durch Sieden gewonnenen trockenen Rückstände und

Pulver *Salze*.« Das heißt, diese *Salze* oder *Sälz(e)* waren das Produkt eines Einkochens von Pflanzen oder Früchten.

Das bestätigt Schmellers bayerisches Wörterbuch: »Die *Salzen, Selzen,* Saft von verschiedenen Früchten, zur Dicke eines Syrups eingesotten.« Er nennt als Beispiele »Hagebutzen-*Selz*«, »Himber-*Salzen*« oder »Zwetschgen-*Salzen*«. So nannten die Bayern den eingekochten Fruchtbrei. Die Schwaben hingegen gaben der Kollektivform »das *G(e)sälz(e)*« den Vorzug vor der Mehrzahl »die *Salzen*«, so, wie man anstatt »die Schreie« auch »das Geschrei« sagen kann.

Die *Sal(t)ze* durfte in der spätmittelalterlichen Küche nicht fehlen. Das Wort kommt von lateinisch *salsa*, das auf *sal* (Salz) zurückgeht und eine ge*sal*zene Brühe bezeichnet. Da das lateinische *-al-* im Französischen zu *-au-* wurde, geriet die *salsa* zur *sauce*, die im Deutschen zur *Soße* eingedickt wurde.

Die Spanier hingegen behielten die *salsa* bei, exportierten sie nach Mittel- und Südamerika, wo sie scharf gewürzt eine *salsa picante* abgab – ein Begriff, der wiederum in die Musik übertragen wurde. Und damit wäre auch gleich die *Salsa* hinreichend erklärt, die seit einigen Jahren selbst in schwäbischen Landdiscos für Furore sorgt.

Krebser und Simsenkrebsler

Unter den schwäbischen Weinen ist der Simsenkrebsler *eine besonders charaktervolle Rebsorte. Doch trotz seines Namens steht er nicht im Verdacht, Krebs zu erregen.*

Die bekannten Risiken und Nebenwirkungen des *Simsenkrebslers* bestehen in verminderter Leistungsfähigkeit am Folgetag, verursacht durch Kopfschmerzen und ernst zu nehmende Anzeichen dafür, dass das stark säurehaltige Getränk über Nacht die Magenwände verätzt oder durchlöchert hat.

Die Frage, ob dieser Wein aus ökologischem Anbau stammt, spielt dabei eine untergeordnete Rolle. Vermutlich bedarf er ohnehin keiner Herbi- und Pestizide, da er nicht auf den Weinbergen wächst, sondern innerhalb geschlossener Ortschaften, wo die Autoabgase den Einsatz von Schädlingsbekämpfungsmitteln überflüssig machen.

Von dieser Herkunft kündet der Name *Simsenkrebsler.* Er vereint in sich die Begriffe (Fenster-)Sims und *krebseln* beziehungsweise, mit schwäbischer Infinitivendung, *krebsle.* Das bedeutet »klettern«. Die Sortenbezeichnung *Simsenkrebsler* besagt, dass es sich um die vergorenen Früchte eines Weinstocks handelt, dessen Reben an der Hausfassade von Sims zu Sims emporranken.

Mitunter wird der Name auch so gedeutet, dass, wer einen solchen Wein genossen hat, die Wände hochgeht gleich einem Fassadenkletterer, den man übrigens ebenso als *Simsenkrebsler* bezeichnen könnte.

Betrachten wir an dieser Stelle das schwäbische Verbum *krebsle.* Äußerlich unterscheidet es sich von dem auch im Schriftdeutschen geläufigen *krebsen* nur durch ein *-l-*, doch zwischen beiden liegt eine Dimension: Wer *krebselt*, will nach oben, und wer *krebst*, kämpft gegen den Abstieg.

Das mag erklären, warum schwäbische Alpinisten bei ihren auswärtigen Gesinnungsgenossen gelegentlich auf Unverständnis stoßen, wenn sie ankündigen, sie wollten auf diesen oder jenen Felsen *naufkrebsle*. Selbst der Versuch, das Wort den schriftdeutschen Strukturen anzupassen, wird kaum fruchten, da sich unter *hinaufkrebseln* jenseits der Mainlinie kaum jemand etwas vorstellen kann.

Das Verb *krebsen* hat mit dem Verschwinden der Flusskrebse seine ursprüngliche Bedeutung von »Krebse fangen« verloren. Doch im anderen Sinne eines krebsartigen Sich-Rückwärts-Bewegens ist es vor allem in Krisenzeiten noch durchaus gang und gäbe. Da *krebst* alles, von der New Economy bis zu den Vereinen der Bundesliga.

Gleichzeitig warten alle darauf, dass die Kurse wieder *krebseln*, wie schwäbische Börsianer dies ausdrücken dürfen. *Krebseln* ist also im Gegensatz zum defensiven *krebsen* aktiv. Das verdankt es der Erweiterung um das *-l-*, die eine Wiederholung ausdrückt und dem Wort so zusätzliche Dynamik verleiht.

Diese überträgt sich auf geheimnisvolle Weise auch auf den *Simsenkrebsler*, der die Verdauung mitunter derart dynamisiert, dass man hinterher kaum noch *krebsen* kann.

Älles g'veschpert

Eine spezifisch schwäbische Art der Nahrungsaufnahme ist das Vespern. *Man verspeist dabei ein* Vesper, *das meist kalt ist und oft aus einem* Vesperbrot *besteht.*

»Zwischenmahlzeit«, so wird das schwäbische Wort *Vesper* gerne übersetzt. Das mochte noch für die Zeiten zutreffen, als die Leute harte körperliche Arbeit leisteten und ohne Angst vor Übergewicht fünf Mahlzeiten pro Tag vertilgten. Von denen wurden zwei als *Vesper* bezeichnet, nämlich der vor- und der nachmittägliche kalte Imbiss zwischendurch.

Mittlerweile hat sich das *Vesper* zu einer vollwertigen Mahlzeit emanzipiert, wie die *Vesperkarten* gutbürgerlicher schwäbischer Wirtschaften beweisen. Die enthalten neben Hausmacherwurst und Käse, die gerne auf dem *Vesperbrettle* serviert werden, auch warme Elemente wie Saitenwürstle oder den reig'schmeckten »strammen Max«.

Als 1995 in Stuttgart eine Initiative erstmals eine gemeinsame Mahlzeit für Bedürftige und Nicht-Bedürftige organisierte, nannte sie diese Einrichtung *Vesperkirche,* weil es dort was zum *Vespern* gab – auch wenn es sich dabei längst um komplette warme Mahlzeiten handelt.

Damit hat das *Vesper* wieder zur Kirche gefunden, von der es ausgegangen ist, allerdings nicht als *das*, sondern als *die* Vesper. Das ist ein Abendgebet, dessen Name vom lateinischen Wort *vesper(a)* kommt, was »Abend« bedeutet. Es entspricht dem griechischen *hespera*, das auch im Neugriechischen überlebt hat. Wenn man also zum *Vespern* in ein griechisches Lokal geht, wird man dort außer mit einem Ouzo gerne mit den Worten »Kali'*spera*« – »Schönen Abend« – begrüßt.

Die *Vesper* der katholischen Kirche ist die vorletzte der sieben täglichen Gebetszeiten. Sie fiel auf die sechste Stunde nach Mittag und folgte der *None* (15 Uhr), der die Engländer den *afternoon* (Nach-None, Nachmittag) verdanken. Die *Vesper* beendete den Arbeitstag. Sie wurde eingeläutet durch das *Vesperläuten* der *Vesperglocke*.

Schließlich geriet die *Vesper* wieder zu einem ganz weltlichen Zeitbegriff, nach welchem das *Vesperbrot* benannt wurde. Das war »eine trockene Speise, welche man den Arbeitern nachmittags gibt«. So jedenfalls definierte es Adelung in seinem 1811 erschienenen Wörterbuch. »Daher heißt *vespern* im gemeinen Leben einiger Gegenden das Nachmittagsbrot essen.«

Es blieb nicht beim Nachmittag, wie das heutige *Vesperbrot* beweist, das die Mütter den Kindern für den Schulbesuch schmieren. »Wo die Erinnerung an die katholische *vesper* ganz geschwunden ist, kann der Name auch auf das Frühstück übertragen werden«, vermerkt Grimms Wörterbuch. So konnte man schließlich den ganzen Tag über *vespern*, wobei der Begriff sich vorzugsweise im Schwäbischen gehalten und mittlerweile weiterentwickelt hat vom Konkreten zum Abstrakten: Ist ein Vorgang erledigt, egal ob positiv oder negativ, dann ist »älles *g'veschpert*«. Ganz kalorienfrei.

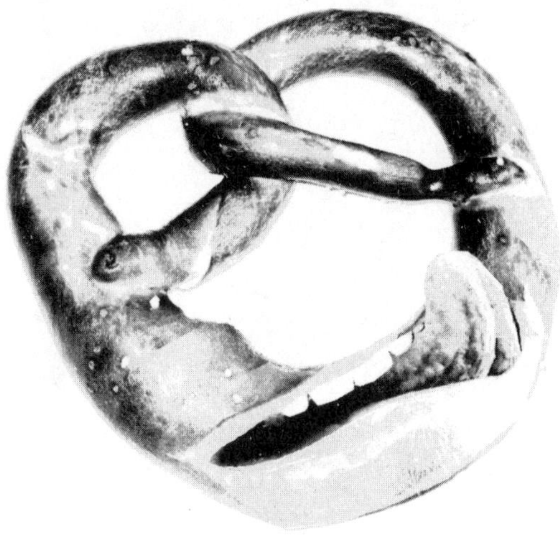

Sach und Sachen

Selbst wenn es einem Schwaben am Sach fehlen sollte:
Zu den Sachen, die er in jedem Fall besitzt, gehören Kehrwisch und Kutterschaufel.

Die Sach mit dem Sach

Im Schwäbischen gibt es zweierlei Sach: die *(weibliche) Sach und* das *(sächliche) Sach. Im Zweifelsfall wiegt das sächliche aus sachlichen Gründen schwerer.*

Wenn im Schwabenland einer »seî *Sach* schafft«, dann »isch des halt a Sach. Wenn einer hingegen »seî Sach *net* schafft«, dann »isch des *koî Sach net*«. Vertut er seî *Sach*, womöglich »em Ôôverschtand«, dann ist das zunächst einmal »*seî* Sach« – zumindest so lange, bis er beim Sozialamt vorstellig wird und schaut, dass er dort zu seinem *Sach* kommt. Spätestens dann aber trifft ihn die volle Missbilligung der Steuern zahlenden Umwelt, die ihre Empörung in ein indigniertes: »Also des isch doch koî *Sach*!« fasst.

Die Beispiele zeigen, dass es im Schwäbischen mit der Sache so eine Sache ist. Mal tritt uns *die* Sach als Femininum entgegen, wie wir sie aus dem Schriftdeutschen kennen. Daran ändert auch das weggefallene Schluss-e nichts. Dann wieder begegnet uns *das* Sach als Neutrum, als das es der Hochsprache unbekannt ist.

Wann ist *Sach* weiblich, wann neutral? »Des isch *deî* Sach.« In dieser Feststellung, die so viel bedeutet wie »Lass mich damit in Ruhe« und die im Übrigen deckungsgleich ist mit der schriftdeutschen Version »Das ist *deine* Sache«, ist *Sach* Femininum; ebenso in der vorsichtigen Warnung »Des isch fei so a *Sach*« sowie in der Ablehnung »Des isch doch koî *Sach*!« Ganz unzweifelhaft weiblich ist es in dem alle vier Wochen fälligen Hinweis »Dui håt grad ihr *Sach*.«

Eindeutig sächlich ist *das Sach* in dem Sinn, der den Schwaben am meisten entgegenkommt: in der Bedeutung von Besitz. »Der/dui håt a ordentlichs *Sach* beinander« gilt vermutlich auch heute noch als überzeugendes Argument für eine Eheanbahnung, wobei *Sach* nicht auf die physischen, sondern auf die materiellen Vorzüge des/der so Beschriebenen zielt.

Das Sach ist somit eine abstrakte Umschreibung konkreter weltlicher Güter. Sie ist dezenter und diskreter als das Aufzählen der Besitztümer in Euro, Aktienpaketen, Immobilien und Hektar. *Das Sach* wirkt sachlich. Gelegentlich kommt es jedoch vor, dass der Schwabe seine zärtlichen Gefühle, die er trotz aller vordergründiger Distanz gegenüber *dem Sach* hegt, nicht zügeln kann. Dann spricht er vom *Sächle* oder, noch leidenschaftlicher, von einem *schöne Sächle*.

Warum ist diese Art von *Sach* Neutrum? Es ist eine Sammelbezeichnung, die, wie alle derartigen Kollektiva, nur in der Einzahl auftritt. Dass es dennoch den Plural *die Sachen* gibt, braucht uns dabei nicht zu irritieren, denn er stammt von der Einzahl *die Sach*. Kollektiva werden gerne mit der Vorsilbe *Ge-* und dem Artikel *das* gebildet: *das Ge*lände, *das Ge*birge, *das Ge*wässer, *das Ge*wölk. Demzufolge wäre der Sammelbegriff für *die Sachen* streng genommen *das Gesach*. Aber das *Ge-* haben sich die Schwaben gespart, da es weder an *der Sach* noch an *dem Sach* etwas ändern würde.

Heilig und profan: das Blechle

Heiligs Blechle! *Dieses geflügelte Wort wird heute gerne auf das Statussymbol Auto angewandt. Früher aber hat das Blechle einen ganz anderen Status gekennzeichnet.*

Ob den Schwaben ihr *Blechle* heiliger ist als dem Rest der Nation, hängt davon ab, was man mit diesem Begriff verbindet. Versteht man darunter das Auto, dann hätte dies im Lande des Daimler, des Porsche sowie des triumphal wieder erstandenen Maybach durchaus seine Berechtigung. Schließlich werden gerade diese Edelschlitten derart vergöttert, dass das Goldene Kalb vor Neid Grünspan ansetzen müsste.

Auch was die Mittel- und Unterklasse-Fahrzeuge betrifft, wäre zu prüfen, ob deren rituelle samstägliche Waschung in Baden-Württemberg häufiger nachzuweisen ist als in den anderen Bundesländern, und ob das Infarktrisiko beim Erblicken eines neuen Kratzers im Lack hierzulande signifikant höher ist. Es entspräche zumindest dem Bild des Schwaben, der auf sein Sach aufpasst und Schaden und Schmutz von ihm fernhält.

Nun sind Auto-Karosserien nicht die einzigen Metallgegenstände, die der Schwabe schätzt. Auch Münzen gehören dazu. Schon vor langer Zeit wurden dünne Münzen, die aus Gold- oder Silberblech geschnitten waren, als *Blech* bezeichnet, woraus sich auch das Verbum *blechen* herleitet. Insofern könnte der schwäbische Ausruf *Heiligs Blechle* sich auch auf Bargeld beziehen, das die, die es haben, anbeten und die, die es nicht haben, herbeiflehen.

Eine ganz andere Deutung dieser Redewendung weist weg von jeglichem Besitz in die andere Richtung der Einkommensskala. Früher wurden die Almosen-Empfänger gekennzeichnet mit einem blechernen Schild, das sie an ihrer Kleidung tragen mussten. Das war nicht nur die Lizenz zum Betteln, sondern gleichzeitig das Zeichen, dass sie nicht ins Wirtshaus gehen oder sich am Glücksspiel beteiligen durften, was den Empfang von Almosen ausschloss. Da es in manchen Orten die Heiligenpflege war, in deren Zuständigkeit das Bettelwesen fiel, wäre die Verbindung von jenem Bettler-Blechle zur Vokabel »heilig« durchaus gegeben.

Mit Metall überhaupt nichts zu tun hat die Deutung, die Fischers Schwäbisches Wörterbuch und auch das Badische Wörterbuch anbieten. Beiden zufolge dient das Wort *Blech(le)* in Flüchen dazu, das Wort »Blitz« zu vermeiden, da es zu jenen Vokabeln gehörte, welche offen auszusprechen Unheil befürchten ließ. Diese Erklärung klingt spätestens dann sehr plausibel, wenn man sie auch auf den rätselhaften Spruch »Schlag me 's *Blechle*« anwendet. Der nämlich bedeutet dann nichts anderes als »Der Blitz soll mich treffen!«

Die Bitte »Schwätz koi *Blech!*« wiederum wendet sich gegen ein Gerede, das – wie Blech – keinen oder wenig Wert hat. Würde man jedoch allen, die Blech schwätzen, eine Blechmarke anhängen wie einst den Bettlern, wären die Rohstoffreserven vermutlich bald erschöpft.

Kutterschaufel und Kehrwisch

Nicht nur im Lande der Kehrwöchner/-innen, aber hier erst recht, gehören sie zur Grundausstattung eines jeden Haushalts: Kutterschaufel *und* Kehrwisch.

Sie sind so untrennbar miteinander verbunden und ergänzen einander so idealtypisch wie Adam und Eva, Nadel und Faden, Dick und Doof: *Kutterschaufel* und *Kehrwisch*. Dieses Reinigungsset reizt zudem durch seine Alliteration: Beide Bestandteile beginnen mit *K*.

Vielleicht ist das der Grund, warum dieses Begriffspaar ohne die auch im Schwäbischen geläufige Vokabel »Besen« auskommt. Denn das Wort *Kehrwisch* ist nach Grimms Deutschem Wörterbuch im Grunde ein »Flederwisch zum Abkehren«, und der Flederwisch wiederum war ein Gänseflügel.

Setzt man den *Kehrwisch* mit Gänseflügel gleich, könnte dies erklären, warum Fischer in seinem Schwäbischen Wörterbuch den *Kehrwisch* als »Handbesen zum Säubern des Tisches und dergleichen« bezeichnet. Denn mit einem Gänseflügel wurde nicht der grobe Dreck, sondern der Staub entfernt oder die Asche aus dem Ofen gekehrt. Doch das war vor dem Krieg. Heutzutage ist *Kehrwisch* gleichbedeutend mit »Handfeger«.

Viel interessanter aber ist das Wort *Kutterschaufel*. Es enthält das Wort *Kutter*, das nichts zu tun hat mit dem gleichnamigen Schiffstypus, dem das englische Wort *cutter* (von to *cut* = schneiden) zugrunde liegt. Der oder das *Kutter*, worum es hier geht, existiert nur im schwäbischen Wortschatz und ist mit »Unrat, Kehricht« zu übersetzen.

Die Herkunft des Wortes *Kutter* erklären Grimm und Fischer übereinstimmend aus *Kauder* oder *Kuder*, laut Grimm »ein merkwürdiges Wort der oberdeutschen Mundarten«. Es bezeichnete das Werg, also einen groben Flachs, scheint aber weniger auf das Material als auf die Beschaffenheit gezielt zu haben, so dass es auch *Kuder* von Wolle gab. Schließlich wurde der Begriff auf Abfälle aller Art übertragen.

Wer mit Werg oder Flachs handelte, wurde *Kauderer* genannt, und es gibt die begründete Annahme, dass das Wort *kauderwelsch* – in Aachen: *krämerwelsch* – die mit fremden Elementen durchsetzte Sondersprache fahrender Händler, das Rotwelsch, beschrieb.

In isolierter Form kommt das Wort *Kutter* heute so gut wie nicht mehr vor. Die neben der *Kutterschaufel* verbreitetste Kombination war der *Kuttereimer*. Das war der blecherne Nachfolger des *Kutterfasses* und der Vorgänger der genormten und aus Hartplastik gegossenen Mülltonne. Dass dieser bundeseinheitliche Terminus den traditionellen wie scheppernden *Kuttereimer* weitestgehend verdrängt hat, mag man bedauern.

Doch die schwäbische Identität erschöpft sich nicht in Begrifflichkeiten, sondern zeigt sich vor allem in der mentalitätsgesteuerten Aktion – etwa darin, dass das Abfallgefäß einmal in der Woche nass ausgewischt wird, egal ob es *Kuttereimer* oder Mülltonne heißt.

Wilhelma
FÜR SIE
auto motor sport
Ôôziefer
Dinge
Dinger

Schwäbisches Menschenbild

Für die Schubladen, in welche der Mensch seine Mitmenschen einordnet, haben die Schwaben eine Reihe sehr eigenwilliger Bezeichnungen.

Der Dinger und die Dinge

Dem Ding *sind im Schwäbischen seltsame Dinge widerfahren. Es wurde entdinglicht und vermenschlicht, indem es männliche und weiblichen Endungen erhielt.*

»So ein dummer *Dinger.*« Diese Art, Missfallen auszudrücken, ist vermutlich die vornehmste, zu der ein Schwabe fähig ist. Man geht daher nicht fehl, wenn man sie dem Honoratiorenschwäbisch zuordnet. Vornehm ist sie deswegen, weil sie, anstatt einen bildhaften und somit konkreten Kraftausdruck zu wählen, sich mit der abstrakten und daher wertneutralen Vokabel Dinger begnügt. Dem männlichen *Dinger* entspricht die weibliche *Dinge*, die, wenn man das obige Beispiel ins Femininum überträgt, »so eine dumme *Dinge*« ist.

»Grobe, etwas verächtliche, aber nicht geradezu beschimpfende Bezeichnung für eine ungeschlachte, grobe, einfältige, widerliche Mannsperson« hat Fischer im Schwäbischen Wörterbuch den *Dinger* erklärt und dessen weiblichen Gegenpart, die *Dinge* – er schreibt sie *Dingin* – als »grobe, verächtliche Bezeichnung für eine Weibsperson«.

Das klingt nun nicht sehr wertneutral, doch Fischers Aussage ist zu relativieren. Es gibt nämlich auch den »guten *Dinger*« und die »nette *Dinge*«. Ein guter *Dinger* ist per se nicht widerlich, selbst wenn er ungeschlacht, grob und einfältig sein sollte. Allerdings ist einzuräumen, dass das Lob »guter *Dinger*« andeutet, der so Bezeichnete könne ein treudoofer Dorfdepp sein.

Anders verhält es sich mit der »netten *Dinge*«. Diese Wendung ist alles andere als grob oder verächtlich. Sie gehört zur Kategorie der onkelhaften Komplimente, mit denen der, der sie ausspricht, rein platonische Absichten vortäuscht. Das Kompliment kann auch tantenhaft sein, wenn nämlich eine Frau die andere als »nette *Dinge*« bezeichnet. Denn das drückt neben Sympathie auch Überlegenheit aus.

Den *Dinger* und die *Dinge* gibt es nur im Schwäbischen. Wann und wie die beiden sich vom *Ding* abgenabelt haben, scheint nicht mehr nachvollziehbar zu sein. Bemerkenswert ist in diesem Zusammenhang, dass Fischer als erste Bedeutung des Wortes *Dinger* »männliches Glied« nennt und erst an zweiter Stelle die »grobe Mannsperson«. Ist diese somit aus ihrem hervorragendsten Teil erwachsen? Und die *Dinge* wie einst Eva aus der Rippe des *Dingers*?

Lassen wir diese Frage offen und wenden wir uns dem *Dingeler* und der *Dingere* zu. Das sind die abgemilderteren, für schwäbische Verhältnisse geradezu zärtlich klingenden Versionen des *Dingers* und der *Dinge*. Kann der »dumme *Dinger*« noch als Synonym für »Depp« verstanden werden, so beschreibt der »dumme *Dingeler*« oder die »dumme *Dingere*« ein Dummerle, das mitleidige Sympathie genießt. Dass man beide Ausdrücke relativ selten hört, mag daran liegen, dass die Dummheit immer aggressiver geworden ist und sich die dummen *Dingeler* zu mächtigen Dummköpfen ausgewachsen haben.

Mann, Mensch, Saumensch

Eine der übelsten Vokabeln im schwäbischen Schimpfwort-Repertoire ist das Mensch *oder* das Saumensch. *Es wird ausschließlich auf Frauen angewandt.*

»*Des Saumensch*, des elende!« Alle Verachtung, zu der man und erst recht frau fähig ist, zischt aus diesen Worten.

Ist es nicht bemerkenswert, dass die Krone der Schöpfung für ein Schimpfwort herangezogen wird, das dazu dienen soll, die *Menschen*würde zu untergraben? Andererseits und angesichts der täglichen Nachrichtenlage, die das Vertrauen in die Gattung *Mensch* stets erneut zu erschüttern vermag, könnte man durchaus einsehen, dass *Mensch* ein schlimmes Schimpfwort ist und dass die Schweine allen Grund hätten, die Kombination *Saumensch* gerichtlich verbieten zu lassen.

Schwerer zu verstehen ist hingegen, dass mit dem Wort *Mensch* ausschließlich Frauen beschimpft werden. Und ganz besonders merkwürdig ist, dass diese geschlechtsspezifische Schmähung nicht *die Mensch,* sondern *das Mensch* lautet, also im grammatikalischen Sinne kein Femininum, sondern ein Neutrum ist. Vollends verrückt wird die Geschichte, wenn man bedenkt, dass das Hauptwort *Mensch* aus dem Eigenschaftswort *männisch* gebildet ist, das von *Mann* kommt.

Fassen wir also zusammen: *Mensch* ist von der Wortgeschichte her männlich, und wenn sein Artikel sächlich ist, dient es der Beleidigung von Angehörigen des weiblichen Geschlechts. Doch gehen wir in der Wortgeschichte weiter zurück, sieht es wieder anders aus. Denn das Wort *Mann* stand ursprünglich nicht nur für die Herren der Schöpfung, sondern für den *Menschen* schlechthin. Für das englische *man* gilt das heute noch – und ebenso für das deutsche unbestimmte Pronomen *man*. Das bedeutet nichts anderes als *Mensch*, weshalb die oben verwendete feministische Neuschöpfung *frau* im Grunde unnötig ist.

Aus all dem folgt, dass das Adjektiv *männisch*, das zu *Mensch* mutierte, ursprünglich nicht nur *männlich*, sondern auch *menschlich* bedeutete. Und als sich im Mittelhochdeutschen das Neutrum *das Mensch* herausbildete, war damit ganz einfach ein menschliches Wesen gemeint.

Die Einschränkung von *das Mensch* auf eine weibliche Person kam erst im 15. Jahrhundert auf, und zwar in durchaus positivem Sinne. So wurde auch die Jungfrau Maria als »*das* heilige, edle *Mensch*« bezeichnet. Im Lauf der Zeit sank der Begriff herab aufs weibliche Dienstpersonal, wurde schließlich auf Konkubinen und Schlampen erst ausgeweitet und dann allmählich eingeengt.

Im Übrigen kannten bereits die Griechen der Antike *das Mensch*. Im Bedarfsfall haben sie an der männlichen Vokabel »*ho* ánthropos« (*der* Mensch) manipuliert und daraus eine »*hä* ánthropos« (*die* Mensch) gemacht. Und damit war nicht immer nur ein weibliches Wesen, sondern durchaus auch mitunter ein echtes *Saumensch* gemeint.

Woher das Ziefer kommt

Im gesamten deutschsprachigen Raum wimmelt es von Ungeziefer. *Sein Gegenteil, das* Geziefer, *hat sich als* Ziefer *in die schwäbischen Mundartreservate gerettet.*

Den meisten *Un*-Wörtern sieht man sofort an, was drinsteckt, nämlich meist die Negation jenes Wortes, vor welches das *Un*- gestellt wurde: Der *Un*mensch ist das Gegenteil dessen, was man sich unter einem Menschen vorstellt. Das *Un*geheuer ist nicht geheuer, und dass der *Un*hold alles andere als hold ist, muss auch nicht lange erklärt werden.

Doch was ist mit dem *Ungeziefer*, jenem Sammelsurium aller Kleinlebewesen, die dafür sorgen, dass es dem Menschen nicht zu wohl wird? Nimmt man ihm das *Un-* weg, bleibt das *Geziefer*, ein Wort, das im Duden noch ausgewiesen ist als »veraltend für *Ungeziefer*«. Es wird allenfalls noch für Wortspielereien wiederbelebt, etwa wenn Naturforscher die in Bernstein verewigten Schnaken und Schmeißfliegen vergangener Jahrmillionen als *Ur-Geziefer* bezeichnen.

Im Schwäbischen hingegen hat das *Geziefer* überlebt. Allerdings nennt man es hier nur *Ziefer*. Zwar werden es nicht mehr viele sein, die dieses Wort benutzen, aber noch hört man es gelegentlich. Es fasst alle möglichen Kreaturen zusammen, die zu Hause herumwuseln, vom Schoßhund über den Wellensittich bis zum Goldhamster, die Kinder bisweilen mit inbegriffen. Im Gegensatz zum *Ôôziefer*, das ungebeten kommt, bezeichnet das Wort *Ziefer*, wenn es nicht gerade despektierlich gemeint ist, jene Haustiere, die man sich freiwillig zugelegt hat.

Fischers Schwäbisches Wörterbuch erinnert an die Zeiten, da das *Zifer* – er schreibt es mit einfachem *i* – noch stärker landwirtschaftlich strukturiert war. Er definiert es als »1. Federvieh, Hausgeflügel, besonders Hühner, Gänse und Enten; 2. Kleinvieh, kleinere Haustiere wie Ziegen, Schafe; 3. übertragen von Menschen: lästige Gesellschaft, Sippschaft, schlechtes Gesindel, Bettelpack, besonders Haufen lästiger, unartiger Kinder«.

In all diesen Bedeutungen ist *Ziefer* ein Sammelbegriff, entspricht daher dem schriftdeutschen *Geziefer.* Denn Sammelbegriffe formt man im Schriftdeutschen gern mit der Vorsilbe *Ge-*. Sie macht das Land zum *Ge*lände, das Schreien zum *Ge*schrei. Im Schwäbischen allerdings wird dieses *Ge-* auf *G'-* verkürzt, weshalb das Geschrei hier zum einsilbigen *G'*schroi schrumpft. Beginnt der Grundbegriff aber mit *b, p, g, k, q, d, t* oder *z*, verzichtet der Schwabe meist ganz auf das *Ge-*, weshalb das *Geziefer* bei ihm nur *Ziefer* heißt.

Um die Verwirrung vollends zu komplettieren, sei darauf hingewiesen, dass man auch im Schriftdeutschen das *Geziefer* so rupfen kann, dass nur ein einzelnes, entkollektiviertes *Ziefer* übrig bleibt. Das aber dürfte, so die Vermutung, auf das althochdeutsche *zebar* zurückzuführen sein, was »Opfertier« bedeutete. Demnach wäre das *Ungeziefer* nicht zum Opfern geeignet, obwohl man es sicher lieber, da kostengünstiger, geopfert hätte als das *Ziefer.*

Die Reig'schmeckte

Manche Zugezogene oder Neubürger werden im Schwäbischen als Reig'schmeckte *bezeichnet. Das gilt vor allem für solche, die keiner* schmecken *kann.*

Wenn im Fernsehen Bürgerversammlungen übertragen werden, fallen sie sofort auf, die *Reig'schmeckte*. Während die Einheimischen erst fünf Minuten vor Sendeschluss allmählich gesprächig werden, sind sie die ersten, die das Wort ergreifen und nicht mehr loslassen. Weil die Schwaben das nicht mögen, bezeichnen sie diese vorlaute Subspezies der Zugezogenen als *Reig'schmeckte*, was unverhohlene Aversion zum Ausdruck bringt.

Daneben wird das Prädikat *Reig'schmeckter* scherzhaft verwendet. Doch auch in solchen Fällen erinnert es den so Titulierten sanft daran, dass er kein Einheimischer ist. Das kann ihm auch dann passieren, wenn zwar er, sein Vater und sein Großvater im Ort geboren sind, nicht aber der Urgroßvater.

Ein *Reig'schmeckter* ist also für gewöhnlich ein lästiger, da naseweiser und/oder vorlauter Neubürger, der ungefragt seinen Senf absondert. Aber was hat diese Unart mit dem Zeitwort *schmecken* zu tun?

Schmecken hat im Schwäbischen eine breitere Bedeutung als im Hochdeutschen. Es zielt nicht nur auf die Wahrnehmungen des Geschmacksinns, sondern auch des Riechvermögens. Darum behaupten böse Zungen, die Schwaben besäßen nur vier Sinne anstatt fünf. Und wie *riechen* im Hochdeutschen, hat das schwäbische *schmecken* sowohl die Bedeutung von »einen Geruch wahrnehmen« als auch »einen Geruch ausströmen«. Das heißt: Der Schwabe *schmeckt* mit der Nase und aus dem Maul. Daraus ergeben sich lebensgefährliche Verwechslungsmöglichkeiten:

Sagt der Hochsprachler »Das Fleisch *schmeckt*«, will er damit ausdrücken, dass es ihm mundet. Der Schwabe hingegen stellt damit den beginnenden Verwesungsprozess und die Gefahr einer Lebensmittelvergiftung fest. Entwarnung hingegen kann gegeben werden, wenn jemand die Mitteilung eines Schwaben, er könne den oder jene nicht *schmecken*, als Indiz für kannibalistische Neigungen missdeutet.

Spätestens hier ist darauf hinzuweisen, dass im älteren Deutsch *schmecken* generell sowohl Geruchs- als auch Geschmacksempfindungen beschrieb. Erst die neuhochdeutsche Schriftsprache verzichtete auf die erste der beiden Bedeutungen.

Wenn *schmecken* dasselbe ist wie *riechen*, dann ist *hereinschmecken* dasselbe wie »die Nase hereinstrecken«. Im übertragenen Sinne bedeutete das zunächst »nur kurz irgendwo wohnen«. Fischer überliefert im Schwäbischen Wörterbuch den Satz: »Er hat kaum zu uns *hereingeschmeckt* und will schon alles anders haben.«

Dieses Zitat zeigt nicht nur, wie das Wort *Reig'schmeckter* zu Stande kam. Es dokumentiert auch, dass damit von Anfang an ein Verhalten gebrandmarkt wurde, das den Ureinwohnern stank.

Aus Schwabens Schmähvokabular

Im Lande der Bruddler wird gerne und qualifiziert geschumpfen.

Heilandsack und heidenei!

Der schwäbische Ausruf Heidenei! *gibt Rätsel auf. In Schriftform könnte man das Wort für ein anatomisches Pendant zu* Heilandsack! *halten. Aber das täuscht.*

Heidenei! gehört zu den gemäßigteren unter den schwäbischen Unmutsäußerungen, kann aber auch Erstaunen und Anerkennung ausdrücken: »*Heidenei,* wer hätt au dees denkt!«, mag es etwa lauten, wenn der Nachbarsbub nach dem 25. Semester doch noch sein Examen vollbracht hat.

Mehr Emotion drückt der Ausruf *Heilandsack!* aus, bei dem wir nicht lange zu verweilen brauchen, da er leicht als Kurzform des Fluches *Heilandsakrament!* zu erkennen ist. Allerdings wurde das Wort wohl auch schon als unziemlicher Hinweis auf ein Körperteil missverstanden und daher pietätshalber durch *Heilandszaihe!* (Heilands Zehe) ersetzt.

Hingegen kann man *Heidenei!* nur in geschriebener Form als Körperteil fehlinterpretieren, denn in gesprochener Form verläuft eine deutlich hörbare Trennlinie zwischen *Heide* und *nei*. Doch das wirft die Frage auf: Wo *nei* mit de *Heide* und warum?

Schlägt man in Fischers Schwäbischem Wörterbuch nach, wird die Sache noch rätselhafter. Denn Fischer nennt neben den Ausrufen *Heiden* und *Heiden 'nei* noch die Langversion *kotz Heide 'nei!* und provoziert damit die Frage, wer wo und wie Heiden hinein*kotz*en soll.

Weiteres Nachforschen ergibt allerdings, dass das Wörtchen *kotz* nichts mit dem Verbum »kotzen« zu tun hat, sondern eigentlich mit *g-* geschrieben gehört. Es ist ein Hüllwort für *Gottes,* ebenso wie *botz!* oder das bekanntere *potz!* Und der Genitiv *Gottes* dient bekanntlich der Verstärkung, ob in *gotts*allmächtig, *gotts*jämmerlich oder *got*zig, das von *gott*einzig kommt. Damit ist dann auch dem klassischen schwäbischen Fluch »*Kotz* Rübeschnitz und Krautsalat« sein säuerlicher Beigeschmack genommen: *Gottes* Rübenschnitze und Krautsalat – das klingt eher nach einem Opfer auf dem Erntedank-Altar. Doch damit eröffnet sich das nächste Problem: *Gottes Heiden 'nein,* was soll das nun wieder bedeuten?

Ebenso wie *kotz!* ist auch *nei,* die schwäbische Kurzform von *hinein,* eine Verstärkung. »Beliebt als Zusatz von Flüchen«, schreibt Fischer, und tatsächlich findet man *nei* nicht nur bei *Heiden,* sondern auch bei *Heiligen* und sogar beim *Herrgott* höchstpersönlich: *Heiligsnei* oder *Hergottnei.*

Auch der *Heide* wurde gerne benutzt, um Begriffe zu intensivieren, was im Positiven wie im Negativen geschehen konnte. Das beweisen der *Heiden*lärm und der *Heiden*spaß. Aus dieser Ambivalenz dürfen wir ableiten, dass der Gebrauch der Steigerungsform *Heiden-* keine Diskriminierung religiöser Minderheiten darstellt. Doch kann uns diese im Zeitalter der political correctness nicht unwesentliche Feststellung nicht dafür entschädigen, dass die Suche nach der exakten Bedeutung von *Heidenei* ergebnislos geblieben ist. *Heilandsack!*

Himmelherrgottshuresakrament!

Die unblutigste Art, angestaute Aggressionen abzulassen, ist die verbale. Vielleicht ist das der Grund, warum der friedliche Schwabe hier eine gewisse Virtuosität entfaltet.

Je länger der Fluch, desto stärker die emotionale Erleichterung. Daraus erklärt sich die Beliebtheit von Verkettungen wie des oft gehörten *Himmelherrgottshuresakrament* oder des etwas weniger anstößigen *Himmelherrgottsjesessakrament*. Beide Fluchformeln bringen es auf immerhin neun Silben und sind daher besonders effektiv, zumal sie unterschiedlich gestaltet werden können. Man kann die Tonstärke bis zur zentralen Silbe *-hure-* bzw. *-jeses-* steigern, um sie dann im Decrescendo ausklingen zu lassen. Man kann aber auch jede einzelne Silbe dezidiert betonen, was einen höheren Aggressionsstau verrät.

Das Grundwort dieses Megafluches ist *Sakrament*. Das bezeichnet laut Grimm'schem Wörterbuch »in der Kirchensprache eine heilige Handlung, welche unter äußeren sinnlichen Zeichen unsichtbare Gnadengaben vermittelt«. Die Katholiken kennen sieben Sakramente (Taufe, Abendmahl, Firmung, Beichte, Ehe, Priesterweihe, letzte Ölung), den Protestanten genügen zwei (Taufe, Abendmahl).

Zum Wesen des Fluchens gehört, das, was einem heilig ist, missbräuchlich im Munde zu führen. Daher finden sich in dieser Konstruktion neben dem *Sakrament* auch der *Herrgott* und der *Himmel*, der hier ebenfalls für Gott steht. In *Himmelherrgottsjesessakrament* gesellt sich dessen Sohn hinzu; ebenso in der Kurzform *Heilandsack!* In der anderen Langversion ist er allerdings durch das recht unheilige Verstärkungswort *-hure-* ersetzt, das auch in anderen Flüchen seinen festen Platz hat.

Um es sich mit den himmlischen Obrigkeiten nicht ganz zu verderben, mildert auch der schwäbische Mensch Flüche gerne ab. Dann wird *Sakrament* zu *Sapperment, Sack Zement* oder dem surreal anmutenden Kompositum *Hurezement. Sakradi* und *Sapperlott* sollen nach unbestätigten Mutmaßungen auf französisch *sacre dieu* (heiliger Tag) und *sacre lot* (heiliges Los) zurückgehen. Ausgesprochen schwäbisch hingegen mutet *Sappermoscht* an.

Der wohl bemerkenswerteste schwäbische – präziser gesagt: württembergische – Fluch ist überliefert in Vers 15 des Liedes von den schwäbischen Eisenbahnen und lautet *Himmel Schtuegert Sapperment.* Bemerkenswert ist er wegen seines regionalspezifischen Bestandteiles *Schtuegert,* der sich hier an Stelle der Hure zwischen den Himmel und das Sakrament gedrängt hat.

Der Himmel weiß, wie Stuttgart dort hingeraten ist. Gewiss: Es gab und gibt genügend Gründe, den Regierungssitz als Brutstätte aller möglichen Ärgernisse zu verwünschen. Aber hat man je gehört, dass andere Landeshauptstädte in einer Fluchformel berücksichtigt worden wären? Allerdings ist einzuräumen, dass kaum jemand einen Fluch ernst nehmen würde, der etwa *Himmel Wiesbaden Sapperment* lautete.

Der daube Seggl

Eines der Lieblingsschimpfwörter des Schwaben ist der Seggl. *Was das Wort bedeutet, kann kaum jemand genau sagen, aber es gibt da so eine gewisse Ahnung.*

Den *Seggl* gibt es in vielen Varianten. Sie reichen vom *dauben* über den *Schaf-* bis zum Superlativ *Halbseggl*. Doch wen bezeichnet man als solchen?

Der *Seggl* kann – vergleichbar zum *Arsch* – sowohl beim Äußern von Ärger, Abscheu und Empörung zum Einsatz kommen wie auch als kumpelhaft-anerkennende Benennung für den anderen, etwa, wenn der einen argumentativ Matt gesetzt oder wenn der gerade einen dummen Witz gemacht hat: »Du bisch doch an alder *Seggl*!« Der Ausdruck *Seggl* reagiert also auf ein Verhalten – im Gegensatz etwa zum *Daggl* (Dackel), der sich gegen eine verminderte Verstandesleistung richtet.

Folgende verbürgte Geschichte mag dies verdeutlichen: Ein in Liebesdingen noch wenig erfahrener Oberschüler bearbeitete seine Tanzstundendame, was deren Atemfrequenz deutlich hörbar beschleunigte. Stark beunruhigt fragte der junge Mann: »Was schnaufsch denn so?« Sie aber antwortete: »Du *Daggl*!« Hätte er hingegen dieselbe Frage gestellt, wohl wissend, warum sie so schnauft, hätte die Antwort lauten müssen: »Du *Seggl*!«

Was aber bedeutet denn *Seggl* nun eigentlich? In Fischers Schwäbischem Wörterbuch findet man ihn unter dem Stichwort *Säckel*, womit bereits die Herkunft geklärt ist: *Seggl* ist das schwäbische Diminutiv von *Sack*. Unter den Bedeutungen, die Fischer hier auflistet, interessieren in diesem Zusammenhang die Definitionen »2 c. männliches Glied« und »2 d. Schelte für Männer oder Knaben. Ohne bestimmtere Bedeutung«. Die letzte Bemerkung ist wohl insoweit korrekturbedürftig, als es besser hieße: Keine bestimmte Bedeutung *mehr*. Denn in der Tat wird heutzutage kaum jemand, den man danach fragt, präzise angeben können, was *Seggl* bedeutet. Doch deuten der Umstand, dass nur Männer oder Knaben so bezeichnet werden sowie Bedeutung 2c. zweifelsfrei auf den Ur-Sinn des Wortes hin, den das Deutsche Wörterbuch der Brüder Grimm ohne Umschweife nennt.

Dort ist unter *Säckel* nachzulesen: »mundartlich Hodensack, daher auch Scheltwort gegen Mannsperson«, womit die Katze aus dem Sack gelassen und eine plausible Erklärung geliefert wäre. Die Frage, wie dieses anatomische Anhängsel zum benachbarten 2c. umgedeutet werden konnte, muss hier nicht weiter vertieft werden. Jedenfalls verleiht diese Umdeutung dem kombinierten Ausdruck »dauber *Seggl*« einen weiteren – traurigen – Aspekt.

Problematisch ist der *Schafseggl*: Da das männliche Schaf *Widder* oder auf Schwäbisch *Schafbock* heißt, ist das *Schaf* geschlechtsneutral, wenn nicht weiblich, und mithin der *Schafseggl* ein Widerspruch in sich. Dieser Hinweis ist jedoch so besserwisserisch, dass viele ihn als *segglhaft* empfinden möchten.

Der waidägige Waidag

Was ist ein Waidag? *Thaddäus Troll übersetzt dieses Wort mit »nichtsnutziger, schlechter, bösartiger Mensch«. Doch warum nennt man so jemanden* Waidag?

Für polnische Ohren klingt *Waidag* weniger exotisch als für manches deutsche. Denn es gibt eine polnische Vokabel, die zwar anders geschrieben, aber ähnlich gesprochen wird und die auf deutsch »Halunke« bedeutet.

Allerdings ist diese Ähnlichkeit rein zufällig. Der schwäbische *Waidag* ist nämlich nichts anderes als der hochdeutsche *Wehtag*, dem das Grimm'sche Wörterbuch annähernd neun Spalten widmet. Geläufiger, so Grimm, sei die Form *Wehtage* gewesen, wobei *-tage* jedoch keine Mehrzahl, sondern eine Erinnerung an das althochdeutsche *tago* (Tag) gewesen sei.

Wenn sich dieses abschließende *-o* als *-e* gehalten hat, dann wohl deswegen, weil bei dem Begriff *Wehtag* schon bald niemand mehr an einen »*Tag*, an dem man Schmerz empfindet«, dachte. Dieser ursprüngliche Sinn muss schon bald der Bedeutung von »Schmerz«, »Krankheit« oder »Unglück« im Allgemeinen gewichen sein.

Das Wort lässt sich zurückverfolgen bis in die zweite Hälfte des 13. Jahrhunderts. Im 18. Jahrhundert zog es sich aus der Hochsprache in die Mundarten zurück, galt sogar stellenweise als »pöbelhaft«. Im Schwäbischen wurde es *Waidag* gesprochen, in Tirol *Weata*. Die Endung der Form *Wehtagen* schliff sich im Bayrischen ab zu *Weding* oder *Wedung*, zu *Wäiding* in Böhmen und so weiter.

Mit *Wehtag(e)* wurde nach Grimm körperlicher Schmerz jeder Art bezeichnet. Doch ließ sich der Schmerz durch Hinzufügen geeigneter Bestimmungswörter auch lokalisieren. So gab es *Wehtage der Zähne* oder – zusammengesetzt – den *Bauchwehtag*.

Ein besonderer *Wehtag* war der *Sant Valentins Wehtag*, womit nicht etwa der 14. Februar gemeint war, sondern die »Valentins-Krankheit«: die Fallsucht oder Epilepsie. Und damit betreten wir, so brutal man das auch empfinden mag, die Sphäre des schwäbischen Schimpfworts *Waidag*. Laut Fischers Schwäbischem Wörterbuch ist dieser Begriff nämlich auf Menschen übertragen worden, indem er auf Epileptiker und schließlich auch auf »Mensch oder Tier, das viel Ärger verursacht« angewandt wurde. Daneben diente es als Ausruf des Unwillens: O *Waidag*! oder, wie Fischer auch noch mitteilt: Kotz *Waidag*!

Aus *Wehtag* wurde das Verb *wehtagen* abgeleitet, das zunächst »verwunden« bedeutete. In seinem Buch »Volksthümliches aus Schwaben« nennt Anton Birlinger einen unter einem epileptischen Anfall Leidenden einen *Wehtagenden*, was auf Schwäbisch *waidaget* oder *waidagig* heißt – und ebenfalls zum Schimpfwort geriet. Dabei ist es geblieben. Und nun zurück zu Troll: Der hat uns in seiner »Schwäbischen Schimpfwörterei« den Superlativ des *Waidags* mitgeteilt. Es ist der *waidägige Waidag*.

Zur Schreibweise

Die *Herkunft der Wörter* soll erkennbar bleiben. Daher werden *k*, *p* und *t* als solche geschrieben, selbst wenn im Schwäbischen das *k* wie *g*, das *p* wie *b* und das *t* wie *d* ausgesprochen werden. So lassen sich Missverständnisse wie jenes vermeiden, das Wort *krottenfalsch* leite sich von der *Grotte* ab.

Lesegewohnheiten sollen möglichst wenig durch eine übertrieben »schwäbische« Schreibweise beeinträchtigt werden. Zudem wird vorausgesetzt, dass die Leserschaft die schwäbischen Ausspracheregeln kennt, wonach etwa *sp* und *st* nicht nur, wie in der Standardsprache, zu Beginn, sondern meist auch im Wort als *scht* und *schp* ausgesprochen werden (vgl. S. 38). Es bedarf daher keiner *Schbätzla*. Es genügen *Spätzla*, deren Endung *-a* die Mehrzahl vom einzelnen *Spätzle* unterscheidet.

Wo das Alphabet nicht ausreicht, wird es um einige *Sonderzeichen* ergänzt. So steht für den Laut, der zwischen *a* und *o* liegt, ein *å*, das dank des skandinavischen Zuprostens (sk*å*l) auch in Deutschland wohlbekannt ist. Nasale können durch ein Dächle (ˆ) kenntlich gemacht werden, welches das im Nasenlaut aufgegangene *n* vertritt. Mit diesen Sonderzeichen lassen sich zum Beispiel n*å* (dann), n*ââ* (hinan) und n*aa* (hinab) unterscheiden.

Diese Regeln gelten nur im Prinzip. Manchmal ist *Inkonsequenz* angebracht, etwa beim schwäbischen Lieblingsschimpfworts *dauber Seggl*. Den müsste man, ginge es nach der korrekten Etymologie, *tauber Säckel* oder wenigstens *tauber Seckel* schreiben. Aber die einseitig an der Aussprache ausgerichtete Schreibweise *dauber Seggl* hat ihre eigene Ästhetik, die stark genug ist, um ihr – ausnahmsweise – die herkunftsorientierte Schreibart zu opfern.

Literatur

Bach, Adolf: *Geschichte der Deutschen Sprache.* 9. Auflage, Wiesbaden 1970.

Baur, Gerhard W.: *Bibliographie zur Mundartforschung in Baden-Württemberg, Vorarlberg und Liechtenstein.* (Idiomatica 7) Tübingen 1978.

Bohnenberger, Karl: *Die Mundarten Württembergs. Eine heimatkundliche Sprachlehre.* Stuttgart 1928.

Brechenmacher, Josef Karlmann: *Schwäbische Sprachkunde in ausgeführten Lehrbeispielen. Versuch einer bodenständigen Grundlegung des schaffenden Deutschunterrichts.* Stuttgart 1925 (Reprint Saulgau 1987).

Fischer, Hermann: *Geographie der schwäbischen Mundart.* Tübingen 1895.

Jacobi, Franz: *Schwäbische und schwäbisch-neuhochdeutsche Lehnwörter mit lateinischer und lateinisch-romanischer Grundlage.* In: Alemannia, Zeitschrift für Sprache, Kunst und Altertum besonders des alemannisch-schwäbischen Gebiets. XXIV. Band. Bonn 1897.

Kirchmeier, Monika: *Entlehnung und Lehnwortgebrauch, untersucht am französischen Einfluß auf die württembergischen Mundarten und am württembergischen Einfluß auf die Sprache im Pays de Montbéliard.* (Idiomatica 3) Tübingen 1973.

König, Werner: *dtv-Atlas zur deutschen Sprache.* 6. Auflage, München 1985.

Ruoff, Arno: *Der Schwabe und sein Schwäbisch.* In: Schwabenbilder. Zur Konstruktion eines Regionalcharakters. Tübingen 1997, S. 39–42.

Ruoff, Arno: *Sprachvarietäten in Süddeutschland.* In: Varietäten des Deutschen. Hgg. von Gerhard Stickel. Berlin, New-York 1997, S. 142–154.

Lexika:

Adelung, Johann Christoph: *Grammatisch-kritisches Wörterbuch der Hochdeutschen Mundart, mit beständiger Vergleichung der übrigen Mundarten, besonders aber der Oberdeutschen.* 2. Ausgabe. Bd. I–IV. Leipzig 1793–1801.

Badisches Wörterbuch. Vorbereitet von Friedrich Kluge. Bearbeitet von Ernst Ochs, Karl Friedrich Müller und Gerhard W. Bauer. Bd. I ff. Lahr 1925 ff.

Deutsches Fremdwörterbuch. Weitergeführt im Institut für Deutsche Sprache. Begonnen von Hans Schulz. Fortgeführt von Otto Basler. 6 Bände. Berlin, New York 1913–1983.

Duden. Das große Wörterbuch der deutschen Sprache in 8 Bänden. Herausgegeben von Günther Drosdowski. Mannheim, Leipzig, Zürich. 2. Auflage, 1993–1998.

Duden. Deutsches Universalwörterbuch. Herausgegeben von Annette Klosa. 4. Auflage, Mannheim, Wien, Zürich 2001.

Grimm, Jacob; Grimm, Wilhelm: *Deutsches Wörterbuch*. Bd. I–XVI. Leipzig 1854–1960. Quellenverzeichnis 1971. Nachdruck: München 1984.

Kluge, Friedrich: *Etymologisches Wörterbuch der deutschen Sprache*. Bearbeitet von Elmar Seebold. 23. Auflage, Berlin, München, New York 1995.

Küpper, Heinz: *Illustriertes Lexikon der deutschen Umgangssprache in 8 Bänden*. Stuttgart 1982–1984.

Lexer, Matthias: *Mittelhochdeutsches Handwörterbuch*. Zugleich als Supplement zum Mittelhochdeutschen Wörterbuche von Benecke-Müller-Zarncke. Bd. I–III. Leipzig 1872–1878.

Oberschwäbisches Wörterbuch der Bauernsprache von mehr als zweitausend Wörtern und Wortformen. Gesammelt und mit einer Vorrede versehen von Dionys Kuen. Buchau 1844. Nachdruck Biberach 1987.

Robert, Paul: *Dictionnaire alphabétique et analogique de la langue française: les mots et les associations d'idées*. 6 Bände. Paris 1966.

Schade, Oskar: *Althochdeutsches Wörterbuch*. 2. Auflage, Halle a. d. Saale 1872–1882.

Schmeller, Johann Andreas: *Bayerisches Wörterbuch*. 2. Auflage. Bearbeitet von Georg Carl Frommann. Bd. I–II. München 1872/77. Nachdruck: München, Wien, Aalen 1983 und München 1985.

Schmid, Johann Christoph: *Versuch eines schwäbischen Idiotikon*. Berlin und Stettin 1795.

Schwäbisches Handwörterbuch. Auf der Grundlage des »Schwäbischen Wörterbuchs« von Hermann Fischer und Wilhelm Pfleiderer bearbeitet von Hermann Fischer und Hermann Taigel. 3., von Hermann Fischer erweiterte Auflage, Tübingen 1999.

Schwäbisches Wörterbuch. Auf Grund der von Adelbert v. Keller begonnenen Sammlungen und mit Unterstützung des württembergischen Staates, bearbeitet von Hermann Fischer, zu Ende geführt von Wilhelm Pfleiderer. Bd. I–VI. Tübingen 1904/36.

Schweizerisches Idiotikon; ges. unter Beihülfe aus allen Kreisen d. Schweizervolkes. Begonnen von Friedrich Staub … und fortgesetzt unter Leitung von Albert Bachmann. 15 Bände. Frauenfeld 1881–1999.

Wörterbuch der schweizerdeutschen Sprache → Schweizerisches Idiotikon.

Register

I

J

K

L

Abkürzungen:

afrz = altfranzösisch
agr = altgriechisch
ahd = althochdeutsch
anord = altnordisch
arab = arabisch
assyr = assyrisch
bair = Bayrisch
böhm = böhmisch
engl = englisch
frz = französisch
g = (gemein-)germanisch
gall = gallisch
got = gotisch
heth = hethitisch
idg = indogermanisch
it = italienisch
lat = lateinisch
mhd = mittelhochdeutsch
mlat = mittellateinisch
mndd = mittelniederdeutsch
ngr = neugriechisch
pfälz = pfälzisch
qu = quechua
sächs = sächsisch
serbo-kr = serbo-kroatisch
sp = spanisch
syr = syrisch
tirol = tirolisch
ung = ungarisch

Wolf-Henning Petershagen

Wir Schwaben
Band 2

Wolf-Henning Petershagen

Wir Schwaben

Band 2
Da wohnen wir

mit Zeichnungen von Sepp Buchegger

THEISS

Herausgegeben von der Neuen Pressegesellschaft Ulm mit ihren Partnerzeitungen: Alb Bote, Geislinger Zeitung, Haller Tagblatt, Hohenloher Tagblatt, Hohenzollerische Zeitung, Neue Württembergische Zeitung, Reutlinger Nachrichten, Rundschau, Südwest Presse, Südwest Presse Metzinger-Uracher-Volksblatt, Tauber Zeitung

Die Deutsche Nationalbibliothek verzeichnet diese Publikation in der Deutschen Nationalbibliografie; detaillierte bibliografische Daten sind im Internet über http://dnb.dnb.de abrufbar.

Der Konrad Theiss Verlag ist ein Imprint der WBG.

Sonderausgabe in 3 Bänden

Die erste Auflage des Bandes *Wir Schwaben. Da wohnen wir* erschien 1999 im Konrad Theiss Verlag, Stuttgart, unter dem Titel *Die Wahrheit über Deppenhausen. Kuriose Ortsnamen in Baden-Württemberg.*
Die Herausgabe des Werkes wurde durch die Vereinsmitglieder der WBG ermöglicht.
Umschlaggestaltung: Stefan Schmid Design, Stuttgart
Lektorat: Martin Müller, Ostfildern
Gedruckt auf säurefreiem und alterungsbeständigem Papier
Printed in Germany

Besuchen Sie uns im Internet: www.wbg-wissenverbindet.de
ISBN 978-3-8062-3154-0

Inhalt

Zum Umgang mit diesem Buch

Dieses Buch enthält die Beiträge zweier Serien, die unter den Titeln „Kuriose Ortsnamen“ und „Stadt – Land – Fluß“ von Juli 1997 bis August 1999 in der Südwest Presse erschienen sind. Die Beiträge wurden für das Buch redaktionell bearbeitet, thematisch verwandte wurden zusammengefaßt, weniger relevante weggelassen.

Die folgenden 80 Kapitel zu bestimmten, alphabetisch geordneten Orts-, Fluß- und Landschaftsnamen liefern die Erklärungen von weit mehr als nur diesen 80, aber natürlich längst nicht von allen geographischen Namen im deutschen Südwesten.

Wer die Bedeutung eines bestimmten Namens erfahren möchte, suche diesen im Index am Ende des Bandes. Dort wird der Weg zu den Abschnitten gewiesen, in denen sich die Erklärung findet. Ist der gesuchte Name im Index nicht enthalten, bietet das Verzeichnis der Ortsnamen-Bestandteile die Möglichkeit, den Sinn selber zu ergründen – allerdings mit den im Vorwort zu diesem Verzeichnis formulierten Vorbehalten. In diesem Kapitel sind auch die Ortsnamentypen beschrieben.

Wie professionelle Ortsnamenforschung funktioniert, zeigt das Kapitel „Wie man Ortsnamen knackt“ am Beispiel der Arbeit von Lutz Reichardt (1934–2009), ohne dessen Vorarbeit und Hilfe dieses Buch nicht zustande gekommen wäre. Er hat acht Bücher verfasst, in denen er die Ortsnamen der Stadt- und Landkreise Esslingen, Stuttgart und Ludwigsburg, Reutlingen, Tübingen, Alb-Donau, Heidenheim, Göppingen, Rems-Murr und des Ostalbkreises analysiert hat. Ende 1998 ist ihm für seine Leistungen auf diesem Gebiet der Schillerpreis der Stadt Marbach zuerkannt worden.

Außer ihm bin ich allen Fach- und Gewährsleuten, Leserinnen und Lesern, Kolleginnen und Kollegen zu Dank verpflichtet, die mit Auskünften, Rat, Hinweisen und Vorschlägen an den Artikelserien – und damit indirekt am Buch – mitgewirkt haben.

Von A wie Aalen bis Z wie Zang

Aalen

Unter den Traubenkirschen

Für die Freunde der alten Römer ist es klar: Im Namen der Stadt *Aalen* lebt die Ala Secunda Flavia weiter, die einst dort stationierte Reitertruppe. Doch in Aalen steckt eher der prunus padus.

Wenn die Einheimischen *Aalen* sagen, klingt das *aa* wie das *å* im schwedischen *skål*. Früher, im 14. Jahrhundert, hieß die Siedlung *Aulen*, und in dem Register, in dem der Name erstmals steht, ist er *Alon* geschrieben.

Das war um das Jahr 1136, etwa ein Jahrtausend, nachdem die 1000 römischen Reiter der Ala Secunda Flavia von ihrem Kastell im nachmaligen Aalen aus die Provinz Rätien schützen sollten. Kann es sein, daß sich ein Siedlungsname so lange Zeit hält, ohne daß es eine entsprechende Siedlung gibt, von einzelnen Höfen abgesehen? Besonders wahrscheinlich ist das nicht, doch wollen es die Experten wie der Ortsnamenforscher Lutz Reichardt nicht völlig von der Hand weisen.

In seinem Buch über die Ortsnamen des Ostalbkreises schließt er nicht aus, daß das Substantiv *ala*, was ursprünglich „Flügel" und dann im übertragenen Sinne „Flügel eines Heeres" bedeutete, die Germanen beflügelt hat, es als Flurname für das Gebiet weiterzuverwenden, wo einmal das Kastell gestanden hat.

Es gibt aber noch weitere, etwas habhaftere Deutungsmöglichkeiten. Da wäre zunächst die einfachste aller Lösungen, an die man ob ihrer Schlichtheit gar nicht zu denken wagt: *Aalen* ist der Dativ Plural von *Aal* und bedeutet „Siedlung bei den Aalen."

Rein sprachgeschichtlich wäre diese Lösung so sauber und glatt wie ein Aal im frischen Wasser, der auf lateinisch übrigens *anguilla* heißt. Was Reichardt an dieser Herleitung allerdings nicht so recht schmeckt, ist, daß es keine Vergleichsnamen gibt. Damit wäre ein aalbezogenes Aalen ein Einzelfall.

Es gibt noch eine dritte Möglichkeit, und die scheint den Ortsnamenforschern die wahrscheinlichste. Es gibt nämlich einen Baum, der bis zu 15 Metern hoch wird und der zumindest in den 40er Jahren noch in der Aalener Gegend heimisch war: die gemeine Traubenkirsche (prunus padus), auch Ahlkirsche genannt. Das ist ein Rosengewächs mit großen, elliptisch gesägten Blättern und wohlriechenden weißen Blüten in überhängenden Trauben, das in Mischwäldern oder auf feuchten Böden gedeiht. Früher hieß sie *Ahle* oder *Ale* und hat vielleicht auch dem *Albuch* seinen Namen gegeben, der dann „Ahlenwald" bedeuten würde.

Demnach wäre Aalen der „Ort bei den gemeinen Traubenkirschbäumen", was dem Stadtnamen immerhin eine friedlichere und wohlriechendere Ausstrahlung verliehe als die Reminiszenz an einen Haufen kasernierter Kavalleristen.

Allgäu

Wie das All vor das Gäu kam

Allgäu – mit dem Namen verbindet sich die Vorstellung allumfassender Natur mit muhenden Kühen und grenzenlosen Matten. Dazu mag auch das *All-* in des Wortes erster Hälfte beitragen.

Das Allgäu hat tatsächlich etwas mit Unbegrenztheit zu tun, nicht aber sein Name. Denn das *All* vor dem *Gäu* kommt – im Gegensatz zum kosmischen All – nicht von *alles*, sondern von den benachbarten Alpen.

Albgau, so wurde vom 9. bis zum 13. Jahrhundert das Gebiet genannt, das zwischen den Alpen, der Oberen Argen und der Wertach lag. Mittlerweile ist das Allgäu gewachsen und bezeichnet die nördlichen Alpen und das Alpenvorland zwischen Iller und Lech. Die ursprünglichen Schreibweisen für das Albgau waren recht unterschiedlich: *Albigoi* hieß es anno 839, ein halbens Jahrhundert später *Albegewi* (886) und 990 *Albegowe*.

In diesem Namen stecken, wie unschwer zu erkennen, die Alpen und der Gau bzw. das Gäu. Der Name der Alpen ist steinalt: *Álpeis* hießen sie in der Sprache der alten Griechen und *Alpes* bei den Römern. Griechen und Römer dürften dabei auf ein vorindogermanisches Wort zurückgegriffen haben, das *alb* lautete und „Berg“ bedeutete.

Der *Gau* findet sich nach wie vor im heutigen Sprachgebrauch, wobei er im Atomzeitalter eine völlig neue Bedeutung als Abkürzung für den „Größten Anzunehmenden Unfall“

erhalten hat. Was unsere Altvorderen mit *Gau* meinten und was auf germanisch *gawja* hieß, bedeutete zunächst ganz einfach „Gegend".

Inwieweit der Gau zum Begriff für politische und rechtliche Einheiten wurde, darüber streiten sich die Gelehrten so heftig, daß der Beitrag über den Gau im Handwörterbuch zur deutschen Rechtsgeschichte fünfeinhalb Seiten füllt, nach deren Lektüre man immer noch nicht so recht weiß, was denn nun genau unter *Gau* zu verstehen ist. In jedem Falle unterschieden die Germanen ihre Gaue durch Namen. Und so wurde der Gau bei den Alpen eben zum Alpen- bzw. Allgäu.

Das Allgäu ist geprägt durch einen zivilisatorischen Vorgang, der *Vereinödung* heißt. Diese zentrifugale Bewegung hinaus aus den Dorfgrenzen und hinein in die Einöde geht bis ins Mittelalter zurück. Sie hat das Allgäu geprägt, hat zu den charakteristischen zahlreichen Einzelgehöften und kleinen Weilern geführt, die den eingangs erwähnten Eindruck einer allumfassenden Grenzenlosigkeit aufkommen lassen.

Baar

Schranken, Zins und Leichenbrett

Baar mit zwei *a* – das ist auch für solche Augen ungewohnt, die nachts geschlossen sind, wenn die Bars offenstehen. Die Frage ist nun, ob Baar und Bar bar jeglicher Bezuges zueinander sind.

Als der Rechtshistoriker Karl Siegfried Bader sich 1941 in der „Zeitschrift für die Geschichte des Oberrheins" zum Problem der alemannischen Baaren geäußert hat, ging es ihm weder um Trinkstuben noch um Totenbretter, sondern um eine rechtsrelevante Raumbezeichnung.

Die Baaren waren Herrschaftsbezirke, die bestimmten Personen zugewiesen waren. Seit sie vom 8. Jahrhundert an aktenkundig wurden – damals hieß ihre Einzahl noch *para* – waren sie mit Herrschernamen verknüpft: Adalhartespara, Albunespara, Perahtoldespara.

Das letztere war die Bertholdsbaar, welche die heutige Baar – das Hochland zwischen Schwarzwald und Schwäbischer Alb – umfaßt. Die rechtliche Bedeutung dieser Baaren steht bis heute noch nicht fest; das zumindest behauptet das Handwörterbuch der deutschen Rechtsgeschichte. Waren die Baaren dasselbe wie die altalemannischen Gaugrafschaften?

Sie wurden auch schon gedeutet als Grafschaften, welche die Franken nach der Eroberung der alemannischen Gebiete eingerichtet haben. In diesem Zusammenhang wurde der Name *Baar* abgeleitet von dem altfränkischen Wort *barre*, das Schranke – in diesem Falle Gerichtsschranke – bedeutete und den Gerichtsbezirk gemeint haben könnte.

An dieser Stelle wollen wir kurz in die neuzeitliche Bar mit einem *a* wechseln, denn die geht tatsächlich auf jenes *barre* zurück, das in diesem Fall die Schranke zwischen Gast- und Schankraum bezeichnete. An Stelle der Schranke trat ein Tisch zum Steh-Trunk, und schließlich ging das Wort über auf den ganzen Raum.

Auch die Bahre ist schon als möglicher Ursprung der Baar diskutiert worden, wobei ein Zusammenhang zwischen der Leichenliege, dem Erbbegräbnis und dem Erbgut hergestellt wurde. Eine weitere Erklärung zielt unmittelbar auf das Bare: Die Zinseinkünfte, die das Gebiet einbrachte. Denn das althochdeutsche Verb *beran* bedeutet „tragen, hervorbringen" und steckt in *gebären* und auch im *-bar* von fruchtbar, furchtbar, wunderbar...

Allerdings ist hier einzuwenden, daß *bar* im Sinne von *cash* auch eine andere Deutung erfahren hat, nämlich im Sinne von *bloß*, wie wir es von barfuß und barhäuptig kennen. Demnach wäre das Bargeld das offen Daliegende.

Doch halten wir uns lieber an die fruchtbare Version des „Hervorbringens". Dabei muß man nicht nur an Zins und schnöden Mammon denken. Immerhin brachte die Baar schon Neckar und Donau hervor, bevor der Mensch an Bares dachte.

Backnang

Die Weide des Streithammels

Im Stadtwappen von Backnang sollte man eigentlich eine Konditorenmütze oder ein Nudelholz erwarten. Stattdessen finden wir dort Württembergs Geweihstangen und einen Reichsapfel. Das Wappen enthält mithin nichts, was in irgendeiner Form mit der Tätigkeit des Backens zu tun hat. Es enthält auch keine Backe – weder eine vordere noch eine hintere – wie etwa das Wappen von Wangen im Allgäu, das immerhin drei pausbäckige oder -wangige Gesichter zeigt. Wenn Wangen und Backnang dennoch etwas verbindet, dann sind das nicht die Backen, sondern die Wangen.

Um dies zu verstehen, müssen wir uns der Sprachgeschichte widmen: Die älteste Schreibweise von Backnang, die in einer Urkunde aus dem Jahr 1067 nachzulesen ist, lautet *Baccananc.* Sie klingt noch heute nach in der mundartlichen Form *Bágene.* Einer der beiden Bestandteile dieser Bezeichnung ist das althochdeutsche Wort *wang*, das in den zahlreichen Ortsnamen enthalten ist, die *Wangen* lauten oder in denen *-wang* steckt.

Bei solchen Zusammensetzungen ist das Phänomen zu beobachten, daß das *w* im Lauf der Zeit buchstäblich verschluckt wurde. So geschehen mit Humlangen, das eigentlich *Hummelwangen* heißen müßte, bei Botnang, das ein verkürztes *Botenwang* ist, und eben bei Backnang, das irgendwann einmal *Backenwang* geheißen haben dürfte. Das ist – zumindest auf den ersten Blick – eine kuriose Kombination: Daß die *Backen* mit anderen Wörtern vom Schwein bis zum sogenannten Arsch gepaart werden, mag ja noch angehen, aber Backen und Wangen?

Weder sind in diesem Falle Backen im Sinne von Wangen noch Wangen im Sinne von Backen gemeint – auch wenn das bereits erwähnte Wappen des stammverwandten Wangen aus einem Mißverständnis heraus drei Backen zeigt. Denn dieser Ortsname kommt vom althochdeutschen Wort *wang*, das – im Gegensatz zu der Wange – ein Maskulinum ist und „Feld, Wiese, Weide" bedeutet. *Wangen* meint somit „bei den Wiesen".

Das *Back-* aber geht auf einen Personennamen *Bacco* zurück. *Backnang* bedeutet daher „beim Weideland des Bacco". *Bacco* wiederum basiert auf dem althochdeutschen *bagan* (streiten). Insofern könnte man Backnang vielleicht auch etwas freier mit „beim Weideland des Streithammels" übersetzen, woraus natürlich keine nachteiligen Schlüsse über den Backnanger Lokalcharakter gezogen werden dürfen.

Bacco hat übrigens laut Förstemanns Althochdeutschem Namenbuch seine neuhochdeutschen Nachfolger nicht nur in Namen wie *Baack* oder *Bach*, sondern auch in *Bäck* und *Beck*. Die haben demnach – entgegen landläufiger Vorstellung – sowenig mit dem Nudelholz zu tun wie Backnang.

Baden

Baden – eine klare Sache

Baden – der Ursprung dieses Wortes ist klar wie Quellwasser. Hier haben schon die alten Römer gebadet und diesen Ort *Res publica Aquensis* genannt – frei übersetzt: „Stadt Baden“.

Aqua heißt bekanntlich „das Wasser“; die Mehrzahl *aquae* bedeutet „Heilquelle, Bad“. Hier soll sich schon Kaiser Marcus Aurelius Antonius Caracalla (188–217 n. Chr.), Bauherr der bekannten, nach ihm benannten Thermen in Rom, von seinem Alemannenfeldzug erholt haben, was sich dann in der Ortsbezeichnung *Aurelia Aquensis* niedergeschlagen hat.
Die Deutschen haben *aquae* übersetzt und übernommen. Somit hieß der Ort – in dem für deutsche Ortsbezeichnungen üblichen Dativ – *Badon*, also: „bei den Bädern“.

Entsprechendes widerfuhr den gleichnamigen Städten Baden im schweizerischen Aargau, das bei den Römern *Aquae Helveticae* (Helvetische Bäder) und Baden bei Wien, das zur Römerzeit schlicht *Aquae* geheißen hatte. Wiesbaden firmierte bei den Römern noch unter *Aquae Mattiacorum*, Bad der Mattiaker. Dieser Stamm hatte sich von den Chatten, die heute *Hessen* heißen, abgespalten. An die Stelle der Mattiaker traten in der deutschen Version des Ortsnamens die Wiesen.

Auch zu Aachen besteht eine gewisse Verwandtschaft. *Aquae* konnte nämlich ebenso gut mit „bei den Wassern“ statt „bei den Bädern“ übersetzt werden. Und Wasser hieß auf althochdeutsch *aha* (etwas später dann *ach*), was urverwandt mit *aqua*, von dem wiederum das französische *Aix* stammt.

Baden war also ursprünglich die Bezeichnung für einen Ort. Der Zähringer Hermann II. baute hier im 12. Jahrhundert die Burg Hohenbaden und nannte sich fortan Markgraf von Baden. Dieser Name ging auf das von ihm beherrschte Gebiet, die Markgrafschaft über, deren Kerngebiet der nördliche Schwarzwald um Pforzheim, Durlach und Ettlingen war.

So also entstand der Landesname. Wie aber kam die Stadt zu ihrem bemerkenswerten Doppelnamen *Baden-Baden*, dessen Konstruktion unwillkürlich an den Ngoro-Ngoro-Krater in der Serengeti denken läßt? Das hat wiederum mit der Spaltung des Landes anno 1535 in die Gebiete der Markgrafen (von) Baden (zu) Baden und (von) Baden (zu) Durlach zu tun.

Nach der Wiedervereinigung Badens 1771 bürgerte sich der Name *Baden-Baden* für die Stadt ein, die seit 1931 offiziell so heißt.

Bittelschieß

Schießbefehl im wilden Süden?

Es klingt wie die Aufforderung zum finalen Rettungsschuß: *Bittelschieß*! Zwar hat der Name, der an Ordnungshüter, an Pulver und Blei denken läßt, durchaus mit Geschossen zu tun, aber eher mit solchen im Sinne von Etage und weniger mit jenen im Sinne von Munition.

Das Geschoß, egal ob waffen- oder bautechnisch betrachtet, kommt von *schießen*. Von *schießen* wiederum stammt auch der Schuß, ebenso der Ausschuß, Vorschuß oder Nachschuß. Die recht unterschiedlichen Bedeutungen dieser Substantive lassen die Bedeutungsvielfalt des Zeitwortes *schießen* erkennen, von dem auch das Eigenschaftswort *abschüssig* abstammt, das wiederum inhaltlich wenig mit dem Hauptwort *Abschuß* zu tun hat.

Selbst der Schoß kommt von schießen, was die Etymologen damit erklären, daß *Schoß* ursprünglich etwas Dreieckiges oder einen Winkel – kurz: etwas, das hervorschoß, bezeichnete. Andererseits hat *Schoß* auch die Bedeutung von „Saum, Ecke, Zipfel", die uns noch in Gestalt des Rockschoßes geläufig ist.

Damit nähern wir uns allmählich Bittelschieß, das im Landkreis Sigmaringen liegt und in einer Urkunde aus dem Jahr 1083 noch als *Butelsciez* bezeichnet ist. Das *-schieß* hat sich also in den vergangenen neun Jahrhunderten kaum verändert. Auf Mittelhochdeutsch bedeutete es „Giebelseite eines Gebäudes, Bischofsmütze", was ebenfalls wie bei *Schoß* mit der Grundbedeutung „spitzwinkliger Vorsprung" zusammenhängt.

Auch in Professor Hermann Fischers Schwäbischem Wörterbuch ist das inzwischen vergessene Hauptwort *Schiess* erwähnt, das erstens „Giebel“ bedeutete und zweitens „steil emporstrebende Fläche“ oder „spitzer Winkel“. Im zweiten Sinne hat *Schieß* als Bezeichnung für spitzwinklige Wald- oder Flurstücke Eingang in diverse Flur- und Ortsnamen gefunden, etwa in Aichschieß, Hagenschieß oder Ettlenschieß.

Der erste Teil des Ortsnamens hat nichts mit dem Büttel zu tun. Er geht vielmehr auf einen Personennamen zurück – auf den nämlichen, der auch den bemerkenswerten Ortsnamen Beutelreusch geprägt hat: *Butilo*. Bittelschieß ist also „Butilos spitzwinkliges Land“ – auch wenn diese Erklärung leider wesentlich langweiliger ist als die auf der Zunge liegende Mißdeutung als Schießbefehl.

Bodensee

Als Politikum bodenlos

Seit gut tausend Jahren grübeln Menschen immer wieder über die Herkunft des Namens *Bodensee* nach. Er ist das Paradebeispiel für historische Einflüsse auf geographische Benennungen.

Wie übersetzt man *Bodensee* ins Englische? Lake of the bottom? Nein: Lake Constance – Konstanzer See. Entsprechendes gilt für das Französische, Italienische, Spanische etc.

Der römische Naturkundler Plinius nannte den Bodensee anno 77 *Lacus Brigantinus* – Bregenzer See. Ein anderer Römer, Pomponius Mela, hatte ein paar Jahrzehnte zuvor in seiner Erdbeschreibung zwei alpine Rheinseen erwähnt, nämlich einen *Lacus Venetus* und *Lacus Acronus*. Der Lacus Venetus – vermutlich der Obersee – könnte nach einem kleinen rätischen Stamm, den Vennoneten, benannt gewesen sein. Für den anderen Teil – vermutlich der Untersee – gibt es keine Erklärung.

Die Erfindung des Begriffs *Schwäbisches Meer* darf Tacitus für sich in Anspruch nehmen, der 98 n. Chr. auf ein *Suebicum mare* hinwies. Er hatte damit allerdings die Ostsee gemeint, weil die Schwaben damals noch dort oben wohnten. Doch später, nach deren Umzug in den Süden, wurde der Begriff auf den Bodensee übertragen.

Neben dem Schwäbischen Meer kursierte auch ein Alemannischer See. Caesar hatte nämlich 52 v. Chr. in seinem bellum Gallicum einen *Lacus Lemannus* beschrieben, womit er zweifellos den Genfer See meinte, der heute noch *Lac Léman* heißt. Doch spätere Interpreten deuteten dieses *Lemannus* als ein verstümmeltes *Alemannus*, wonach jener See den Namen der Alemannen bzw. umgekehrt die Alemannen den Namen dieses Sees getragen hätten. Der Lage nach – wir befinden uns mittlerweise in der Stauferzeit – kam dafür eben nur der Bodensee in Frage, der mithin im Mittelalter ebenfalls als *Lacus Lemannus* bezeichnet wurde.

Warum aber heißt er heute *Bodensee*? Wörtlich genommen haben diesen Begriff nicht nur die Sieben Schwaben, die den See für bodenlos, und die Gebrüder Grimm, die den Boden des durchfließenden Rheins für namengebend hielten. Tatsächlich aber geht die Bezeichnung auf das Dorf Bodman zurück, das unter den Karolingern zur Kaiserpfalz wurde und dessen Namen tatsächlich „auf den Böden" bedeutete. Seit dem 9. Jahrhundert ist der *Lacus Potamicus* verbürgt.

Ob der See nun aber nach den Alemannen, nach dem fränkischen Bodman, nach Konstanz oder sonstwie benannt wurde, hing von den Machtinteressen der weltlichen und geistlichen Herren ab, in deren Dienste die Schreiber der jeweiligen Namen standen. Der Historiker Arno Borst hat dies in seinem Aufsatz „Geschichte eines Wortes" dargestellt. Der ist – ohne die Literaturangaben – 33 Seiten lang, was beweist, wie verzwickt dieser Sachverhalt ist.

Brigach

Was Brigach mit Brigitte vereint

Brigach und Breg bringen zum einen die Donau zuweg. Zum andern fallen sie auf durch die bemerkenswerte Ähnlichkeit ihrer Namen, die im Grunde ein und derselbe sind.

In der Gegend, wo Brigach und Breg aufeinander zufließen, findet man bei näherer Betrachtung ein ganzes Bündel von Siedlungs- und Gewässernamen, die mir *Br* oder *Pr* beginnen und nach dem ersten Vokal ein *g* aufweisen: *Brigach, Breg, Bregenbach, Präg,* so heißen die Gewässer, *Breg, Breghöfe, Bregnitz, Prägenhof,* so die Siedlungen. Eine weitere ist kürzlich ausgegraben worden, eine römische Zivilsiedlung bei Hüfingen, die den keltischen Namen *Brigobanne* trug.

Dem Laien fällt dabei natürlich auch noch Bregenz ein, und der Fachmann – in diesem Falle der Ortsnamenforscher Wolfgang Kleiber – hat eine Karte mit geographischen Namen des Voralpenraums zusammengestellt, deren gemeinsame Wurzel das gallische Wort *briga* (Berg, Bergfluß) ist. Auf dieser Karte erscheinen neben Bregenz auch Brienz, Brig, Brigels, Brail, Brianza, Prien. Andere zählen noch Brixen hinzu.

Briga liegt also sowohl der Brigach wie der Breg zugrunde. Diese Wurzel teilte sich in *Brigina*, woraus die Brigach entsprang, und *Brigana*, woraus die Breg wurde. Während die Brigana im Lauf der Zeit hinten etwas verlor und so zur Breg zusammenschrumpfte, hat die vorübergehend zur *Brigen* verminderte Brigina im 16. Jahrhundert den Anhang *-ach* hinzugewonnen. Dieses Anhängsel ist germanischen Ursprungs, bedeutet „fließendes Wasser“ und ist verwandt mit dem lateinischen *aqua* (Wasser).

Die Häufung von Namen um Brigach und Breg, die mit diesen Gewässerbezeichnungen verwandt sind, drückt aus, was der dortigen Geographie entspricht, nämlich daß die Landschaft hoch gelegen ist.

Allerdings mag man sich zurecht fragen, wie Bregenz, das auf schwäbischer Meereshöhe liegt, diesen Namen erhalten hat, der doch eine Höhenlage signalisiert. Die Forscher haben das bereits geklärt: Die Ach, die durch Bregenz fließt, hieß noch im 13. Jahrhundert *Bregenze*, und dieser Namen rührt wohl von der hochgelegenen Flur, auf der sie entspringt und die heute noch unter diesem Namen in die topographischen Karten eingetragen ist.

Abschließend sei noch auf weitere Verwandtschaften hingewiesen: Gelände-Höhen heißen auf gut deutsch *Berge*, auf diesen stehen oft *Burgen*, und beide sind mit dem keltischen *brig* verwandt; ebenso der Name *Brigitte*, wobei der nicht den Hügelreichtum seiner Trägerin andeuten soll. Vielmehr kündet er ausschließlich von charakterlicher Erhabenheit.

Brunzenberg

Ziemlich mißverständlich

Wie weiter unten im Kapitel über *Siehdichfür* noch zu erörtern sein wird, gibt es „imperativische" Ortsnamen, Namen also, die einen Befehl oder eine Aufforderung enthalten. Zu dieser Kategorie gehört das hohenlohische *Brunzenberg* entgegen allen anderslautenden und bösartigen Behauptungen nicht.

Es wird endlich Zeit, daß dieses Dorf wie alle ähnlich benannten, die es bundesweit gibt, vor Mißdeutungen bewahrt wird. Für die Benennung von Brunzenberg, Brunsen, Brunshausen, Brunsleberfeld, Brunstorf usw. sind keine Tätigkeiten aus dem Bereich des menschlichen Stoffwechsels ausschlaggebend gewesen. Vielmehr standen auch in diesen Fällen Menschen Pate, denen eines gemein war: Sie hießen Bruno oder so ähnlich.

Bruno wiederum bedeutet „der Braune". Das *z* in *Brunzenberg* rührt vom Rufnamen *Brunizo*, das wohl als Koseform von Bruno zu betrachten ist und somit ins Neuschwäbische mit *Brunole* zu übersetzen wäre. Also könnte der Ort auch weniger zweideutig *Brunolesberg* heißen.

-berg oder *-burg*? Das ist die Frage. Denn der Unterschied zwischen Burg und Berg war im Mittelalter fließend. Während man sich heute unter Berg eine deutliche Anhöhe vorstellt, war früher damit ein Höhenunterschied gemeint, der so drastisch nicht zu sein brauchte.

Die relative Höhe also war wichtig, was erklärt, daß mancher Ort, der ein *-berg* im Namen führt, keineswegs auf einem

richtigen Berg liegt. Und die Austauschbarkeit von *-burg* und *-berg* zeigt sich an den Beispielen von Nürnberg und Bamberg, wo der Name jeweils auf die Burg und nicht auf die Topographie gemünzt war.

Vielleicht könnte *Brunzenberg* somit auch die „Burg des Brunizo“ bezeichnet haben, die vielleicht einmal im *Frankenhardt*, dem „Wald der Franken“, gestanden hat.

Calw

Von der Nagold nach Afrika

Man schreibt es *Calw*, aber gesprochen wird es *Kalb*. „Wie Junges von la vache", so soll ein Einheimischer die korrekte Aussprache einmal einem französischen Besatzungsoffizier erklärt haben.

Anno 1075 wurde der Name der heutigen, an der Nagold gelegenen Stadt *Chalawa* und *Calwa* geschrieben. Das althochdeutsche Wort *chalo* ist das heutige *kahl*, und *chalewa stat* bedeutete „bei der kahlen Stelle". Damit wird wohl der Platz bezeichnet worden sein, auf dem Calw entstanden ist. Die Namen der Städte Calbe an der Saale und Kalbe an der Milde in der Altmark werden ebenso erklärt. Nur wurde dort die Schreibweise der Aussprache angepaßt.

Der Name *Calw* wurde auch schon mit dem Kalvarienberg in Verbindung gebracht. Das ist historisch falsch, aber philologisch besteht möglicherweise eine Verwandtschaft. Denn *kahl* geht auf ein westgermanisches *kalwa* zurück. Und es ist nicht völlig auszuschließen, daß dieses mit lateinisch *calvus* (kahl) zusammenhängt, das wiederum zu *calva* (Schädel) gehört. Und danach heißt die Stätte der Totenköpfe *calvaria*.

Ziemlich kahl wirkt auch der Name der Stadt *Kahla*, die südlich von Jena an der Saale liegt. Doch die hat vermutlich nichts mit dem germanischen *kalwa* zu tun, sondern eher mit dem altsorbischen *kal*, was „Sumpf" bedeutet. Daraus wiederum ergibt sich eine Verwandtschaft mit der Stadt Kalawa in der Niederlausitz, die auch den deutschen Namen *Calau* trägt. Sie gilt als

Brutstätte des Kalauers, woran jedoch Zweifel angemeldet werden dürfen.

Dieses Synonym für den eher flachen Wortwitz ist wohl herzuleiten vom französischen *calembour* (Wortspiel). Daß diese Vokabel mit der Bezeichnung für die ehrbaren Bürger von Calau verschmolzen wurde, könnte an der dort traditionellen Stiefel-Herstellung liegen und daran, daß die Schusterknechte als sprachlich nicht übermäßig kompetent galten. *Kalauer* wurde zunächst zur spöttischen Anrede für Schustergesellen und mutierte schließlich zur jetzigen Bedeutung.

Ein Kalauer im heutigen Sinne wäre, bei *Calw*, das alle, außer den Calwern, *Kalf* aussprechen, an *Kaff* zu denken. Das entbehrte allein schon rein sprachgeschichtlich jeder Grundlage, denn *Kaff* im Sinne von „elendes Nest" stammt aus der Jaunersprache Rotwelsch und hat wiederum zwei Wurzeln: das Romani-Wort *gaw* (Dorf) und das westjiddische *kefar*, von hebräisch *kafar*, das ebenfalls Dorf bedeutet. Daher stammt auch der *Kaffer* im Sinne von „dummer Kerl".

Der ist jedoch – um das auch noch abschließend zu klären – weder verwandt noch verschwägert mit den Angehörigen jenes afrikanischen Stammes, der von den Spaniern mit dem Attribut *cafre* versehen wurde. Denn das geht auf arabisch *kafir* (ungläubig) zurück.

Cannstatt

Schankstätte nur zur Wasen-Saison

Bad Cannstatt hat ein „sprechendes“ Wappen: Es zeigt eine Kanne und will damit sagen, daß *Cannstatt* etwas mit Trinkbzw. Schank-Gefäßen zu tun hat. Das stimmt jedoch nur zur Wasen-Saison.

Klar ist, daß Cannstatt nicht die Stätte der Kannen ist. Daran ändert auch die alte Sage nichts, wonach die Stadt dort gebaut wurde, wo eine Wirtschaft „Zur Schenkkanne“ mit einer ebensolchen im Schild am Ufer des Neckars gestanden hatte.

Klar ist auch, daß das *-statt* von dem gleichlautenden althochdeutschen Wort für *(Wohn-)Stätte* kommt. Unklar ist jedoch, woher das *Cann-* kommt. Ist es keltischen oder germanischen Ursprungs? Darüber haben sich die Gelehrten gestritten, ohne daß diese Frage jedoch bis heute zweifelsfrei geklärt wäre.

Die germanische Variante wäre relativ einfach: Hier würde wieder einmal der Name eines Ortsgründers zugrundeliegen, der *Kant* oder *Canto* geheißen hat. Über Cantesstatt wäre dann Cannstatt entstanden.

Der keltischen Variante läge ein Ortsname *Condate* zugrunde, der „Zusammenfluß zweier Flüsse“ bedeutet und den es mehrfach gegeben hat. Auf diesen Namen könnte auch Koblenz zurückgehen, wobei hier eine lateinische Zwischenstufe eingeschoben ist: *confluentes* (die Zusammenfließenden). Das könnte eine lateinische Lehnsübersetzung des ursprünglich keltischen *Condate* sein.

Doch zurück zum Zusammenfluß von Neckar und Nesenbach und dem Ursprung des Namens *Cannstatt*: Die sprachwissenschaftliche Untersuchung beider Varianten führt zum Ergebnis, daß sowohl die germanische Herleitung problemlos möglich wie auch die keltische These hieb- und stichfest ist.

Allerdings muß man sich natürlich fragen, ob ausgerechnet die ziemlich undramatische Verschmelzung des eher mageren Nesenbaches mit dem Neckar den Grund für eine Benennung im keltischen Sinne geliefert hat. In Koblenz fließen immerhin Rhein und Mosel zusammen und etwas weiter rheinaufwärts der Hochrhein und die Aare.

Doch vielleicht war ja Genügsamkeit bereits ein Charakteristikum für die Bewohner dieses Landstriches, lange bevor die Schwaben bis hierher vorgedrungen sind.

Crailsheim

Der Name mit dem Haken

Wen oder was hat der Ort Crailsheim beheimatet, wovon ihm der Name geblieben ist? Ob Person oder Gegenstand: Die Sache hat in jedem Falle einen Haken.

Der Name der Stadt Crailsheim an der Jagst wurde anno 1136 noch *Croweleshelm* geschrieben. Der Ort könnte mithin von einem Menschen namens *Krowel* gegründet worden sein. Das ist im wahrsten Sinne ein Spitzname. So schreibt Josef Karlmann Brechenmacher in seinem Buch über die Familiennamen, *Kreu(e)l* komme vom mittelhochdeutschen Wort *kröuwel*, das eine Gabel mit hakenförmigen Spitzen oder Haken zum Packen und Zerren bezeichne. Allerdings leite sich der Übername wohl kaum von einem Mann ab, der mit solchem Gerät hantiere; dazu sei der Name zu alt, zu verbreitet, zu vielförmig und der Begriff des Werkzeugs selbst zu unbestimmt. Vielmehr ziele der Name auf den „geistigen Habitus“: Er bezeichne einen Mann, „der etwas Spitziges im Wesen hat, [...] der leicht in Zorn ausbricht und dann schroff, rauh, hart wird, ein rücksichtslos durchgreifender Mensch“.

Demzufolge wäre mit dem Ortsgründer nicht allzugut Kirschen essen gewesen. Doch es gibt ja auch noch die Vermutung, daß der Name der Stadt Crailsheim gar nicht auf eine Person, sondern auf den Krail, Kräuel oder Krähl als solchen zurückgeht, den der Brockhaus von 1908 unter Gartengeräten führt. Das Althochdeutsche Wörterbuch ist da noch präziser. Es übersetzt *krewil* oder *krauwil* als „dreizinkige Gabel, Dreizack“.

Von dieser Annahme scheinen die Gestalter des schon um 1310 verwendeten Crailsheimer Stadtsiegels ausgegangen zu sein. Das nämlich zeigt drei Kraile mit jeweils drei hintereinandersitzenden Haken. Die hingen als Kesselhaken von der Decke herab und erlaubten, die Kochkessel in unterschiedlicher Höhe über dem offenen Feuer aufzuhängen. Doch ist eher unwahrscheinlich, daß jemand einen Ort nach diesem Küchengerät benannt hat.

Eine besonders bestechende Verbindung zwischen dem Personennamen und jenem Stück Eisen hat Sigmund Freiherr von Crailsheim in seiner 1905 erschienenen „Geschichte der Reichsfreiherrn von Crailsheim" hergestellt. Auch er führt den Ortsnamen auf einen Menschen – einen Ahnherren seiner Familie – zurück, der deswegen so bezeichnet worden sein könnte, weil er den Kräuel im Kampf und auf der Jagd besonders geschickt als Waffe einzusetzen wußte.

Wenn wir schon bei den Haken sind: Das nicht allzuweit entfernte Gaildorf hat ebenfalls welche im Wappen, die allerdings eindeutig als Flößerhaken zu identifizieren sind. Sie erinnern an die früher übliche Flößerei auf dem Kocher. Das heißt, diese Haken haben – im Gegensatz zu Crailsheim und seinen drei Krailen – überhaupt nichts mit dem gerne mißdeuteten Gaildorfer Ortsnamen zu tun. Der geht nämlich auf einen Gründer zurück, der den Übernamen *Gail* trug. Ein Schelm, wer Schlechtes dabei denkt: Das bedeutete damals einfach nur „fröhlicher Geselle". Ohne alle Ösen und Haken.

Däfern

Im Anfang war die Kneipe

Däfern klingt eher wie ein Zeitwort denn wie ein Ortsname: Ich däfere, du däferst, er / sie / es däfert etc. Besonders viel Sinn scheint hinter dem Namen jenes Ortsteils der Gemeinde Auenwald im Rems-Murr-Kreis nicht zu stecken, doch diese Annahme erweist sich natürlich als Irrtum.

In *Däfern* steckt die Taverne. Doch Vorsicht: Das bekanntermaßen aus dem Lateinischen stammende Wort bedeutet nicht, daß hier bereits die alten Römer gezecht haben. Die Taverne, die dem seit 1495 als *Tefern*, *Täffern* oder *Deffern* bezeugten Ort zugrundeliegt, zog als Lehnwort aus dem Italienischen ins Mittelhochdeutsche ein.

Als Ortsname ist die Taverne zweimal in die deutschen Lande eingewandert; zum ersten Male tatsächlich mit den Römern. Die nach deren *taverna* – das war die Krämerbude, Schänke oder Kneipe – benannten Flecken waren noch vor der Lautverschiebung gegründet worden, während welcher das *t* zum *z* mutierte. Dieser Wandel hat sich in den *Zabern*-Namen Rheinzabern und Bad Bergzabern niedergeschlagen.

Ein sehr fröhlicher Ort scheint das französische Saverne gewesen zu sein, das ursprünglich *tres tabernae*, also „drei Kneipen“, hieß. Die Römer haben aber nicht nur in Gallien gastronomische Aktivitäten entfaltet, sondern auch auf der iberischen Halbinsel, etwa in Tavernes de la Valldigna, Tavernes Blanques (weiße Wirtschaft), Tavèrnoles, Tabernanova (neue Kneipe), Ses Tavernes (sechs Kneipen) und wie die Orte sonst noch alle heißen.

Doch zurück nach Däfern und damit ins Mittelalter: Die *Tafern* war ein fester Begriff, zu dem Johann Andreas Schmeller in seinem Bayerischen Wörterbuch vermerkt: „Es übten in älteren Zeiten die Herren des Landes, Fürsten, Klöster, Edelleute und Städte allein das Recht, an ihre Unterthanen Wein oder Bier auszuschenken, d.h. Tafernen zu halten, die sie entweder durch eigene Diener (Tafernäre, Taferner) betrieben oder Andern in Pacht gaben."

Der Ortsname war also Omen, der Gast wußte, was ihn erwartete. Und heute? Die letzten paar Jahre war die gastronomische Szene Däferns verwaist. Doch inzwischen soll dort wieder eine Gastwirtschaft dem Namen des Dorfes alle Ehre machen.

Deppenhausen

Alternative „Dagobertshausen"

Die Namen mancher Orte können für deren Bewohner zur Strafe werden. Ein solcher Ort ist *Deppenhausen* im Alb-Donau-Kreis.

Manche Deppenhausener sollen schon ausgewandert sein, weil sie die diesbezüglichen Hänseleien satt hatten. Mindestens zweimal im Jahr werden die Ortsschilder geklaut, und Reisebusse entleeren sich am Ortseingang, weil sich die Touristen mit dem Schild ablichten lassen wollen.

Was haben sich die Gründer des Ortes wohl gedacht, als sie ihre Siedlung tauften? Die Antwort ist einfach: nichts Schlimmes. Sie taten das, was landauf landab zur Zeit der Merowinger bei derlei Gründungen üblich war: Sie benannten ihren neuen Ort vermutlich nach ihrem Häuptling.

Ob der ein Depp war, ist heute nicht mehr feststellbar. Doch nicht sein geistiger oder charakterlicher Zustand war für die Namengebung ausschlaggebend, sondern sein Eigenname. Und der dürfte *Tappo* gelautet haben.

Das *-hausen* ist typisch für Ortsbenennungen während des fränkischen Landesausbaus. Es ist ein alter Dativ-Plural und bedeutet „bei den Häusern". Somit heißt *Deppenhausen* nichts anderes als „Siedlung des Tappo".

Was aber bedeutet der Name *Tappo*? Es dürfte sich um eine Kurzform des Namens *Dagobert* handeln, der eine Lichtgestalt bezeichnet. So hat ein König geheißen, der von 629 bis 639 das Frankenreich regierte, doch so richtig populär wurde dieser

Name erst im 20. Jahrhundert, nachdem die Disney-Übersetzerin Dr. Erika Fuchs den Entenhausener Geizkragen *Scrooge McDuck* im Deutschen auf *Dagobert* taufte.

So betrachtet, könnte man Deppenhausen ohne weiteres in *Dagobertshausen* umbenennen. Und Disney würde vielleicht sogar die neuen Ortsschilder sponsern.

Donau

Weiblich durch Mißverständnis

Die Donau fließt 2850 Kilometer weit durch Europa und fast ebenso viele Jahre lang durch die europäische Geschichte. Als Hesiod um 700 v. Chr. über sie berichtete, nannte er sie *Ister*.

Donau: Man benötigt kein übermäßig scharfes Auge, um beim Blick auf die europäische Landkarte eine auffällige Häufung des Anfangsbuchstabens *D* unter den größten Flüssen des Kontinents festzustellen. Diesem *D* folgt entweder unmittelbar oder nach einem Vokal ein *n*: Donau, Don, Dnjeper, Dnjester. Auch in Großbritannien gibt es Flüsse namens Don, Doon, Doone und Donwy, die allerdings nicht annähernd das Format ihrer kontinentalen Namensvettern erreichen.

Der Schein trügt nicht: Wie die Sprachwissenschaftler herausgefunden haben, gibt es in der Tat eine uralte Verwandtschaft zwischen all diesen Namen. Sie wurzeln in der indogermanischen Silbe *da-*, die etwas Flüssiges, Fließendes beschrieb. Sie steckt in der altindischen Vokabel *danu* (Flüssigkeit, Tropfen), in dem altpersischen Wort *danu* (Fluß, Strom) und im ossetischen Substantiv *don* (Wasser, Fluß).

Sowohl der russische Don als auch die Donau gehen auf ein indogermanisches *Daneuios* zurück, das, wie die Endung verrät, männlich ist. Hingegen entspringen die verwandten Namen der oben genannten britischen Flüsse einer weiblichen indogermanischen Form, *Daneuia*. Aus diesem kleinen Unterschied im grammatikalischen Geschlecht schließen die Spezialisten, daß der Name auf Zeiten vor den Kelten und Germanen zurückgeht.

Aus dem (männlichen) Daneuios wurde der schon von Caesar so genannte Danuvius, und weil die alten Römer im ersten Jahrhundert nach Christus dazu übergingen, das *v* wie ein *b* zu sprechen, wurde aus Danuvius ein Danubius – immer noch männlich.

Die Donau wurde erst in der deutschen Sprache und aufgrund eines Mißverständnisses weiblich. Denn als der Flußname seine althochdeutsche Form *Tuonouwe* angenommen hatte, wurde die Endung *ouwe* als das gleichlautende Wort aufgefaßt, das heute *Au* heißt. Donau schien somit die „Au des Don" zu sein, kurz: die Don-Au. Und beim *Die* ist es dann geblieben.

Nun war eingangs davon die Rede, daß das älteste Zeugnis über die Donau vom Griechen Hesiod stammt, der den Fluß allerdings nur *Ister* nannte. Dieser Name galt genaugenommen nur für den Unterlauf der Donau, die später vom römischen Dichter Ovid daher zurecht als der *zweinamige Fluß* besungen wurde.

Übrigens hat auch der Name *Ister* viele Vettern, nämlich aus der Wurzel *is-* (sich schnell bewegen). Und diese Verwandtschaft, unter anderem mit Isar und Isère, werden wir im Kapitel über Isny näher kennenlernen.

Ellwangen

Die Begegnung mit dem Elch

Elche kennen wir heute nur noch aus den nördlichen Ländern, wo Autos eigens getestet werden, ob sie für die Begegnung mit solchen Riesensäugern gewappnet sind.

Die Begegnung mit einem Elch war es angeblich auch, die für den Namen der Stadt Ellwangen den Anlaß geboten haben soll. So zumindest berichtet der Mönch Ermenrich in der Lebensbeschreibung des Hariolf, der anno 764 zusammen mit seinem Bruder Erlolf in Ellwangen das erste Benediktinerkloster im Gebiet des heutigen Württemberg gegründet hat. Auf der Jagd hätten Hariolf und seine Freunde einen Elch gefangen, wonach der Ort *Elehenfanc* genannt worden sei.

Elche in den Schwäbisch-Fränkischen Waldbergen? Das nahe bei Ellwangen gelegene Ellenberg hat sogar einen Elch im Ortswappen. Doch da diese Siedlung vermutlich von Ellwangen aus gegründet wurde, dürfte Ellenberg ganz einfach nach Ellwangen benannt worden sein, etwa *Elhen(wang)berg*.

Zu *Ellwangen* läßt sich mit Gewißheit sagen, daß das *-wangen* nichts mit *fangen* zu tun hat, wie der klösterliche Chronikschreiber gemeint hat. Es handelt sich vielmehr um das alte Wort *wang*, das ein Feld, eine Wiese oder Weide bezeichnet. Ist Ellwangen also die „Siedlung bei der Elchwiese"?

Kann sein, kann aber auch nicht sein. Es dürfte sich eher um die „Siedlung beim Weideland des Alaho" gehandelt haben, denn es gibt in der näheren Umgebung eine Reihe von *-wang*-Namen, die mit Personennamen gebildet sind – wozu auch Mutlangen (von Muoto), Metlangen (von Mato), Geiselwang (von Gisilo) und Dauerwang (von Turo) gehören.

Dennoch sind Elche in Ortsnamen nicht völlig auszuschließen. Laut Förstemanns Altdeutschem Namenbuch standen sie für bayerische Dörfer namens Ellbach oder Elbach Pate. Sollte der Elch jedoch tatsächlich auch für Ellwangen namengebend gewesen sein, dann sicher nicht in dem Sinne, daß seinesgleichen auf der so benannten Wiese friedlich zu äsen pflegte, wie etwa Ochse oder Stier, nach deren Weiden Ochsenwang im Landkreis Esslingen und Humlangen im Alb-Donau-Kreis benannt sind.

Humlangen? Richtig gelesen: Darin steckt *der* Hummel oder Hummeler, wie man auf schwäbisch den Zuchtstier zu nennen pflegte. Natürlich könnte man auch eine Wiese für die gleichnamige honigsaugende und dicht behaarte Insektenart annehmen, was aber mit Blick nach *Ochsenwang* und infolge vergeblicher Suche nach *Bienenwang* weniger wahrscheinlich ist. Oder sollte – wie in Ellwangen – auch hier eine Person im Spiel gewesen sein? Immerhin gibt es in Deutschlands Norden eine Kommune namens *Hummelsbüttel*, die auf einen Gründer namens Hunmar zurückgeführt wird. (Die Endung *-büttel* kommt aus dem Altsächsischen und bedeutet Wohnstätte.)

Während Namen wie *Ochsenwang* und *Humlangen* auf das Grasen von Ochsen oder Zuchtstieren zurückgehen, das zu beobachten nicht sehr aufregend war, so zählen Ortsnamen, in denen irgend ein Wildtier auftaucht – etwa der Hirsch oder der Auerochse (Ur) – zu den „Ereignisnamen". Sie beziehen sich auf eine unerwartete Begegnung jener Art, wie sie der Mönch Ermenrich geschildert hat und derentwegen skandinavische Autoprüfer den Elchtest erfunden haben. *Urach* beispielsweise bedeutet frei übersetzt „der Bach, wo ich den Auerochsen traf" – nicht zu verwechseln übrigens mit Urspring, wo ganz einfach die Lone ihrer Ursprung hat.

Doch damit wollen wir die Ochsentour vom Elch zum Ur abbrechen, bevor noch jemand ins Schleudern gerät.

Frauenzimmern

Ein Hauch von Harem?

„Gibt's da auch Männer?" Mit dieser bangen Frage reagierte der kleine Sohn eines Kollegen auf den Anblick des Ortsschildes, als der Vater sein Fahrzeug durch Frauenzimmern lenkte.

Der Ausgewogenheit halber sei darauf hingewiesen, daß es neben *Frauenzimmern* auch *Herrenzimmern* gibt. Die Anhängerinnen jener Bewegung, welche die Anrede *Frau* durch *Dame* ersetzen wollen, müssen allerdings enttäuscht werden: Ein *Damenzimmern* scheint es nicht zu geben, ebensowenig ein *Männerzimmern*.

Das mag daran liegen, daß das alte Pendant zu *Herr* eben *Frau* war, und das zum *Mann* das *Weib*. Ein *Weiberzimmern* gibt es übrigens auch nicht. Dafür gibt es das neutrale *Zimmern* als solches ebenso wie Dörrenzimmern, Dürrenzimmern, Wüsten- und allen möglichen anderen -zimmern.

Nun ist ein Zimmer der Teil einer Wohnung, die Wohnung Teil eines Hauses und das Haus Teil einer Siedlung. Was hat unsere Altvorderen veranlaßt, ihren Dörfern den Namen der kleinstmöglichen Wohneinheit zu verpassen?

Zimmer kommt von althochdeutsch *zimbar*, und dieses Wort bezeichnete nicht nur den Wohnraum, sondern auch das Bauholz. Daß dieses für manchen Ort namengebend wurde, ist ein Hinweis darauf, daß dort aus Balken und Bohlen errichtete Blockbauten standen, die sich von den weniger massiven Fachwerkbauten des Mittelalters unterschieden. Das *-n* am Ende bezeichnet den Dativ; *Zimmern* bedeutete somit „bei den Blockhäusern".

Wer nun *Frauenzimmern* vorschnell mit „bei den Frauenhäusern“ übersetzen möchte und hinter der Siedlung jenes Namens ein früheres Sodom und Gomorrha wittert, liegt falsch. Das Gegenteil war der Fall: Mit den *Frauen* sind wohl die Zisterzienserinnen gemeint, die 1245 ihr Kloster hierher verlegten.

Verweilen wir, nachdem der Ortsname nun hinreichend gedeutet ist, noch einen Augenblick bei den Frauenzimmern als solchen: Wie kommt es eigentlich, daß Frauen derart bezeichnet werden?

Ursprünglich war mit *vrouwenzimmer* tatsächlich der Wohnraum der Frau – in diesem Falle der Fürstin – gemeint. Dann übertrug sich die Bedeutung auf das Gefolge, das sich dort aufhielt. Vergleichbares geschah mit dem Wort *Harem*, das ursprünglich ebenfalls nur bestimmte Räume meinte, dann aber auf die Bewohnerinnen übertragen wurde und heute gar die Bedeutung von Vielweiberei erlangt hat. Doch damit haben wir uns vielleicht doch etwas zu weit von Frauenzimmern im Verwaltungsraum Güglingen entfernt.

Grab

Keineswegs Endstation

In *Grab* zu wohnen, ist sicher nicht jedermanns Sache, denn die Adresse hat etwas ziemlich Endgültiges an sich. Doch die etwa 600-köpfige Einwohnerschaft des Dorfes im Rems-Murr-Kreis sei recht lebendig, so versichern Ortskundige. Schließlich leitet sich der Name ihres Dorfes auch nicht her von der Endstation des Erdendaseins, sondern von *Graben.*

Dieser Graben, auf den sich der zum Ortsnamen gewordene Flurname bezieht, wird von den Historikern als „obergermanischer Limes“ bezeichnet. Um etwa 150 n.Chr. hatten die Römer ihre Grenze vom Neckar weg verlegt, um sie weiter östlich entlang der Linie Öhringen – Murrhardt – Welzheim mit Wall, Graben und Wachtürmen zu befestigen.

Noch heute sind Spuren von jenen Wällen und Gräben an manchen Stellen deutlich zu sehen, auch auf der Gemarkung von Grab. Das hieß in älteren Urkunden noch *Grabe(n)*, was weniger tödlich klingt als die heutige Version. Eine älteste Form aus dem 13. Jahrhundert lautet *Graben* und eine aus dem Jahr 1471 *Grabe.*

Daß uralte Festungsgräben namengebend waren für Orte, die erst Jahrhunderte später gegründet worden sind, zeigt auch das Beispiel Grabenstetten. Diese Gemeinde, die etwa 20 Kilometer von Reutlingen entfernt ist, liegt auf einer Hochfläche der Schwäbischen Alb wie auf einer Halbinsel, die ins tiefer gelegene Umland ragt und nach drei Seiten steil abfällt. Dieses leicht zu verteidigende Gebiet ist nur durch einen schmalen Hals mit

der Alb verbunden. An dieser Stelle haben die Kelten, welche das Plateau besiedelten, im zweiten Jahrhundert v. Chr. eine Verteidigungslinie gezogen. Die gehört neben den anderen Gräben des Oppidums zu den noch immer hervorragend sichtbaren Beispielen keltischer Befestigungswerke.

Diese Wallanlagen sind bekannt als *Heidengraben*, wobei dieser Name das Bewußtsein widerspiegelt, daß die Wälle in vorchristlicher Zeit erbaut wurden. Und die bei diesen Gräben gegründete Siedlung wurde naheliegenderweise *Grabenstetten* genannt.

Für alle, die gerne in der Geschichte graben, scheinen *grab*haltige Ortsnamen jedenfalls ein ergiebiger Boden zu sein.

Gruorn

Geknurre statt Grunzlaut

Gruorn ist ein Geisterdorf: Ein Hinweisschild kündet noch von jenem Ort, den es nicht mehr gibt. Und jährlich zu Pfingsten pilgern alte *Gruolerner* in die Richtung, die jenes Schild zeigt.

Gruorn – das ist ein grollender Grunzlaut, unter dem sich niemand etwas Konkretes vorstellen kann. Auch das Dorf Gruorn als solches ist kaum mehr etwas Konkretes, denn 1937 wurde die damals 665 Seelen zählende Gemeinde bei Münsingen aufgelöst: Das Dorf fiel der Erweiterung des Truppenübungsplatzes zum Opfer, der 1895 eingerichtet worden war. Jedes Jahr am Pfingstsonntag erhalten die noch lebenden Gruolerner und ihre Freunde die Genehmigung, im militärischen Sperrbezirk ihr altes Dorf und was noch davon übrig bzw. wieder aufgebaut ist, zu besuchen.

Damit ist bereits ein Phänomen angesprochen, nämlich daß die Bewohner von Gruorn *Gruolerner* hießen, was wiederum damit zusammenhängt, daß auch das Dorf selber bei den Bewohnern und Nachbarn nicht *Gruorn*, sondern *Gruol* genannt wurde. Das geht schließlich leichter über Zunge und Lippen als die offizielle Schreibweise – die allerdings die historisch verbürgte ist: In den ältesten, allerdings nicht hundertprozentig sicheren Quellen, etwa aus dem 10. Jahrhundert, ist von *Gruoren* die Rede, und noch 1680 wurde der Ort *Gruorn* geschrieben. Doch was bedeutet jener urige Name?

Es besteht ein Zusammenhang zwischen der geographischen Lage des Dorfes, das am Rande des Münsinger Harts liegt, und seiner Bezeichnung: Es hat im Mittelhochdeutschen das längst vergessene Substantiv *ruore* gegeben, das auch im *Aufruhr* steckt. Die Hunde *ze ruore lân* bedeutete, sie zur Hatz auf das Wild loszulassen; im Schwäbischen ist noch 1609 das Wort *Ruhrhund* für eine Art Jagdhund nachweisbar.

So wie aus dem *Mus* der Sammelbegriff *Gemüse* wurde, bildete sich zu *ruore* die kollektive Erweiterung *das Geruore*, und mit der bei Ortsnamen üblichen Dativ-Endung *-n* wurde daraus dann *Gruorn*. Reichardt deutet diesen Namen daher als „Ort, wo die Meute der Jagdhunde gehalten wird". Und so verwandelt sich im Lichte der Sprachforschung der vermeintliche grimmige Urlaut zum jagdlüsternen Hundegeknurr.

Hannober

Mit b und ohne Leine

Ha no! Hannober in Oberschwaben? In der Tat: Das gibt es, und zwar im Landkreis Ravensburg. Hannober ist ein Teilort der Gemeinde Waldburg.

Wie kommt ein Ort im oberdeutschen Südwesten eigentlich zu einem Namen, dessen Ursprung eher im niederdeutschen Norden zu suchen ist? Um nicht lange darum herumzureden: Die Antwort scheint niemand zu wissen. Zumindest haben alle konsultierten Heimatkundler, Archivare und Bibliothekare auf die Frage nach dem Hintergrund jener Ortsbenennung passen müssen und auch in der einschlägigen Literatur keine Hinweise gefunden.

Hannober: Daß es sich hierbei um ein Haus mit sechs Einwohnern handle, meldet die Beschreibung des Oberamts Ravensburg, die Ober-Finanzrat v. Memminger 1836 verfaßt hat. Einem Heimatbuch über Waldburg ist immerhin zu entnehmen, daß Hannober bis 1829 „aus einem Einzelhof (Wirtschaft)" bestanden hat. Doch über das Alter dieses Hofes finden sich keine Angaben.

Man kann also nur spekulieren: Hat ein Sohn der berühmteren niedersächsischen Landeshauptstadt hier die Finger im Spiel gehabt? Oder hat der Ort gar irgendetwas mit dem Fürstenhaus Hannover zu tun, das bekanntlich nicht nur eine Reihe deutscher Kurfürsten, sondern von 1714 bis 1837 auch die englischen Könige namens Georg (vom Ersten bis zum Vierten) gestellt hat?

Da sich also keine andere Erklärung anbietet als irgendein Bezug zu Hannover, wollen wir verlegenheitshalber eben den Namen jener Stadt am Ufer der Leine näher betrachten. Diese geographische Lage ist der Schlüssel des Verständnisses: Hannover besteht, wie Ortsnamenforscher Dieter Bergers schreibt, aus den mittelniederdeutschen Wörtern *ho* (hoch) und *over* (Ufer) und bedeutet somit „am hohen Ufer". Er verweist auf weitere Ortsnamen mit demselben Sinn wie Hannöver bei Berne in der Wesermarsch und die Elbinsel Hahnöfersand südwestlich von Blankenese. Und er bringt auch noch die englische Stadt Heanor in Derbyshire ins Spiel, die anno 1236 noch Henovere geschrieben wurde und auf altenglisch *hean ofre* zurückgeht, was wiederum „auf dem hohen (Berg)rücken" bedeutet.

Aber das sind alles Orte von jenseits der Mainlinie – weit weg also von Hannober in Oberschwaben.

Härtsfeld

Hartes Land und weiches Harz

Härtsfeld – dieser Landschaftsname und seine Schreibweise dürfte die Rechtschreibreformer entzücken. Denn sie läßt des Wortes karge Wurzel erkennen, die da lautet: *hart*.

„Wer Vater und Mutter net folgt, kommt aufs Härtsfeld." Diesen alten Spruch hat Hermann Fischer in seinem Schwäbischen Wörterbuch überliefert. Dort charakterisiert er diese Gegend auch gleich: „welliges Plateau des oberen weißen Jura, rauh und wenig fruchtbar".

Das im Ostalbkreis gelegene Härtsfeld muß demzufolge früher als ein wenig angenehmer Aufenthaltsort gegolten haben. *Hertfeld* lautet die älteste Schreibung aus dem 11. Jahrhundert, und der Name bedeutet schlicht und einfach „hartes Feld". Das klingt nun furchtbar banal, ist es aber nicht. Denn *hart* hat einen weiteren, heute weitgehend vergessenen Sinn: Im Mittelhochdeutschen hat dieses Wort auch den Bergwald oder einen waldigen Höhenzug bezeichnet.

So bedeutet der häufige Ortsname *Harthausen*, der auch im Ostalbkreis vorkommt, nicht etwa „harte Siedlung", sondern „Siedlung am oder im Wald". Es gibt mehrere Gegenden, welche diesen alten Waldnamen tragen: die Haardt am Ostrand des Pfälzer Waldes, die Haard bei Recklinghausen im Münsterland oder die Hardt bei Ebingen auf der Schwäbischen Alb.

Auch der berühmte Harz, das nördlichste deutsche Mittelgebirge, gehört in diese Reihe. Anno 781 wurde er noch *Hart* geschrieben; das *z* am Ende hat er vermutlich von der Harzburg, die ursprünglich *Hartesburch* – also: Festung im Wald – geheißen hatte. Der Harz hat übrigens nichts mit der gleichnamigen klebrigen Ausscheidung der Bäume zu tun. Dieses *Harz* hat ungewisse Wurzeln, möglicherweise ist es dem Altindischen entlehnt.

Hart im Sinne von Wald steckt auch in Ortsnamen wie *Murrhardt*, der früher jenes Waldgebirge an der Murr bezeichnete, das heute – doppelt gemoppelt – *Murrhardter Wald* heißt. Um den Ausflug in den Wald abzurunden: Auch im Spessart steckt der *hart*, vereint mit althochdeutsch *speht*, der Specht. Spessart bedeutet also „Spechtswald"; das gilt auch für den Spessart bei Ettlingen, Spetzgart bei Überlingen am Bodensee und Spexard bei Gütersloh.

Inzwischen sind viele der Heiden des einstmals kahlen Härtsfelds zum Bedauern der Landschaftsschützer mit Fichten aufgeforstet. Dennoch hat der Name *Härtsfeld* mit diesem Wald nichts zu tun, sondern ausschließlich mit Härte im dürrsten Sinn des Wortes.

Heidenheim

Heide, Heido und Heidenei!

Heidenheim – der Name, so will man meinen, spricht für sich: Heimstätte der Heiden. Das Stadtwappen bestätigt dies und zeigt einen bärtigen solchen. Aber natürlich ist alles wieder ganz anders.

In Heidenheim haben schon im achten bis fünften vorchristlichen Jahrhundert die Kelten gesiedelt, die zwangsläufig Heiden sein mußten, weil das Christentum damals noch nicht erfunden war. Anno 85 n. Chr. rückten andere Heiden an: die alten Römer, welche hier, an ihrem Alb-Limes, zunächst ein Lager, dann ein Kastell und schließlich eine Siedlung bauten. Die gewann im Nordwesten der römischen Provinz Rätien eine gewisse Bedeutung, wie sich an den stattlichen Grabungsfunden im Stadtzentrum ablesen läßt.

Angesichts solch nachhaltigen heidnischen Wirkens liegt es nahe, damit den Ortsnamen zu erklären. Und so teilt die Stadt Heidenheim auch heute noch über Internet der ganzen Welt mit, daß der im 8. Jahrhundert urkundlich erstmals erwähnte Namen „möglicherweise auf die damals noch sichtbaren römischen, d.h. heidnischen Ruinen Bezug nahm“.

Doch dieser Erklärung sind schon in der Vergangenheit die Ortsnamenforscher skeptisch gegenübergestanden, und Lutz Reichardt, Verfasser des Ortsnamenbuches für den Landkreis Heidenheim, erklärt diese Deutung rundheraus für falsch. Zum einen, so argumentiert er, sei die Siedlung von Alemannen zu einem Zeitpunkt gegründet worden, als „ein vom Christentum zeugender Name äußerst unwahrscheinlich" sei. Außerdem seien zu jener Zeit Orte nicht nach theologischen Begriffen, sondern nach Personen benannt worden.

Und daher übersetzt Reichardt *Heidenheim* mit „Siedlung des Heido" und stellt es in eine Reihe mit dem mittelfränkischen Heidenheim (Kreis Weißenburg-Gunzenhausen), Heidenhofen im Schwarzwald-Baar-Kreis und Heiwiller im Departement Haut Rhin in Frankreich.

Nun gibt es aber noch eine ganze Reihe von Flurnamen, die tatsächlich auf die Heiden verweisen: Heidenschmiede, Heidenbühl, Heidengraben, Heidenklinge oder Haidenloch. Doch diese Namen sind noch nicht so alt. Sie stammen aus dem Spätmittelalter oder aus der Neuzeit und spiegeln die Vorstellungen wider, welche die Menschen damals beim Anblick von uralten Grabhügeln, Wallanlagen oder Höhlen entwickelt haben.

Da wir schon bei den Heiden sind: Woher kommt eigentlich der schwäbische Lieblingsfluch „Heidenei!"? Hermann Fischer hat in seinem Schwäbischen Wörterbuch die vollständige Fassung dieses Fluches wiedergegeben. Sie lautet: „Kotz' Heide nei."

Heuneburg

Die Hunnen und die Keltenburg

Sie wird gelegentlich als schwäbisches Troja bezeichnet, die Heuneburg im Landkreis Sigmaringen. Auf ihr residierte einst ein Keltenfürst. Aber ihr Name ist alles andere als keltisch.

Mit Troja wird die Heuneburg deswegen verglichen, weil dort zahlreiche Siedlungs-Schichten übereinanderliegen – vom 3. Jahrtausend v. Chr. bis ins 11. nachchristliche Jahrhundert. Ihr Name allerdings dürfte jünger sein. Er erinnert uns an die *Hünengräber*, wie man in Deutschlands Norden die Megalith-Gräber oder die Grabhügel nennt. Einer ihrer größten, der über 13 Meter hohe *Hohenmichele*, ist übrigens nahe der Heuneburg zu finden.

Der Begriff *Heune(n)burg* ist nicht einmalig. Er entspricht der *Hünenburg* oder *Hünenschanze*, und in der Tat ist *Heune* mit *Hüne* gleichzusetzen. Wir verstehen darunter einen Riesen – allerdings erst seit dem 13. Jahrhundert. Der mittelhochdeutsche Vorläufer des Hünen oder Heunen gilt hingegen eher als kleinwüchsig: *hiune* bedeutete nichts anderes als *Hunne*, althochdeutsch *hun(i)*.

Nun sind die Hunnen allerdings erst im 4. Jahrhundert über Europa hereingebrochen, als die Heuneburg ihre Glanzzeit längst hinter sich hatte und der letzte ortsansässige keltische Adlige längst unter seinem Grabhügel vermodert war. Auch haben die Archäologen dort zwar alles mögliche, aber keine hunnischen Pfeilspitzen gefunden.

Daß die Heuneburg und alle ihre Namensverwandten dennoch so heißen, hängt mit dem Bedeutungswandel des Wortes zusammen, unter dem man irgendwann nicht mehr die asiatischen Reiterhorden verstand, sondern ein sagenhaftes, vorzeitliches Volk von Riesen, für das es vielleicht einen heute nicht mehr bekannten, aber ähnlich lautenden Begriff gegeben hatte. So mag dieses Riesenvolk in der Phantasie verschmolzen sein mit den Hunnen und auch mit den Ungarn, die im 10. Jahrhundert Angst und Schrecken in Deutschland verbreitet haben und auf die der Begriff *hiune* ausgeweitet wurde.

Heune oder *Hüne* übersetzt man daher am besten mit „Mensch aus der Vorzeit", und somit bedeutet *Heuneburg* so etwas wie „prähistorische Verteidigungsanlage". Statt der Hünen wurden bei Benennungen für solch auffällige Bodendenkmale gelegentlich auch die Heiden herangezogen, wie etwa im Falle des *Heidengraben*, einer keltischen Wallanlage bei Grabenstetten, dessen Name damit auch gleich erklärt wäre.

Gelegentlich sind die Heunen übrigens erbärmlich geschrumpft: Als das Wort niemand mehr kannte, wurde etwa ein Heunenbühl zum Hühnerbühl oder ein Heunenbrunnen zum Hennenbrunnen. Dies ist der stolzen Heunenburg glücklicherweise erspart geblieben.

Hohenlohe

Fluren, Fürsten, Schlitzohren

Hohenlohe – sucht man diesen Begriff im Lexikon, so findet man Fürstennamen in allen Kombinationen, einen Hohenlohekreis und die Hohenloher Ebene. Der Hohenloher als solcher fehlt jedoch.

„Hohenlohe, fränkisches Fürstengeschlecht. Erstmals 1153 erwähnt als Herren von Weikersheim ...“, so steht es in Meyers Enzyklopädie, welche auch die diversen Linien dieses Geschlechtes aufzählt von Hohenlohe-Bartenstein bis Hohenlohe-Waldenburg-Schillingsfürst.

Man erfährt ferner, daß die Hohenloher Ebene ein „am Fuß des Schwäb.-Fränk. Schichtstufenlandes sich halbkreisförmig vom Neckar bis zur Tauber hinziehendes, in W-O-Richtung von 200 m auf 500 m ü. d. M. ansteigendes, flachwelliges Hügelland vom Typ der südwestdt. Gäulandschaften“ ist. Doch von der Spezies der Hohenloher, der die Schlitzohrigkeit als hervorstechendste Volks-Charaktereigenschaft nachgesagt wird, und von ihrer Mundart, dem Hohenlohischen, ist nicht die Rede.

Das heißt: Hohenlohe wird von den Lexikon-Machern fast ein Jahrhundert nach Abschaffung der Monarchie noch immer unter dynastischen Gesichtspunkten abgehandelt, und nicht unter kulturellen und sprachlichen. Dieses Manko hat der Hohenlohe-Experte Walter Hampele wettgemacht, indem er im Band 79 von „Württembergisch Franken“ einen tiefgründigen Aufsatz über „Das Hohenloher Schlitzohr“ vorgelegt hat. Darin unternimmt er den Versuch, aus der Geschichte jenes

Landstriches eine Art „Nationalcharakter“ seiner Bewohner abzuleiten.

Der Name *Hohenloher* kennzeichnet also keineswegs nur die Mitglieder des gleichnamigen Fürstenhauses, sondern auch die Menschen, die *im Hohenlohischen* wohnen und *Hohenlohisch* reden. Im übrigen hatten die fürstlichen Hohenloher, die jenen Namen über das Land verbreiteten, sich selber ursprünglich nach allen möglichen Burgen benannt, nach Pfitzingen, Rötringen und Weikersheim. Erst anno 1178 übernahmen sie den Namen ihrer neuen Burg Hohenlohe bei Uffenheim.

Der Name dieser Burg wiederum ist nichts anderes als ein ehemaliger Flurname mit der Bedeutung „Siedlung im hochgelegenen Wald“. Denn das mittelhochdeutsche Wort *lo(c)h* bedeutet „lichter Wald, Gebüsch, bewachsene Lichtung“.

So betrachtet, liegt hier eine Art Kettenreaktion vor: Ein Flurname wird zum Burgnamen, der zum Adelsnamen und der zum Landschaftsnamen, welcher sich schließlich auf die Bevölkerung, deren Kultur und Sprache überträgt.

Hohenstaufen

Von Staufen und vom Saufen

Wer hätte das gedacht, daß der stolze Name der Staufer etwas mit einem Trinkgefäß zu tun hat? Allerdings muß dies nicht als Hinweis auf irgendwelche Vorlieben jener Familie verstanden werden.

„Friedrich zeugte Friedrich von Buren, Friedrich von Buren zeugte Herzog Friedrich, der Stophen gründete, Herzog Friedrich von Stophen zeugte mit der Tochter des König Heinrich den Herzog Friedrich. Herzog Friedrich zeugte den König Friedrich."

So lautet ein Stammbaum Friedrich Barbarossas. Er dokumentiert nicht nur eine bemerkenswerte Bequemlichkeit bei der Suche nach Vornamen für die Stammhalter, sondern auch den Anfang des Namens Staufen: Heinrich von Bühren hatte im 11. Jahrhundert eine Burg dieses Namens gebaut. Und die wurde dann zum Stammhaus der berühmten Staufer.

Den Namen hat aber mit Sicherheit nicht jener Vater aller staufischen Friedriche erfunden, auch wenn dies nicht im Widerspruch zur oben beklagten Phantasielosigkeit in puncto Namenauswahl stünde. Denn Berge namens *Staufen* sind fast so häufig wie Staufer namens Friedrich.

Stauf ist die inzwischen vergessene Bezeichnung für einen Becher ohne Fuß. Manche Berge erinnerten unsere Altvorderen offenbar an einen auf dem Kopf stehenden fußlosen Becher. Das wirft sofort die Frage auf, wie viele Staufe geleert werden mußten, bis solche Assoziationen wach werden konnten.

Nüchtern und wissenschaftlich betrachtet, gehört *Staufen* zu den „metaphorischen“ Bergnamen, welche einen Vergleich zu etwas herstellen. Dazu zählt auch der *Kogel*, der nicht etwa mit dem Kegel verwandt ist, sondern mit der *cuculla*, wie die Lateiner die Mönchskapuze nannten. Horn, Haupt und Kopf mußten ebenfalls zum Vergleich herhalten, selbst der Grind, der in der Hornisgrinde steckt.

An weiteren für Bergnamen geeigneten Körperteilen ist uns der Buckel vertraut, die Nase schon etwas weniger. Man stelle sich vor, jener Friedrich hätte einen Berg namens Nase für seine Burg auserkoren: Die stolzen Kaiser hätten dann mit Nachnamen *von Hohennasen* geheißen.

Apropos *Hohen-*: Dieses kam erst im 14. Jahrhundert vor *Staufen*. Der Zusatz sollte die Burg vom dazugehörigen Dorf unterscheiden. Bleibt die Frage, ob dieser Unterscheidungswille womöglich doch etwas mit hohen Nasen zu tun hat.

Hohenzollern

Keltenfürst auf Hohenzollern?

Hohenzollern – das ist nicht nur der Name einer berühmten Familie, der die Leser(innen) der Regenbogenpresse in Verzückung versetzt. Auch deren Territotium wurde so genannt – nach einem Berg.

Der Hohenzollern, auf dem sich seit dem vergangenen Jahrhundert das „schwäbische Neuschwanstein" erhebt, ist ein Berg am Albtrauf, südlich von Hechingen. Spätestens seit dem Jahr 1061 haben dort die Grafen von Zollern gewohnt, die sich drei Jahrhunderte später *Hohenzollern* nannten.

Sie hatten den Namen von dem Berg übernommen, auf dem sie sich niedergelassen hatten. Doch was soll dieser Name bedeuten? Betrachtet man die ältesten Schreibweisen, so wird man auch nicht viel schlauer: Von *Zolra* war im Jahr 1100 die Rede, anno 1111 von *Zolro*, 1134 von *Zolr*, 1150 dann schon von *Zollern*.

Es liegt nahe, an den ungeliebten Zoll zu denken. Verdienten die Zollern ihre Brötchen womöglich als Zöllner? Immerhin ist das Wort *Zoll* im Sinne von Abgabe schon im 8. Jahrhundert in die deutsche Sprache eingedrungen. Es stammt vom griechischen *teloneion* ab, das „endgültige Zahlung" bedeutet und als das mittellateinische *toloneum* zu uns kam.

Was spricht gegen diese Erklärung? Michael Buck, der sich in seinem 1880 erschienenen Buch über die oberdeutschen Flurnamen ausführliche Gedanken über *Zollern* gemacht hat, erklärt, daß es rein praktisch betrachtet doch recht unwahrscheinlich sei, daß ein Zolleinnehmer auf einem Berg hause, während die zollpflichtige Ware unten durch das Tal befördert wird.

Was soll *Zollern* sonst bedeuten? Die Ortsnamenforschung geht schon seit längerem davon aus, daß dieser Name keltischen Ursprungs ist. Doch weiterer Deutungen enthalten sich die heutigen Sprachgeschichtler, während der bereits zitierte Michael Buck, im Hauptberuf Arzt, wagemutiger zu Werke ging.

Auch Buck glaubt an einen keltischen Ursprung des Wortes und verweist auf die irischen Vokabeln *tul* (Berg) und *tulan* (Hügel). Aus einem solchen Grundwort könnte, so folgerte er, ein Eigenschaftswort *tolerios* oder ähnlich gebildet worden sein. Und so erstand vor Bucks geistigem Auge ein Keltenfürst, der seine Burg – altkeltisch *likos* – auf diesem Berg baute und sie *lukos tolerios*, auf deutsch: „Bergfeste" nannte, von der im Lauf der Jahre nur noch *Tolerio* übrigblieb, das sein *T* dann in ein *Z* umwandelte.

Lag Buck mit seiner Diagnose richtig? Sie ist nicht unumstritten, aber eine plausiblere Erklärung hat bisher noch niemand geboten.

Holzmaden

Nicht jedes Mädle ist ein Maid

Es gibt Fleischmaden, Obstmaden und Holzmaden. Während die beiden erstgenannten Wörter jene fleischigen, prallen und fußlosen Insektenlarven bezeichnen, die sich gerne im sprichwörtlichen Speck – oder eben auch im Obst – aufhalten, meint Holzmaden etwas ganz anderes, was allerdings auch mit Tieren zu tun hat; genauer gesagt: mit Urviechern.

Holzmaden ist eine Gemeinde, die 20 Kilometer südöstlich von Esslingen liegt. Ihre Bewohner können allen Versuchen, ihnen den Namen ihres Wohnortes madig zu machen, ganz einfach dadurch trotzen, daß sie seine Herkunft erläutern. Diesem Ortsnamen liegt ein Flurname zugrunde. Die ursprüngliche Bedeutung lautet „Bei den Wiesen im Wald".

Das *Holz* meint in diesem Falle also einen Wald. Der zweite Teil des Wortes – man möchte in diesem speziellen Falle fast von einem „Wurmfortsatz" sprechen – ist allerdings nicht mit der Made verwandt. Ebensowenig mit dem Mädle, sondern mit der Matte, aber nicht im Sinne von Matratze, sondern von Wiese.

Hermann Fischer schreibt das Wort in seinem Schwäbischen Wörterbuch ohne *h* und nennt als Mehrzahlform *Maden* oder *Mäder*. Er übersetzt *Mad* mit „einmähdige Wiese, die einmal im Jahr gemäht und dann beweidet wird".

Die mit *Mad* gebildeten Flurnamen, die Fischer aufführt, sind Legion. Natürlich sind hier auch die *Maden* vertreten, aber die *Mädlen* nicht minder. Mädleinsberg und Mädleinsäcker ebenso wie das Medlistal sind also nicht nach holden Maiden, sondern

nach grünen Mahden benannt. Fischer nennt noch weitere Flurnamen, die mit *Holz-* zusammengesetzt sind: *Holzmad* oder die Mehrzahl *Holzmäder*.

Wenn laut Fischer auch die Form *Holzmaden* ein Plural von *Holzmad* sein kann, warum übersetzen die Ortsnamenforscher diesen Namen nicht „die Wiesen im Wald", sondern „bei den Wiesen im Wald"? Dazu muß man die alten Schreibweisen betrachten: Im 12. Jahrhundert ist ein *Odalricus de Holzmadon* genannt. Das *-on* aber ist ein alter weiblicher Dativ Plural, und der bedeutet auf Neudeutsch eben „bei den ...".

Noch kurz ein Wort zu den eingangs erwähnten Urviechern: In Holzmaden, das am nördlichen Rande der Schwäbischen Alb liegt, ist das berühmte Museum Hauff. Dort sind die im Posidonienschiefer des schwarzen Jura versteinerten Ichthyosaurier sowie deren tierische und pflanzliche Zeitgenossen ausgestellt.

Honkling

Honkling und der duftende Hafen

Honkling – das klingt wie Hohn für die automatische Silbentrennung des Textverarbeitungsprogramms: Sie weiß nicht, wo sie das Wort trennen soll: Honk-ling (wie Brat-ling) oder Hon-kling (wie Hong-kong)?

Hongkong ist chinesisch und bedeutet auf deutsch „duftender Hafen". Was aber bedeutet Honkling? Da dieser Weiler in der Nähe von Schwäbisch Gmünd liegt, müßte sein Name eigentlich deutschen Ursprungs und daher auch irgendwie nachvollziehbar sein, selbst wenn die heutige Schreibweise etwas exotisch wirkt.

Fügen wir ein *h* hinzu, wird die Angelegenheit schon etwas verständlicher: *Hohnkling* steht etwa auch in einem Schriftstück aus dem Jahr 1789, und damit ist der Weg für weitere erhellende Zusätze geöffnet, die zu einem *Hohenklingen* führen können.

Damit ahnen wir zwar, daß Honkling in einer gehobeneren geographischen Lage zu suchen sein muß, doch das Wort *-kling* läßt viele nach wie vor ratlos, denn entweder denkt man an das Zeitwort *klingen*, oder es fällt einem die sprichwörtliche Klinge ein, über die niemand gerne springt oder mit der man sich beim Rasieren verletzt.

Der messerscharfe Schluß, daß dieser Ortsname vielleicht etwas mit Rittern und Schwertern zu tun haben könnte, liegt daher zwar nahe, ist aber falsch. Denn das Substantiv *die Klinge* hatte noch eine andere, inzwischen weitgehend vergessene

Bedeutung: „Gebirgsbach, Sturzbach" hieß auf althochdeutsch *klingo* oder *klinga*. „Schlucht, enges Tal", so steht in Hermann Fischers Schwäbischem Wörterbuch unter *Klinge*. Fischer überliefert auch ein Zitat zum praktischen Nutzen solcher Klingen: „Gespenster kann man entfernen, wenn man sie in eine Klinge nausträgt."

Da es im Lande nicht an Schluchten und engen Tälern mangelt, ist die Zahl der Orts- und Flurnamen Legion, die sich mit der Klinge verbinden: Klingenfeld, Klingenstein, Klingenteich – oder umgekehrt: Angstklinge, Hirschklinge, Fleischklinge. Oder eben Honkling, die „Siedlung über dem engen Tal", die in jeder Hinsicht weit entfernt ist vom „duftenden Hafen".

Horb

Im Anfang war der Sumpf

Es gibt ein deutsches Ortsnamenbuch, das dafür berüchtigt ist, daß es so gut wie jeden Ortsnamen auf Wörter zurückführt, die „Sumpf“ bedeuten. Im Falle von Horb ist das allerdings richtig.

Horb bezeichnet nicht eine von Menschen angelegte Siedlung, wie etwa die Ortsnamen auf *-ingen*, *-hausen* oder *-hofen*, sondern eine Stelle im Gelände. Solche Stellenbezeichnungen sind laut Karl Bohnenberger („Die Ortsnamen Württembergs“) häufiger als die Siedlungsbezeichnungen. Sie beschreiben unter anderem die Beschaffenheit des Bodens: War er sandig, lag ein Name mit *gries* (Sand) nahe. War er feucht, boten sich Vokabeln wie *ried*, *moos* oder eben *horb* an.

Horb mit „Sumpf“ zu übersetzen, ist die freundlichere der beiden Varianten, welche die 1904 bis 1907 erschienene Landesbeschreibung „Das Königreich Württemberg“ anbietet. Die andere lautet „Kot“. Ebenso übersetzt Hermann Fischer das Wort *Hor(b)* in seinem Schwäbischen Wörterbuch.

Zu den Ortsnamen, die auf das germanische Wort *hurhwa* (Schmutz) zurückgehen, gehört auch Hürben. Unter den weiteren mit Horb verwandten Orts- und Flurnamen nennt Fischer *Horbelholz*, *Horbatswiesen*, *Horlach*, sowie *Horaz*. Das hat in diesem Fall nichts zu tun mit jenem gleichnamigen römischen Dichter, welchem wir unter anderem die Literatur gewordene Aufforderung „Nunc est bibendum“ – Jetzt wird getrunken! – verdanken.

Unter den Stoffen, die sich zum Befolgen dieses Aufrufs eignen, sei aus naheliegenden Gründen der *Korber Kopf* hervorgehoben: Korb, woher dieser Tropfen stammt, klingt nicht nur ähnlich wie Horb, sondern könnte damit sogar kernverwandt sein. Jedenfalls wurde dieser Ortsname lange Zeit so interpretiert, daß vor ein *hurwe* – also Sumpf – ein zusammenfassendes *ge-* gesetzt wurde, wonach *Korb* soviel bedeuten würde wie „Gesumpfe".

Daran sind allerdings mittlerweile Zweifel aufgetreten. Als *Korb* wurde nämlich auch die (geflochtene) Hütte des Landarbeiters bezeichnet. Dann wäre *Korb* eine Siedlung gewesen, in der vorwiegend Seldner – das waren arme Landbewohner – lebten. Doch für Horb gibt es leider keine vorteilhaftere Erklärung als den Sumpf.

Zum Trost für die Horber sei darauf hingewiesen, daß auch hinter einem so bemerkenswerten Namen wie *Lutstrut* – zu finden im Ostalbkreis – nichts anderes steckt: Das *Lut-* kommt von dem Personennamen *Luzzi*; das Grundwort *-strut* aber ist ein vergessenes Substantiv, das vom althochdeutschen *struot* stammt, was „Sumpf" bedeutete. Im Mittelhochdeutschen wandelte sich das Wort zu *strut*, und die Bedeutung erweiterte sich zu „Flut, Meereswogen, Sumpf, Gebüsch, Buschwald, Dickicht". Insofern erhebt sich die Frage, ob *Lutstrut* ein sumpfiges oder ein buschreiches Terrain bezeichnet hat – oder gar beides. Diese Frage stellt sich auch bei den weiteren Orts- und Flurnamen, die mit Strut verwandt sind: Striedt, Strietle, Gstreut und die damit gebildeten Kombinationen wie Muckenstrutt oder Karrenstrietle. Lassen wir sie einfach offen.

Übrigens teilt Hermann Fischer in seinem Schwäbischen Wörterbuch unter *Strut* noch eine weitere Bedeutung mit, die hier nicht unterschlagen werden soll, nämlich „unzüchtige Weibsperson". Allerdings wäre es sicher verfehlt, Lutstrut mit „Luzzis unzüchtige Weibsperson" zu übersetzen. Denn auch in diesem Falle gilt die Regel: Ortsnamen kennzeichneten eher die Eigenschaften des Geländes denn die Eigenschaften von Siedlersgattinnen – und seien es die größten Sumpfhühner gewesen.

Hundersingen

Des Pudels Kern: der „hunteri"

Des Deutschen bester Freund ist bekanntlich der Hund. Aber so groß, daß man Siedlungen nach dieser Spezies benannt hätte, ist die Liebe dann auch wieder nicht – zumindest nicht im Fall von Hundersingen.

In Baden-Württemberg gibt es drei Orte dieses Namens, einen im Landkreis Sigmaringen, einen im Landkreis Reutlingen und einen im Alb-Donau-Kreis. Woher der Name kommt, ist umstritten. Unstrittig ist lediglich, daß er nichts mit singenden Hunden zu tun hat.

Ortsnamen, die auf *-ingen* enden, sind meist auf Personen bezogen. Diese Endung bedeutet, frei übersetzt, „bei den Leuten des ...". Sie wurde gerne an den Namen eines Häuptlings oder des Gründers einer Siedlung angehängt; berühmtes Beispiel ist *Sigmaringen*, was demzufolge „bei den Leuten des Sigmar" bedeutet. Andere Ortsnahmen diesen Typs sind heute nicht mehr so leicht zu erkennen, etwa *Dautmergen* im Zollernalbkreis, das anno 1275 noch *Tutmaringen* hieß, also „bei den Leuten des Tutmar".

Wie diese Beispiele lehren, könnte *Hundersingen* die Siedlung „bei den Leuten des Huntheri" bezeichnet haben, wie etwa der Ortsnamenforscher Karl Bohnenberger annahm. Doch es gibt eine wesentlich interessantere Deutung, wonach dem Ortsnamen kein Rufname, sondern ein Titel, ein Rang zugrundelag, nämlich der *hunteri*. Das war der Anführer einer Hundertschaft.

Darüber, was man sich unter einer solchen Hundertschaft oder *huntari* genau vorzustellen hat, streiten sich die Gelehrten. Im Handwörterbuch der Rechtsgeschichte steht über die alemannischen Hundertschaften, dies seien fränkische Schöpfungen des frühen 7. Jahrhunderts gewesen. Als Militärsiedlungen nach römischem Muster sollten sie entlang der alten Römerstraßen die fränkische Herrschaft in Alemannien sichern. Im Lauf der Zeit seien sie dann zum Herrschaftsbereich ihrer Anführer geworden. Insofern wäre es durchaus plausibel, daß der Ortsname Hundersingen sich auf diese Amtsbezeichnung bezieht.

Es gibt ein stichhaltiges Indiz für diese Lesart. So liegt das Hundersingen des Alb-Donau-Kreises in unmittelbarer Nähe von Munderkingen, und das war der Hauptort der 792 erstmals genannten *Muntariheshuntari*, der „Hundertschaft des Munderich“. Das andere Hundersingen im Landkreis Reutlingen liegt gleich bei Münsingen, welches wiederum der Hauptort der 961 genannten *Munigiseshuntere* war, der „Hundertschaft des Munigis“.

Die jeweiligen Hundersingen könnten daher die neuen Wohnorte der jeweiligen Hundertschafts-Vorsteher gewesen sein. Der Ortsname wäre dann nach Lutz Reichardt zu übersetzen als „bei den Leuten des Zentenars“ oder „bei den Leuten, die in der vom Zentenar gegründeten Siedlung wohnen“.

Des Pudels Kern im Falle des Ortsnamens Hundersingen ist also nicht hündischer, sondern verwaltungstechnischer Natur.

Iller

Schwester Aller und Base Ilse

Die Iller mündet bei Ulm in die Donau und trennt seit Napoleon Bayern und Württemberg. Doch *Iller* hieß sie schon lange, bevor es Württemberger, Deutsche, Germanen oder gar Ulmer gab.

Es gibt anschaulichere Flußnamen als *Iller*, etwa die Schwarze und die Weiße *Elster*. Doch wer darin den Namen einer berüchtigten schwarz-weißen Vogelgattung zu erkennen glaubt, liegt falsch: Die Elster hat mit dem diebischen Rabenvieh überhaupt nichts, mit der Iller hingegen soviel zu tun wie die Ilse und die Else.

Doch beginnen wir von vorn, in Europas spätindogermanischer Vergangenheit, bevor sich die Einzelsprachen Keltisch, Germanisch, Illyrisch etc. herausgebildet hatten. Schon damals hielten es die Menschen für ratsam, ihrer Umgebung Namen zu geben. Viele Flüsse, die damals eine Bezeichnung erhielten, haben diese bis heute behalten – verändert zwar, aber im Kern immer noch *alteuropäisch*, wie man diese Namenschicht nennt.

Jene *Wasserwörter* gehören zur ältesten Namenschicht. Es handelt sich dabei um Gewässerbezeichnungen, die auf die feinen Unterschiede zwischen den einzelnen Bächen und Flüssen hinwiesen. Über solche „feineren und feinsten Bedeutungsschattierungen“ habe der frühe Mensch, der die Natur genau beobachtet habe, in reichem Maße verfügt, so schreibt Hans Krahe, der Papst der Gewässernamenkundler.

Eines dieser *Wasserwörter* ist die indogermanische Wurzel *el-*

oder *ol-*. Sie bedeutet „fließen, strömen“. Auf sie gehen einige Flußnamen in ganz Europa zurück wie *Ola*, *Ala*, *Ahla* und vielleicht die *Elle*. Diese Wurzel hat aber auch Erweiterungen um diverse Mitlaute erfahren, etwa die Erweiterung mit *v*. Die führte zu Flußnamen wie *Olve*, *Alva*, *Alaw*, *Alwyn*, *Allan* oder *Allen* u.s.w.

Andere Erweiterungen wurden mit *m* gebildet, etwa *Alme*, *Almo* oder *Ilm*, weitere mit *n* wie *Eaulne*, *Olana* oder *Olenne*. Trat zum *n* noch ein *t*, ergab dies Namen wie *Alantia*, woraus dann die *Elz* wurde.

Die Iller aber gehört zu den *r*-Erweiterungen und ist damit tatsächlich direkt verwandt mit der Aller – auch wenn man dies für einen Kalauer halten möchte: Iller und Aller, die Schwestern! Zu den Cousinen gehören dann die Else und die Ilse, die in Deutschlands Norden fließen, sowie die Elsa in der Toscana. Ilse, Else und Elsa haben natürlich nichts zu tun mit den gleichlautenden Mädchennamen, die nicht aus Europas Sumpflandschaften stammen, sondern aus der Bibel, von der hebräischen Elisabeth. Dieser fromme Name bedeutet „Gott ist meine Verheißung“.

Bleibt noch die Elster: Sie ist, wie die Alster, eine *str*-Erweiterung. Somit zählt sie eher zu den Basen zweiten Grades, aber dennoch zu den Verwandten der Iller.

Ipf

Berg mi „pf" bei Stadt mit „pf"

Man sollte möglichst keine Speisen oder Getränke im Mund haben, wenn man den Namen jenes Berges zusammen mit dem der Stadt ausspricht, die ihm zu Füßen liegt: „Bopfingen am Ipf".

Noch ungewöhnlicher als der Name des Ipf ist seine Form. Im Gegensatz zu den sonstigen wohlgerundeten Zeugenbergen der Alb sieht er aus wie ein geköpftes Ei: Statt in einer Spitze oder Wölbung gipfelt er in einem Plateau. Das ist, wie man beim Erklimmen seiner nicht eben schwindelerregenden Höhe feststellen wird, von mächtigen Ringwällen umgeben. Die ältesten davon dürften etwa 3000 Jahre alt sein, die jüngeren enthalten keltische Trockenmauern aus der Hallstattzeit (etwa 750-450 v. Chr.).

Der Ipf könnte Sitz eines Keltenfürsten gewesen sein, so wird gemutmaßt. Nun mag man einwenden, daß *Ipf* wenig majestätisch klingt, aber dieser Einwand ist unberechtigt, denn zum einen könnten die Kelten dies anders empfunden haben. Zum anderen aber ist *Ipf* das vorläufige Ende einer sprachlichen Entwicklung, die vermutlich mindestens so alt ist wie die Ringwälle.

Allerdings kennen wir diese Entwicklung erst von dem Moment an, als sie ihren Niederschlag auf der Tabula Peutingeriana gefunden hat. Diese *Peutingersche Tafel* ist die im 12. Jahrhundert angefertigte Kopie einer römischen Straßenkarte, die auch den Ipf nennt, allerdings hieß er damals noch *Opie*. Die

Forscher gehen davon aus, daß die Grundform *Opia* hieß, was ein Gewässernamen gewesen sein könnte.

Was bedeutet *Opia*? Die Antwort, das sei die Mehrzahl von lateinisch *Opium*, ist zwar grammatikalisch richtig, gibt aber wenig Sinn, zumal man sich hierzulande wohl auch schon zu Zeiten der Kelten und Römer lieber vermittels gegorener Getränke berauscht hat.

Da bedeutende Namenforscher es aufgegeben haben, die Bedeutung von *Opia* zu ergründen, brechen wir die Sinnsuche ab und fragen lieber, wie das vokalreiche *Opia* zu einem *Ipf* verkümmern konnte. Das *p* des alten, vorgermanischen Namens verdoppelte sich, als die Germanen ihn übernahmen und *Oppi* daraus machten. Später wurde das *pp* zu *pf* wie beim Appel, der zum Apfel reifte. Das *o* verflachte zum *u*, so daß wir einen althochdeutschen Bergnamen *Upfi* annehmen dürfen. Von da war es nicht mehr weit zum mittelhochdeutschen *Üpfe*, der Rest ist bekannt.

Allerdings gibt es auch eine alte Chronik, die von einem *Nimpf* spricht und damit Spekulationen über namengebende Nymphen ausgelöst hat. Doch *Nimpf* und das ebenfalls belegte *Nipf* lassen sich ganz banal mit einer gewissen Maulfaulheit erklären, man ging eben *uf'n Ipf*, und wenn man auch noch näselte, *uf'n Impf*. Etwa von Bopfingen aus, der „Siedlung bei den Leuten des Bobo".

Isny

Vergebens nach Isis gegraben

Weil sich unter *Isny* niemand etwas vorstellen kann und weil die Menschen hinter allem, auch hinter Isny, einen Sinn suchen, haben sie den Namen mal von *Eisen*, mal von *Isis* abgeleitet.

Das älteste Siegel der Stadt Isny im Allgäu zeigt ein Hufeisen. Es wurde 1288 an eine Urkunde geheftet und ist der beste Beweis dafür, daß schon damals die Leute keine Ahnung mehr davon hatten, was *Isine* – so hieß die Stadt in jener Zeit – bedeutete.

Damals wurde das heutige *Eisen* noch *Isen* ausgesprochen, wovon nach wie vor Familiennamen wie *Isenmann* oder *Isenbart* künden. Also hatten die Altvorderen allen Grund zur Annahme, daß *Isny* einen Ort bezeichnete, an dem Eisen produziert wurde. Allerdings gibt es keinerlei Hinweis für eine Eisenförderung in Isnys Umgebung, und somit entbehrt das Hufeisen, das die Stadt noch heute in ihrem Wappen trägt, jeglicher Substanz.

Wesentlich reizvoller als ein solcher Hufschoner ist zweifellos die ägyptische Göttin Isis, die auch von den in Germanien stationierten Römern verehrt wurde. Daher reizte der Gedanke, Isny sei an der Stelle eines herrlichen Isis-Tempels erbaut worden, schon im 16. Jahrhundert die Humanisten, wie Ortsnamenforscher Norbert Kruse in einem Aufsatz über den Namen Isny mitteilt. Zwar wurde noch 1855 nach diesem Tempel gegraben, doch herausgekommen ist dabei nichts außer einem Begräbnis für diese exotische Namensdeutung.

Eine dritte Variante, die schon Matthäus Merian in seiner 1643 erschienenen „Topographia Sueviae“ wiedergegeben hat, leitet Isny von dem „fürüberfliessenden Wasser Ysne“ ab. Und das ist die richtige Erklärung.

Heute heißt dieses Gewässer *Isnyer Aach*, was den Anschein erweckt, daß der Fluß nach der Stadt benannt wurde. In Wahrheit ist es umgekehrt: *In fluvio Hisinina* – am Fluß Hisinina – heißt es in einer Urkunde aus dem Jahr 1171. Daraus rekonstruieren die Sprachforscher eine Grundform *Isinina*, die zu den alteuropäischen Gewässernamen zählt. Zu dieser Familie gehören noch andere, nicht allzuweit entfernte Flüsschen wie die Argen und die Schussen, die einmal *Arguna* und *Skudina* geheißen haben dürften.

Die Wurzel des Namens Isinina ist *is*, und das bedeutet „sich schnell bewegen“. Diese Wurzel steckt auch in den Flußnamen Ise, Isen, Iser, Isar, Isère, Oise, Isonzo und wohl auch Ijssel. Wir sehen also: Wenn *Isny* auch nicht gerade aus Ägypten stammt, so ist es doch ein Name von wahrhaft europäischer Dimension.

Jagst

Götzens Heimatfluß

Der Name der Jagst erweckt unterschiedliche Assoziationen. Die einen denken an das Waidwerk (ich jage, du jagst), die anderen an den schwäbischen Gruß.

Die Jagst entspringt bei Ellwangen und mündet bei Bad Wimpfen in den Neckar. In ihrem Tal liegt unter anderem die Burg Jagsthausen, auf der einst ein Ritter namens Götz von Berlichingen lebte. Der soll seinem Kaiser ausrichten lassen haben, er könne ihn hinten lecken, was Goethe in eine etwas griffigere literarische Form gebracht hat.

Dieses Zitat wird auch gerne als „schwäbischer Gruß" bezeichnet, weil die Schwaben diese Worte angeblich auch dann ausstoßen, wenn sie – etwa über eine unerwartete Begegnung – positiv überrascht sind. Somit ist das Zitat auch geeignet, um Ergriffenheit über die Schönheiten des Jagsttales zu signalisieren.

Aber damit sind wir auf der Suche nach der Bedeutung des Flußnamens *Jagst* noch nicht viel weitergekommen. Gibt es einen Zusammenhang zur *Jagd*? Darüber hat immerhin Adolf Bacmeister in seinen „Alemannischen Wanderungen" (1867) nachgedacht. Jagst und jagen könnten auf einen gemeinsamen Grundbegriff zurückgehen, der „eilen" bedeute, so wie auch die Yacht mit jagen zusammenhänge.

Zwar hat Bacmeister recht, was die Yacht betrifft, denn die geht tatsächlich auf schnelle Jagdboote zurück. Doch die Jagst wird von den neueren Flußnamenforschern anders gedeutet.

Natürlich ist auch hier wieder nach den ältesten Schreibweisen zu fahnden, und in denen hatte die Jagst zwar noch kein *t*, dafür aber ein weiteres *a*: *Jagas* hieß sie vor etwa tausend Jahren.

Das *t* kam erst Ende des 14. Jahrhunderts hinzu. Mit dieser Entwicklung bildet die Jagst übrigens keinen Einzelfall: Die *Axt*, die angeblich den Zimmermann erspart, so man sie im Hause hat, hieß früher *ax*, das *Obst* früher *obs* und der *Palast* *pallas*.

Es wird also angenommen, daß der Jagst einmal eine vordeutsche *Jagasa* zugrundegelegen hat. Die geht zurück auf eine indogermanische Wurzel *ieg* oder *ig*, die Eis bedeutete. Damit wäre die Jagst „die Kalte“ oder „die Eisige“.

Auf dieselbe Wurzel soll auch der Gaibach bei Bitburg zurückgehen, der in älteren Schriftquellen *Iaghine* heißt. Auch im fernen England findet sich eine Verwandte namens Eign, die einmal *Igene* geheißen hatte. Und möglicherweise gehört auch der vom römischen Naturforscher Plinius beschriebene *Iactum* in diese eisige Familie. Das ist ein Nebenfluß des Po, welcher nun aber mit der Jagst, mit Götz und seinem Zitat überhaupt nicht zu tun hat.

Judentenberg

Judith, die Jüten und Juthungen

Judentenberg heißt ein kleines Dorf im Landkreis Sigmaringen. Eine ehemalige jüdische Siedlung? Nein. Was dann? Cherchez la femme – es steckt eine Frau dahinter.

Der Name *Judentenberg* legt nahe, an eine jüdische Gemeinde zu denken. Doch die in Deutschland lebenden Juden bildeten keine eigenständigen Siedlungen, weshalb es auch keine Orte gibt, die nach ihnen benannt wären.

Allerdings existiert eine Reihe von Flur- und Wegenamen, die auf die Juden im Mittelalter hinweisen. Der Ortsnamenforscher Günther Kapfhammer hat 1990 in seiner Untersuchung über Judenwege vermutet, daß es in Europa wohl ein besonderes Wege- und Straßennetz gegeben hat, das von den hier lebenden und Handel treibenden Juden benutzt wurde. Dafür werden unterschiedliche Gründe angenommen; sie reichen von obrigkeitlichem Zwang, der den Juden bestimmte Wege vorschrieb, über Zeitgewinn durch kurze Direktverbindungen bis hin zum „verdeckten Weg", der entweder den Zoll umgehen oder aber die Reisenden vor Nachstellungen schützen sollte.

Doch im Fall von Judentenberg liegt der Fall anders: *Judintunberch* lautet die älteste Schreibweise aus dem 11. Jahrhundert. Dies wird übersetzt mit „Berg der Judinta". In *Judinta* steckt die Wurzel *Jud* oder *Jut*, und die ordnen die Personennamen-Spezialisten den Jüten oder Juthungen zu.

Die Jüten waren ein nordgermanisches Volk, die Juthungen ein ostgermanischer Stamm. Zwar haben weder Jüten noch Juthungen dieses Dorf gegründet. Doch könnte die Erinnerung an sie im Frauennamen *Judinta* stecken. Allerdings – und damit sind wir wieder bei den Juden – kommt für die Deutung von *Judinta* ebenfalls der alttestamentarische Name *Judith* in Frage, der auch unter den alten Deutschen recht beliebt war und „Jüdin" bedeutet.

Ob Judith oder Judinta: Das Ungewöhnliche an diesem Ortsnamen ist, daß er auf einen Frauennamen zurückgeht. Wie im Fall der Ortschaften, deren Namen von Männern herrühren, müßte auch diese Benennung auf die Anfänge jener Siedlung zurückgehen, vermutlich also auf die Gründerin.

Wer aber war dann jene Dame, die hier Wurzeln schlug und deren Name in *Judentenberg* verewigt ist? War sie die Witwe eines Häuptlings oder hatte sie sich, wie einst Johanna von Orleans, ohne Beihilfe eines prominenten Gatten Respekt verschafft? Die Frage wird wohl leider offen bleiben müssen.

Jux

Das Dorf zum Spielberg

„Das war ein Jux", so formulierte einst der schwäbische Dichterfürst Friedrich Schiller in seinen „Räubern". Dieser Jux, im Sinne von Tollerei, kommt vom lateinischen *iocus*, was Scherz bedeutet.

Der Ortsname Jux hat zwar auch mit guter Laune zu tun, aber nicht mit dem iocus. *Jux* hieß nämlich in einer Urkunde aus dem Jahr 1243 *Iuches*. Vermutlich besteht ein Zusammenhang mit dem Verb *juchzen*. Das wird im Dialekt verschieden ausgesprochen, wie Hermann Fischers Schwäbischem Wörterbuch zu entnehmen ist. Nicht nur *juchzga* tut der Schwabe, sondern auch *juuzga* oder *juxa*.

Die Vorstellung eines Dorfes, in dem nur gejubelt wird, widerspricht allerdings jeglicher menschlicher Erfahrung. Und wenn wir den Ortsnamen interpretieren wollen als „Ort, wo man jauchzt", dann ist damit keine Siedlung notorischer Stimmungskanonen gemeint, sondern ein Festplatz. Denn Jux liegt am Fuße des 533 Meter hohen Juxkopfes, und man kann davon ausgehen, daß der Name dieser Erhebung auf das Dorf übertragen worden ist.

Damit kommt der *Spielberg* ins Spiel. Diesen Namen verbindet man heutzutage mehr mit weißen Haien, Außerirdischen und geklonten Dinosauriern. Doch bevor Spielberg zum Familiennamen für Erfolgsregisseure wurde, bezeichnete dieses Wort ganz einfach einen Berg, auf dem gespielt wurde. Entsprechend verhält es sich mit den Begriffen Spielwald oder Spielwiese.

Spiel war früher mehr als Mensch-ärgere-dich-nicht und dergleichen; es war ein Sammelbegriff für Tanz, Zeitvertreib, Scherz, Unterhaltung, Vergnügen, Saitenspiel, Schauspiel, Turnier und ähnlichem mehr.

Solche Spiele gab es nur zu bestimmten Zeiten. So gibt es Ortsnamenforscher, welche den *Spielberg* mit dem *Pfingsberg* gleichsetzen: Auf denen sei an den Pfingstmontagen in Verbindung mit verschiedenen Brauchformen der Austrieb des Viehs gefeiert worden.

Der Vollständigkeit halber ist anzumerken, daß es noch eine ganz andere Interpretation des *Spielberges* gibt, wonach damit Thingstätten gemeint gewesen seien. Diese Vermutung gründet darauf, daß *Spiel* auch Ding bedeutet habe, somit auch Rede und Verhandlung. Folglich seien *Spielberge* Orte der Versammlung gewesen, wo Gericht gehalten wurde.

Doch ob bei derartigen Verhandlungen Grund zum Jauchzen bestand, scheint fraglich. Wenn der Juxkopf also tatsächlich ein Spielberg war, dann wohl eher einer der heiteren Art. Insofern liegen alle, die den Ortsnamen *Jux* spontan als etwas Lustiges begreifen, im Grunde ganz richtig – auch wenn die Herleitung falsch ist.

Kellmünz

Der Pate: Einer von Roms Hügeln

Kellmünz – auf den ersten Blick scheint der Fall klar zu sein: Da drin stecken eine Kelle und eine Münze. Doch was sollen die beiden miteinander zu schaffen haben?

Daß alle auf deutschem Vokabular beruhenden Deutungsversuche ins Leere laufen müssen, liegt daran, daß der Name dieses Ortes auf einem Höhenrücken über der Iller lateinischen Ursprungs ist: *Caelius mons,* Berg Caelius, so wurde das spätrömische Kastell genannt – genau wie einer der sieben Hügel in Rom, der Hauptstadt des Imperiums.

Die Tatsache, daß es nicht *Zellmünz* heißt, beweist, daß der Name aus der Zeit stammt, da das lateinische C noch wie *K* gesprochen wurde. Damals wurde auch das Wort *cella* ins Deutsche importiert und zu *Keller*, während es beim späteren Zweit-Import entsprechend der inzwischen eingetretenen Veränderung des anfänglichen Konsonanten zur *Zelle* mutierte.

Kellmünz ist einer der wenigen Ortsnamen, die tatsächlich lateinischen Ursprungs sind. Das unterscheidet ihn von den zahlreichen anderen, in welche Historiker und Heimatkundler früher immer wieder römische Ursprünge hineingedeutet haben.

In den vergangenen Jahren haben die Archäologen das Kastell systematisch ausgegraben und waren erstaunt über das gewaltige, 28 Meter breite Kastelltor mit den vorspringenden Toren. Um das Jahr 300 ist diese Wehranlage gebaut worden. Dort wurde dann die *cohors III Herculea Pannoniorum* statio-

niert. Die Archäologen nehmen an, daß diese Einheit 300 Mann stark war.

Caelius mons schützte die Westgrenze der Provinz Rätien, den Donau-Iller-Rhein-Limes, zwischen den nächstgelegenen großen Stützpunkten Cambodunum (Kempten) und Guntia (Günzburg). Auf die Reste dieser Befestigung ist man erst im Jahr 1900 gestoßen, als die Wasserleitung gebaut wurde. In den folgenden Jahren wurden Türme und Mauern freigelegt.

In einem „Archäologischen Park" können heute die Reste von Caelius mons besichtigt werden.

Killer

Hier hat's einst kräftig geknallt

Killer, so warnt ein Schild vor einem stillen Ort im Killertal. Gerne lassen sich US-Touristen zähnefletschend und grimassenschneidend davor ablichten, und auf der Beliebtheitsskala der Ortsschilder-Klauer steht es weit oben. Sollte der Süden hier, unweit der Burg Hohenzollern, tatsächlich so wild sein, wie der Süddeutsche Rundfunk jahrelang suggerierte?

Der Name des Ortes klingt weniger mörderisch, wenn man die erste bekannte Schreibweise betrachtet: In einer Urkunde aus dem Jahr 1255 ist nämlich noch von *Kilwilar* die Rede, und das bedeutet „Kirchweiler".

Daß *-wilar* zu *-weiler* wird, leuchtet ja noch ein. Doch was hat *Kil-* mit *Kirche* zu tun? Der Übergang von *Kirche* zu *Kilche* ist buchstäblich fließend, denn die Konsonanten *r* und *l* sind sogenannte *Liquidae*, Fließlaute also, die sich dann recht nahe kommen, wenn man das *r* mit der Zunge spricht (und die nichts mit *Liquidieren* im Sinne von *Killen* zu tun haben).

Kilche ist alemannisch, *Kirche* schwäbisch. Die Kirche, die dem Weiler den Namen gab, soll im 7. Jahrhundert entstanden und weithin die einzige gewesen sein.

Des Ortsnamens zweiter Teil, *-weiler*, ist ein romanisches Lehnwort, das die merowingischen Franken aus dem romanisierten Gallien mitgebracht haben. Das läßt darauf schließen, daß Killer eine merowingische Ausbausiedlung war.

Nun wissen wir also: Es peitschen keine Schüsse durch Killer. Doch dafür knallten hier die Peitschen. Denn Killer war das

Zentrum der Peitschenfabrikation. Zwischen den beiden Weltkriegen wurden hier durchschnittlich 5000 Peitschen fabriziert – pro Tag!

Aktenkundig war die Geißel-Herstellung seit Mitte des 18. Jahrhunderts. Auslösend dürfte die karge Gegend gewesen sein, die der Landwirtschaft wenig Spielraum ließ und zu anderem Broterwerb zwang.

Nachdem die letzte Peitschenfabrik 1979 zugemacht hat, knallen nicht einmal mehr Peitschen in Killer. Höchstens vielleicht noch im Deutschen Peitschenmuseum, das als einziges seiner Art im Guinness-Buch der Rekorde steht.

Kirchentellinsfurt

Von Kilchen und Kirchen

Ein paar Kilometer von Tübingen entfernt grüßt ein Wort-Ungetüm vom Ortsschild: *Kirchentellinsfurt.* Dieser Fünfsilber ist nicht nur wegen seiner Länge bemerkenswert, sondern auch, wenn man ihn mit dem Namen des Tübinger Stadtteils *Kilchberg* vergleicht.

Kirchentellinsfurt ist ein Doppelname, der in der ersten verbürgten Fassung aus dem Jahr 1275 auch noch getrennt geschrieben ist: *Kilchain Tälisfurt.* Ein paar Jahre später, 1292, ist ein *Kirchain Tellinsfurt* genannt.

Der erste Name lautete nach heutiger Schreibweise *Kirchheim.* Dieses *-heim* taucht auch schon in einer lateinischen Urkunde aus dem Jahr 1007 auf, in der *Kirihheim* noch alleine stand. Anno 1179 ist dann wieder ein Ritter „Wernherus de Chilcheim" aktenkundig.

Ohne sämtliche weiteren historischen Schreibweisen von Kirchheim zu betrachten, wird jetzt schon offensichtlich, daß hier einmal von *Kirchheim* und einmal von *Kilchheim* die Rede ist. Und damit wären wir auch beim eingangs erwähnten Kilchberg, das heute noch mit *l* geschrieben wird, während sich in Kirchentellinsfurt seit 1292 das *r* durchgesetzt hat.

Da mag dem einen oder der anderen das Gedicht *lichtung* von Ernst Jandl einfallen, das da lautet: „manche meinen, lechts und rinks kann man nicht velwechsern. werch ein illtum!" In diesem Fall liegt arreldings kein Irrtum vor. Viermehl, so ist vom Mundartforscher Arno Ruoff zu erfahren, existierten lange Zeit beide Sprechweisen nebeneinander her. Der Unterschied war insofern nicht sehr groß, als das *r* noch mit der Zunge geformt wurde und so dem *l* nahe verwandt war.

Inzwischen ist das *l* auf dem Rückzug nach Süden ins Alemannische, wo man noch heute in die Kilch' geht. Weiter nördlich ist es im ein oder anderen Flur- oder Ortsnamen erstarrt.

Doch zurück nach Kirchentellinsfurt. Für das *Kirchheim* war eine Kirche namengebend, und da dieser Name nicht eben selten ist, wird er durch die geographische Angabe *bei Tellinsfurt* präzisiert worden sein. Das war ein Weiler, der bereits im 14. Jahrhundert eingegangen ist. *Tellinsfurt* kommt vom Tal bzw., schwäbisch verkleinert, vom *Täle* sowie von der Furt.

Mißt man den Namen *Kirchentellinsfurt* an seiner Aussage, ist er eigentlich noch vergleichsweise kurz. Die nämlich wäre zu übersetzen als „Siedlung bei der Kirche bei der Siedlung an der Furt im Tal".

Kocher

Von Köchen und Köchern

Der Kocher ist ein Nebenfluß des Neckars, der auf der Schwäbischen Alb entspringt und dessen Namen Anlaß bietet, einer Reihe nebensächlicher Fragen nachzugehen.

Was bedeutet *Kocher*? Heute, im Zeitalter der Karbid- und Campinggaskocher ist das keine Frage, auch wenn nach den Gesetzen der Wortbildung ein *Kocher* der Mann sein müßte, der kocht, so wie der *Schlachter* der Mann ist, der schlachtet.

Da sich aus *schlachten* auch der *Schlächter* bilden läßt, müßte man von *kochen* auch den *Köcher* ableiten können, was natürlich falsch ist. Denn der Behälter für die Pfeile, der im Mittelhochdeutschen übrigens ebenfalls *Kocher* hieß, stammt vermutlich vom hunnischen Wort *kukur*, mit welchem wir uns ziemlich weit aus dem Einzugsbereich des Kochers entfernt haben.

Doch wenn wir schon gerade beim Wortklauben sind, sei auch gleich noch der Frage nachgegangen, warum der Mann, der den Kochlöffel schwingt, nicht *Kocher* heißt, sondern nur Koch. Das wiederum liegt daran, daß der *Koch* nicht vom Verbum *kochen* abgeleitet ist, sondern vom spätlateinischen *coco*, das wiederum von *coquere* kommt, von dem auch das deutsche *kochen* stammt. Als übrigens die humanistische Mode aufkam, Familiennamen zu latinisieren, haben sich Familien namens *Koch* nicht etwa *Coco* oder *Coquus* genannt, sondern *Magirus*; das ist die lateinische Form des griechischen Kochs, des *mágeiros*.

Kocher als Flußname scheint einen nachvollziehbaren Sinn zu haben: Man stellt sich ein sprudelndes, schäumendes, eben *kochendes* Gewässer vor, und natürlich ist diese Vorstellung wieder einmal falsch. Denn der Kocher hat nichts mit der Tätigkeit des Kochens zu tun – obwohl er früher *Kochen* hieß, wie heute noch die nach ihm benannten Orte Oberkochen, Unterkochen, Kochendorf, Kochenburg und Neukochen.

Die ältesten bezeugten Formen waren *Cochara* und *Chochane.* Die Flußnamenforscherin Anneliese Schmid, die übrigens Verbindungen zum englischen Fluß Cocker herstellt, vermutet eine vorgermanische Form *Kukana*, die durchaus sinnvoll mit „die Gebogene" zu übersetzen wäre, da sie auf die indogermanische Wurzel *keuk* zurückgeht. Aus dieser Wurzel ist auch der Name der Stadt Cochem entsprossen, die an einer Biegung liegt, nämlich der Moselschleife.

Doch wie wurde *die* Kochen zu *dem* männlichen Kocher? Hier nimmt die Fachfrau an, daß einfach eine Umbildung stattgefunden hat, die sich am – ebenfalls männlichen – Neckar orientierte.

Konstanz

Der Name steht seit langem fest

Die erste Silbe im Ortsnamen von *Konstanz* legt den Verdacht nahe, daß da irgendetwas Lateinisches drinsteckt, ebenso wie im Konzil oder in der Konstanten.

Eine Konstante ist eine feststehende Größe, die vom lateinischen Verbum *con-stare* (zusammen-stehen, feststehen) abzuleiten ist. *constans* lautet das entsprechende Eigenschaftswort. Und da *standhaft* zu den eher seltenen und daher umso verehrenswürdigeren Charaktereigenschaften zählt, ist es kein Wunder, daß die alten Römer dieses schmeichelhafte Adjektiv auch zu Personennamen verarbeitet haben. Der bekannteste ist wohl der des Kaisers Konstantin (280–337).

Nach diesem ist anno 330 Konstantinopel – das heutige Istanbul – benannt worden: Konstantinopolis heißt Konstantinstadt. Und Konstanz? Die damals schon existierende römische Siedlung am Bodensee dürfte ebenfalls um jene Zeit einen neuen – ihren heutigen – Namen erhalten haben, allerdings nicht nach Konstantin dem Großen, sondern seinem Sohn Konstantius II. (317–361), von dem übrigens auch die rumänische Schwarzmeer-Stadt Konstanza ihren Namen hat.

Die Historiker begründen diese Annahme damit, daß Kaiser Konstantius II. im Jahre 335 gegen die alemannischen Lentientes zu Felde gezogen ist, die nördlich des Bodensees im Linzgau siedelten. Dessen Name erinnert noch heute an diesen Stamm.

Die römische Siedlung dürfte schon anno 14 n. Chr. existiert haben. Das ist aus dem Kleingeld zu schließen, das einer ihrer

Bewohner damals verloren hat und das die Archäologen unserer Tage gefunden haben. Daß diese Siedlung später umbenannt wurde, könnte mit einer größeren Befestigungs- oder Wiederaufbaumaßnahme zusammengehangen haben.

Allerdings scheint dieses *Constantia*, das erstmals in Schriften des 5. oder 6. Jahrhunderts erwähnt wird, schon relativ bald nach seiner Neubenennung in Trümmer gesunken zu sein, welche die Archäologen wieder freigelegt haben. Die Truppenverbände zogen 401 ab, der Limes am Bodensee und Hochrhein wurde aufgelassen. Dennoch scheint eine romanische Bevölkerung dort weitergelebt und den Namen der Siedlung bewahrt zu haben. Der wurde schließlich ins Alemannische übernommen und mutierte zu *Chostenz.*

Für den Namen *Konstanz* gab übrigens im 11. Jahrhundert der St. Galler Mönch Ekkehart IV. noch eine andere, geographische Erklärung: Dort würden, verbunden durch den Rhein, zwei Seen *zusammen-stehen* – lateinisch *con-stare.* Vielleicht dachte er dabei an das nahe Koblenz. Das hieß ursprünglich *ad confluentes* – „bei den Zusammenfließenden“, weil dort die Aare in den Rhein strömt.

Lauter

Lauter lautere Lautern

Trübes Wasser ist nicht erst eine Erscheinung des Industriezeitalters. Das ist dem Umstand zu entnehmen, daß es mehr als einen Fluß gibt, der *Lauter* heißt. Das Land fließt gewissermaßen über vor Lautern. Sie strömen in die Donau, den Neckar, den Rhein, den Glan, die Fulda etc. etc. *Lauter* gehört zur Klasse der germanischen Flußnamen; die Bedeutung des Wortes ist so klar wie lauteres oder geläutertes Wasser: „hell, klar, rein".

Wenn die alten Germanen es für sinnvoll hielten, einen Fluß nach seiner Eigenschaft *Lauter* zu nennen, muß es auch unlautere bzw. trübe Flüsse gegeben haben. Denn sonst hätte man ja vor lauter Lautern die Orientierung verloren, die solche Bezeichnungen bieten sollten. Daß es dennoch eine vergleichsweise stattliche Anzahl von Flüssen dieses Namens gibt, mag als Hinweis dafür gewertet werden, daß die Verhältnisse damals noch einigermaßen klar waren – zumindest im Bereich der Wasserqualität.

Vorteilhaft klingt auch der ebenfalls germanische Name des Neckar-Nebenflusses *Glatt*. Damit war nicht „lustig" gemeint wie im heutigen schwäbischen Sinne, sondern „blank, glänzend". Hierher gehört wohl auch die Blau. Dieser Name bescheinigt dem Flüßchen, das in Blaubeuren aus dem Blautopf quillt, eine Wasserfarbe, die im Falle der vielbesungenen Donau in den Bereich romantischen Wunschdenkens zu verweisen ist.

Lauter: Man mag einwenden, daß dies nicht unbedingt jenes saubere Eigenschaftswort sein muß, sondern auch eine Steigerung sein kann, nämlich die von *laut*. Denkbar ist auch, daß die Altvorderen damit einen Fluß bezeichnen wollten, der mehr Lärm verursachte als das stillere Nachbargewässer. Dieser Gedanke ist schon deswegen nicht von der Hand zu weisen, als es im Unstrut-Gebiet eine *Lude* gibt. Deren Name rührt vom althochdeutschen *hlut*. Und das heißt „laut, helltönend".

Doch das hat mit der Lauter nichts zu tun. Die kommt von althochdeutsch *hluttar*, was, wie schon erwähnt, „hell, klar, rein" bedeutete. Im Mittelhochdeutschen wurde es zu *luter*, das jedoch nicht verwandt ist mit dem Namen des Reformators und Bibelübersetzers. In *Luther* steckt nämlich hinten das Heer und vorn entweder das Volk (liut) oder das Laute, Berühmte (hluta).

Doch bevor die Betrachtungen über den Flußnamen Lauter noch weiter ausufern, halten wir's lieber mit Luther, der da gebot: „Tritt fest auf, mach's Maul auf, hör bald auf."

Mailand

Mit Milano nicht verwandt

Es wirkt schon etwas befremdend, im württembergischen Allgäu auf ein Ortsschild zu stoßen, das den stolzen Namen *Mailand* trägt. Bei näherem Hinsehen entpuppt sich dieses Mailand dann auch noch als zur Stadt Leutkirch gehörend.

Es gibt eine volkstümliche Erklärung für diesen Namen: Jenes Mailand liege an der Grenze zwischen freiem Bauernland und den Besitzungen der Fürsten von Waldburg-Zeil, auf deren Grund. Der Name rühre mithin daher, daß der Fürst sagte: „Des isch mei Land."

Diese Erklärung funktioniert natürlich schon deswegen nicht, weil auch ein oberschwäbischer Fürst zwischen *mei* und *Mai* unterscheidet, letzteres wie *Moi* sprechen würde und Mailand dieser Erklärung zufolge *Meiland* zu schreiben wäre. Was aber hat *Mailand* sonst für einen Sinn?

Walther Keinath, Verfasser des Buches „Orts- und Flurnamen in Württemberg", schreibt, daß Wochen-, Sonn- und Festtage, Monate und Jahreszeiten oft in Flurnamen enthalten seien. Der Verfasser glaubt, daß dafür in vielen Fällen Termine für Abgaben, für die Bodenbearbeitung, für Holzfuhren oder ähnliches ausschlaggebend waren. Auf Grundlage dieser Erkenntnis wäre *Mailand* als „das im Mai bestellte Land" zu deuten.

Nun geht die eingangs angesprochene Befremdung darauf zurück, daß man hinter dem Schild *Mailand* die große Stadt Milano erwartet. Zwischen Mailand im Allgäu und Mailand in

Italien liegt jedoch nicht einmal eine Namensvetternschaft vor. Denn Milanens deutscher Name ist weder vom Monat Mai noch vom Land abzuleiten.

Vielmehr ist jenes berühmte Mailand etwa 400 vor Christus von den Kelten gegründet worden. Die lateinische Schreibweise des keltischen Ortsnamens lautete *Mediolanum*, was „mitten in der Ebene" bedeutete. Dies schliff sich im Italienischen ab zu *Meiolano*, woraus *Milano* wurde, während es im Althochdeutschen zu *Mailân* und später zu *Mailand* mutierte.

Wenn nun eine Ulmer Innenstadtstraße, die heutige Hirschstraße, vor 1800 noch *Mailand* hieß, dann hat das wiederum nichts mit einem früheren Flurnamen zu tun, sondern mit der Stadt, deren Namen sich ein Zweig der Patrizierfamilie Ehinger zueigen machte. Ihre Sprösse hießen „Ehinger von Mailand". So übertrug sich der Name jener lombardischen Stadt auf die Ulmer Straße, in der sie wohnten.

Noch mehr zum Thema Mailand? Ein Schwabe wird antworten: „Noi, nex mai - land mr mei Ruah!"

Marbach

Mehr Mark als Mähre

Der eine denkt an Schiller, die andere an die Hengstparade: *Marbach* ist ein Ortsname, der nicht nur unterschiedliche Assoziationen zuläßt, sondern auch unterschiedliche Deutungen.

Orte namens Marbach gibt es jede Menge. Das Verzeichnis der Postleitzahlen nennt ein rundes Dutzend – eines davon übrigens bei Marburg –, und dann gibt es noch die, die es nicht mehr gibt. Allein in Baden-Württemberg sind drei von neun in der Landesbeschreibung genannten Marbächen „abgegangen“.

Betrachten wir zunächst die „Schillerstadt“ Marbach am Neckar (Landkreis Ludwigsburg), die sich hierfür alleine schon deswegen anbietet, weil sie dem Sprachwissenschaftler Lutz Reichardt ihren Schillerpreis für seine Leistungen auf dem Gebeit der Ortsnamenforschung zuerkannt hat.

Reichardt schreibt über Marbach, dies sei ein Gewässername, der auf die Siedlung übertragen wurde und der höchstwahrscheinlich „Grenzbach“ bedeute. Das Wort *Mark* im Sinne von Grenzgebiet ist auch heute noch geläufig. Es stammt vom althochdeutschen Wort *marc(h)a* (Grenze).

Allerdings gab es eine ähnliche althochdeutsche Vokabel, die *mar(a)h* lautete. Das bedeutet Pferd, hat in der (Schind-) Mähre überlebt und ist im Bretonischen lebendig, wo Pferd immer noch *marc'h* heißt. Rein sprachgeschichtlich spräche nichts dagegen, daß *Marbach* auch *Pferdebach* heißen kann. Jenes andere Marbach an der Lauter, welches das baden-württembergische Landesgestüt beherbergt, wiehert förmlich nach dieser Lesart.

Aber sie wäre falsch, wofür keine sprachlichen, sondern historische Gründe sprechen. Denn der Ortsname rührt zum einen aus Zeiten, als in Marbach noch niemand von einem Gestüt träumte. Außerdem liegt der Ort an der Grenze zwischen der *Munigiseshuntare* – das war das Gebiet des Münsinger Zentenars – und dem Kirchspiel um Gomadingen.

Grenzen waren mit hoher Wahrscheinlichkeit auch für andere Bäche und danach benannte Orte namengebend, etwa die Grenze zwischen den Bistümern Konstanz und Speyer für Marbach am Neckar oder die Grenze zwischen den Diözesen Mainz und Würzburg für Marbach im Main-Tauber-Kreis. Eine echte Grenzfeste war Marburg an der Drau, während das oben erwähnte Marburg an der Lahn ursprünglich Marbachburg geheißen hatte.

Es spricht beim Ortsnamen Marbach also alles für die Grenzmark und gegen die Mähre. Doch auch die hat ihre Spuren in der Liste der Ortsnamen hinterlassen. Aber nicht etwa in Mähringen, das auf einen Häuptling namens Moro – der Mohr – zurückgeht, sondern in Marchtal. Das war das Tal, in dem die Pferde grasten.

Maßhalderbuch

Maßholder, Affolter, apple-tree

Jedem fällt etwas anderes ein, wenn er im Landkreis Reutlingen dem Ortsschild *Maßhalderbuch* begegnet. Der eine denkt an den ersten Wirtschaftsminister der Bundesrepublik, den seine Leibesfülle nicht daran hinderte, das Maßhalten zu predigen; andere denken weniger an *das* als vielmehr an *die* Maß, die sie gerne halten würden; Geistesmenschen konzentrieren sich gerne auf die letzte Silbe.

Das Schöne auch an diesem Ortsnamen ist: Keine der Vermutungen trifft zu. Es handelt sich um eine Komposition aus zwei vergessenen Wörtern. Wer schließlich weiß heute noch, daß *Maßholder* die altertümliche Bezeichnung für Ahorn ist?

Dieser *Maßholder* ist verwandt mit dem *Maat*, der in seiner ursprünglichen Bedeutung ein Speisegenosse war, und mit der *Mast*: Alle stammen von einer mutmaßlichen germanischen Wurzel, die *mati* gelautet und Speise oder Essen bedeutet haben könnte. Der *Maßholder* war also der Speisebaum, dessen Blätter sich als Futter eigneten.

Im heute verwendeten Begriff *Ahorn* steckt die Wurzel *ak*, die wir auch in der *Ecke* wiederfinden und die spitz meinte. Damit ist das Blatt des Maßholders trefflich beschrieben.

Wenden wir den Blick noch auf dessen Endung *-der*. Sie begegnet uns im Wacholder, im Holunder, auch im Flieder, im Rüster und in allen Ortsnamen, die mit *Affalter-* oder *Affolter-* zusammengesetzt sind. So hieß früher der Apfelbaum, englisch *apple-tree*.

Im *tree* wie im *-ter* – übrigens auch im *Teer* – steckt ein indogermanisches Grundwort, das *deru* geheißen haben könnte und Baum oder Eiche bedeutet hat. Es ist im *Trog* ebenso nachweisbar wie in der *Treue*.

Nun ergibt auch *Ahornbuch* keinen rechten Sinn. Also müssen die Erfinder dieses Ortsnamens mit *-buch* auch etwas anderes gemeint haben als ein Bündel beschriebenes Papier, das zwischen zwei Deckel gepreßt ist. So war es auch: Wie jeder weiß, steht der finstere *Tann* stellvertretend für den Tannenwald. Genauso hat *buch* einst soviel wie der Buchenwald und *eich* oder *aich* soviel wie Eichenwald bedeutet.

Haben wir es also mit einem Ahorn-Buchen-Mischwald zu tun? Wieder falsch! *Buch* wurde zum Begriff für Wald schlechthin. Und so heißt *Maßhalderbuch* eigentlich „Ahornwald“, meint aber eine „Siedlung am Ahornwald“. Besonders groß ist sie übrigens nie geworden, wie am flachen Format des grünen Ortsschildes unschwer zu erkennen ist. Vielleicht hat ein falsch verstandenes *Maßhalder* weitere Siedlungswillige abgeschreckt.

Neckar

Schwarz, rein oder böse?

„Bald gras'i am Neckar", besingen heimatbewußte Baden-Württemberger ihren 367 Kilometer langen Fluß. Beim Wiederkäuen besteht Gelegenheit, über die Herkunft dieses Flußnamens nachzudenken.

Vermutlich haben sich schon die alten Römer überlegt, was es mit dem Namen jenes Flusses auf sich haben könnte. Sie haben ihn *Nicer* oder *Nigrum* geschrieben, und das bedeutet „schwarz".

Mögen die Römer am Neckar auch schwarz gesehen haben, so ist der Name dennoch nicht auf ihrem Mist gewachsen. Darüber, daß sie ihn schon vorgefunden haben, als sie hier einrückten, sind sich die Gelehrten einig. Nur einer hat einmal den *Nicer* zum Anlaß genommen, aus diesem vermeintlich lateinischen Flußnamen die Theorie abzuleiten, daß die Gestade des Neckars die Urheimat der italischen Völker waren.

Diese These ist zurecht längst vergessen. Auch Jacob Grimms mythologische Mutmaßungen sind von den Flußnamenforschern nicht übermäßig ernstgenommen worden, sind aber dennoch erwähnenswert. Jacob Grimm, der zusammen mit seinem Bruder Wilhelm auch Hausmärchen gesammelt hat, bringt *Neckar* in Zusammenhang mit einem Wassergeist namens Nichus, der wiederum verwandt ist mit den männlichen und weiblichen Nixen.

Grimm überliefert in diesem Zusammenhang noch eine Neckar-Sage: „Der Neckargeist verlangt in der Johannisnacht eine lebendige Seele, drei Tage und Nächte findet man den Ertrunkenen nicht, erst in der vierten Nacht taucht er aus dem Grund, um den Hals einen blauen Ring."

Der Umstand, daß vor den Römern die Kelten im Lande waren, hat die Heimatkundler veranlaßt, den Ursprung des Namens *Neckar* im Keltischen zu suchen. Einer etwa verwies auf den irischen Verbalstamm *neg-*, der „waschen" bedeutet und zum Eigenschaftswort *necht* (rein) führt – das genaue Gegenteil vom *Nicer* also.

Die moderne Ortsnamenforschung hält sich gar nicht erst mit den Kelten auf, sondern sucht gleich bei den Indogermanen. So vermutet Anneliese Schmid ein indogermanisches Grundwort *Nikros*, dessen Wurzel *nik-* soviel bedeutet wie „anfallen, stürzen, heftig beginnen". Lutz Reichardt übersetzt daher *Neckar* als „der heftige, böse, schnelle Fluß". Woraus wir auf das Alter des Namens schließen können: Der muß auf alle Fälle älter sein als die Regulierung und Kanalisierung des Neckars.

Orendelsall

Beten statt Bett

Orendelsall – ein Ortsschild, auf dem weder *-ingen* noch *-hausen* noch *-hofen*, auf dem nicht *Ober-* noch *Unter-* zu finden ist, vermag die Durchreisenden gewaltig zu irritieren.

Der Ortsname Orendelsall verliert etwas an Exotik, wenn man sich im Hohenlohekreis, wo dieses Dorf liegt, noch etwas weiter umsieht: Kirchensall, Mangoldsall, Tiefensall sind dort noch zu finden. Diesen Orten ist gemeinsam, daß sie an einem Bach liegen, der *Sall* heißt, der ihnen den Namen gegeben hat, und der zum Kocher fließt.

Damit sind wir bei den Gewässernamen gelandet. Anneliese Schmid, Spezialistin auf diesem Gebiet, geht davon aus, daß der Name dieses Baches ursprünglich *Salna* gelautet haben muß, verwandt ist mit lateinisch *salum* (Meer, Strömung eines Flusses) und somit zu den typischen alteuropäischen *Wasserwörtern* zählt. Man kann es mit „fließendes Wasser“ übersetzen. Dieses alte Wort lebt heute noch fort in Flußnamen wie Saale, den französischen Flüssen Seille und Sauldre, in der Schweiz als Salence und selbst in Dalmatien als Salon.

Was aber hat es mit dem Orendel auf sich? Wer den Verwaltungsraum Öhringen, in dem auch Orendelsall liegt, näher betrachtet, dem fällt auf, daß es dort ein Dorf Oberohrn gibt, das früher *Oren* hieß, daß dort ein Unterohrn, ein Ohrnberg und schließlich Öhringen als solches anzutreffen sind. Gemeinsamer Nenner all dieser Ortsnamen ist die Ohrn, ein anderer Bach, der in den Kocher mündet.

Doch damit sind wir auf die völlig falsche Fährte geraten. Orendelsall hat mit der Ohrn überhaupt nichts zu tun, sondern enthält den Personennamen *Orendel.* Im Jahr 1312 ist ein *Sant Orendels Salle* aktenkundig geworden, und dieser Orendel soll der Sage nach ein Eremit gewesen sein, der dort seine Klause aufgeschlagen hatte. „Orendels Siedlung an der Sall“, so hat man diesen Ortsnamen wohl zu übersetzen.

Die Frage ist, ob der Name Orendel an den Trierer Königssohn Orendel aus dem gleichnamigen mittelfränkischen Spielmanns-Epos erinnert, das um 1190 entstanden ist. Jener wollte zur schönen Bride, der Herrin des Heiligen Grabes, reisen, erlitt dabei Schiffbruch, trat in die Dienste eines Fischers, fand in einem Wal den Heiligen Rock, erwarb schließlich Bride, und was tat er, als er endlich am Ziel war? Er gelobte zusammen mit der Begehrten ewige Keuschheit. Beten statt Bett also. Und dazu paßt der Name ganz gut: Der könnte nämlich auf ein lateinisches *Orantilus* zurückgehen, was „kleiner Beter“ heißt.

Perouse

Wo man sich in Frankreich wähnt

Perouse – das klingt nach Urlaub in Frankreich. Doch der Ortsname überrascht den Reisenden im zutiefst schwäbischen Landkreis Böblingen. Perouse: Dieser Ortsname ist tatsächlich französisch; ebenso wie die Namen der nicht allzuweit entfernten Gemeinden Pinache und Serres.

In Perouse, das übrigens auf der ersten Silbe betont wird, wohnt Erich Vinçon, dessen Familienname ebenfalls auf der ersten Silbe betont und von der schwäbischen Umgebung *Weso* ausgesprochen wird. Er kann die Geschichte seines Heimatortes erklären, die in das Jahr 1699 zurückreicht.

Im Jahr zuvor, 1698, sind die Waldenser, eine reformierte Glaubensgemeinschaft, aus ihrer piemontesischen Heimat ausgewiesen worden. Die Waldenser-Bewegung war im 12. Jahrhundert von einem reichen Lyoner Kaufmann namens Valdez ins Leben gerufen worden.

Die Geschichte der Waldenser ist eine Geschichte der Verfolgungen. Nach ihrer Flucht aus dem Piemont 1698 hielten sie sich ein dreiviertel Jahr lang in der Schweiz auf und wurden von dort aus „verteilt". 60 der Waldenser-Familien, die unter Herzog Eberhard Ludwig in Württemberg aufgenommen worden waren, legten den Ort Perouse an und benannten ihn nach ihrer Heimat: Sie stammten aus dem Perosa-Tal in Piemont.

Die „Welschen", wie sie von ihren schwäbischen Nachbarn genannt wurden, blieben zunächst unter sich und sprachen weiter ihre Heimatsprache, das *Patois*, einen südfranzösischen Dialekt.

Ihre Kirchensprache blieb bis um 1800 Französisch. Dann kam Deutsch hinzu – mit wachsendem Gewicht: 1823 wurden die Waldensergemeinden an die evangelische Landeskirche angeschlossen und das Französische wurde verboten.

Noch heute erinnert neben den Orts- auch eine Reihe von Familiennamen an die Geschichte dieser Siedlungen. Vinçon zählt einige auf: Charrier, Baral, Baret, Gayde, Simondet ... Auch die Dörfer unterscheiden sich von den schwäbischen: „Sie wurden alle nach ein und demselben Plan gebaut“, sagt Vinçon. „Man hat halt auch damals schon gespart.“

Pforzheim

Phorcys, porta oder portus?

Es ist nicht notwendig, an dieser Stelle die diversen vulgäretymologischen Erklärungen des Ortsnamens *Pforzheim* zu wiederholen. Es genügt festzustellen, daß sie nichts als heiße Luft sind.

Pforzheims berühmter Sohn, der Humanist Johannes Reuchlin (1455–1522), hat den Namen seiner Vaterstadt auf Phorcys zurückgeführt, einen angeblichen Trojaner. Doch der dürfte als Namenspender für Pforzheim ebensowenig in Frage kommen wie sein Namensvetter, der griechische Meergott Phorkys. Schließlich ist der Nordrand des Schwarzwaldes ziemlich weit vom nächsten und noch weiter vom griechischen Meer entfernt.

Wenn wir allerdings die derzeit gültige Deutung des Ortsnamens erfahren, werden wir erneut an das Meer erinnert: *Pforzheim* beruhe auf dem lateinischen Hauptwort *portus* (Hafen). Ein Hafen? Wo? An der Enz? Haben die Namensinterpreten vielleicht *portus* mit *porta* verwechselt, von der unser Wort *Pforte* kommt? Immerhin hat auch Reuchlins Großneffe Philipp Melanchthon gemutmaßt, daß die hier wohnenden Römer die Siedlung *Porta* genannt hätten, was als *Porta hercyniae silvae* zu verstehen sei: „Pforte der herkynischen Wälder", einem Sammelbegriff für die Wälder nördlich der Donau.

Doch nein: Die neuere Ortsnamenforschung hält *portus* für wahrscheinlicher als *porta*, wobei sie *portus* allerdings nicht mit „Hafen", sondern mit „Furt, Anlände" oder sogar „Zollstelle" übersetzt. Denn aus einer römischen Inschrift ist bekannt, daß im Ort *Port*, dessen Name auf einem 1934 gefundenen Meilenstein genannt ist, ein Posten der Straßenpolizei, der *beneficarii*, stationiert war. Entstanden ist die Siedlung *Port* um 90 nach Christus, aufgegeben wurde sie 259/260, als Franken und Alemannen den Limes durchbrachen.

Was dann dort geschehen ist, liegt im Dunkel der Geschichte. Im 7. Jahrhundert ist ein *Porza* genannt, das doch sehr stark an das *Port* auf dem Meilenstein erinnert. Und 1067 führte Pforzheim bereits seinen heutigen Namen, der sich allerdings zwischendurch noch einige Male geringfügig veränderte (1338: Portzheim, 1257: Phorzein, 1689: Pforzen).

Eine ähnliche Entwicklung vermuten die Namenforscher für die Ortsnamen von Pforz am Rhein, Piesport an der Mosel und Pforzen an der Wertach. Und international wäre an Porto in Portugal zu erinnern, wo der berühmte Portwein herstammt. Würde in Pforzheim Wein angebaut – wer weiß: Vielleicht würde er Pforzwein heißen.

Rems

Vom Schwitzen und vom Ruhen

Ruhig rinnt die Rems durch das gleichnamige Tal neckarwärts. In dieser Ruhe dürfte die Erklärung für ihren im übrigen recht einsilbigen Namen liegen.

„Dunkel ist die Etymologie der Rems“, so hatte noch 1930 der damals führende Flußnamenkundler Otto Springer geschrieben. Ganz vorsichtig deutete er die Möglichkeiten an, daß in der *Rems* das mundartliche Wort *Rams* (Stein, Schuttbrocken) stecke oder ein „aus anderen germanischen Sprachen zu erschließendes (h)ramsa (so altenglisch bezeugt) mit der Bedeutung Bärlauch“.

Springer hätte gar nicht im Altenglischen suchen müssen. Hermann Fischer zitiert in seinem Schwäbischen Wörterbuch: „Ramsel heissen solche Kräuter, welche, von Kühen gefressen, auf den Geschmack der Milch einwirken.“ Und er nennt die Pflanze beim lateinischen Namen *allium ursinum* – Bärlauch.

Davon möglicherweise abgeleitet ist das einzigartige Zeitwort *rämselen* (nach Schweiß riechen). Fischer verweist hier auf ein anderes, weiterführendes Zitat, das noch detailliertere Auskünfte bereithält: „Von dem Geruch, so under den Uchsen entstehet... Diesen ubelriechenden Gestank nennen wir remselen.“ Rämselen bedeutete aber auch „nach Knoblauch stinken“, was man bekanntlich nach dem Genuß von Bärlauch tut. Insofern läßt es aufhorchen, wenn Fischer im Zusammenhang mit dem Flußnamen Rems mitteilt, daß das Remstal vom Volk meist *Ramstal* genannt wurde. War dies als dezenter Hinweis auf den Geruch zu deuten, welcher ein von notorischen Schaffern besiedeltes Tal erfüllte?

Oder haben die Remstäler gerne Karten gespielt? Denn laut Fischer war *Rams* auch ein verbreitetes Kartenspiel. Wir kennen in diesem Zusammenhang den Begriff *Ramsch*. Doch beides kommt vom französischen *ramasser* (einsammeln).

All diese Überlegungen sind hinfällig, folgt man dem neuesten Forschungsstand. Tatsächlich hieß die Rems vor etwa tausend Jahren noch *Rames*. Anneliese Schmid rekonstruiert daraus eine alteuropäische *Remis(i)a* mit einem langen *e*. Und darin erkennt sie die indogermanische Wurzel *rem*, die „ruhen" bedeutet.

Da sich die Rems nur durch einen Buchstaben von der wesentlich größeren Ems unterscheidet, liegt die Frage nahe, ob es da irgendwelche Namensverwandtschaften gibt. Antwort: Nein, wiewohl auch hier ein alteuropäischer Flußname und eine indogermanische Wurzel vorliegen. Doch diese Wurzel heißt *am*, bedeutet „Graben, Flußbett" und steckt auch in der Ohm, einem Nebenfluß der Lahn.

Da der Name der Rems damit hinreichend erklärt sein dürfte, wollen wir nicht ins Rämseln geraten und weitere Erörterungen auf sich beruhen lassen.

Rhein

Älter als Kelten und Germanen

Mit der Erklärung des Flußnamens *Rhein* wären die meisten schnell im Reinen, wenn das *h* und die Schadstoffbelastung nicht wären. Doch mit *rein* hat der Name wirklich nichts zu tun.

Um gleich beim *h* zu bleiben: „Gelehrtenzopf" – so hat schon Adolf Bacmeister vor über 130 Jahren in seinen „Alemannischen Wanderungen" diese Schreibweise bezeichnet. Sie lehnt sich nämlich – wie auch das Rhinozoros und der Rheumatismus – an die griechische Schreibweise an, in der das *r* – griechisch: *rho* – einen Hauch von *h* enthielt.

Tatsächlich kannten schon die alten Griechen den Rhein und nannten ihn *Rhenos*. Mit diesem Namen soll ihn der griechische Geograph Pytheas von Massilia bezeichnet haben, dessen Schriften leider nur indirekt überliefert sind. Er hatte im 4. Jahrhundert eine Expedition nach Norden unternommen, die ihm wohl auch den Rhein näherbrachte.

Natürlich haben die Griechen diesen Namen nicht erfunden, sondern vorgefunden. Die Sprachwissenschaftler gehen davon aus, daß sowohl der griechische Rhenos wie der lateinische Rhenus auf ein gallisches bzw. keltisches *Renos* zurückgeht. Der deutsche *Rhein* hingegen stammt vom germanischen *Rin* ab, den die Franken den Franzosen vererbten. Bei denen schreibt sich der Fluß noch heute *Rhin*.

Wer hat den Namen nun von wem übernommen? Die Kelten von den Germanen oder umgekehrt? Weder noch: Der Name ist älter als Kelten und Germanen und dürfte ursprünglich *Reinos* gelautet haben. Er gilt somit als „vorgeschichtlich“ und ist auch schon als illyrisch oder indogermanisch gedeutet worden. Jedenfalls sind Kelten und Germanen irgendwann in grauer Vorzeit auf diesen *Reinos* gestoßen und haben seinen Namen später entsprechend ihren Lautgesetzen abgewandelt.

Läßt sich heute noch feststellen, was dieses *Reinos* bedeutet haben mag? Die Wissenschaftler bejahen diese Frage und bedienen sich der mutmaßlichen Nachfahren jenes Urwortes. Einer davon ist das mittelirische *rian*, das „Meer“ bedeutete. Auch das lateinische *rivus* (Fluß), das in spanisch *rio* weiterlebt und im englischen *river* steckt, sowie das altbulgarische *reka* – identisch mit dem serbokroatischen Wort für Fluß – zählen zu den Kindern des *Reinos*, der daher mit „Fluß, Strom“ übersetzt wird.

Also bedeutet *Rhein* letztlich „Fluß“, ist mit dem Wort *rein* nicht verwandt und dieser Eigenschaft in keiner Weise verpflichtet.

Ries

Römer, Raeter und ein Meteor

Ries: So heißt nicht nur das jedem Kreuzworträtsler vertraute Papiermaß mit vier Buchstaben, sondern auch ein Meteoritenkrater zwischen Schwäbischer und Fränkischer Alb.

Der Meteorit, der vor 14,7 Millionen Jahren mit einer Geschwindigkeit von 15 Kilometer pro Sekunde die Alb-Oberfläche durchschlug, hat jenen Kessel geschaffen, dessen Durchmesser etwa 25 Kilometer mißt. Dieses astronomische Ereignis hätte es sicher gerechtfertigt, die Landschaft danach zu benennen, etwa *Sternenhau* oder so ähnlich. Doch die damals lebenden Primaten dachten noch nicht an Landschaftsnamen. Und später wußte niemand mehr, woher dieser runde Rand kam, dessen Innenfläche heute *Ries* heißt.

Ries: Mit dem Papiermaß, das vom arabischen Wort *rizma* abstammt, hat das nichts zu tun. Auch nicht mit den Riesen, obwohl es denkbar wäre, daß die Altvorderen das Ries für ein Werk von Riesen hätten halten können – gewissermaßen für ein Riesenloch.

Tatsächlich geht der Name auf die römische Provinz Rätien (Raetia) zurück, die allerdings um ein Erhebliches über den Kraterrand hinausreichte: Im ersten nachchristlichen Jahrhundert umfaßte sie auf etwa 80 000 Quadratkilometern die Südostschweiz, Vorarlberg sowie das Alpenvorland zwischen Bodensee und dem raetischen Limes nördlich der Donau.

Diese Provinz wiederum wurde nach den Raetern benannt, welche der römische Geschichtsschreiber Titus Livius für ver-

wilderte Etrusker hielt, und denen die alten Römer schreckliche Dinge nachsagten, etwa daß die rabiaten Raeterinnen im Notfall sogar ihre eigenen Kleinkinder als Geschosse einsetzten – ohne Rücksicht auf die frühkindliche Psyche.

Dieser Volksname hat sich lange gehalten, er taucht etwas verändert noch in einer Urkunde des Jahres 1007 auf, wo es heißt: *in pago Riezzin* – „im Gau bei den Bewohnern der Raetia". Das könnte, ebenso wie das frühere *in pago Rezi* aus dem Jahr 760, die lateinische Übersetzung einer althochdeutschen Gaubezeichnung gewesen sein, die dann *in Rezi-gouwi* gelautet haben dürfte.

Warum aber hat sich das Andenken an die einst so große Provinz auf das Gebiet innerhalb des Kraterrandes begrenzt? Diese Frage ist leider nicht so leicht zu beantworten wie die nach dem Papiermaß mit vier Buchstaben.

Riß

Von der Eiszeit zum Dnjepr

Durch Oberschwaben geht zwar kein Riß, aber eine Riß. Sie fließt zur Donau und hat einer Eiszeit den Namen gegeben, die vor 270 000 bis 150 000 Jahren für ein frostiges Klima gesorgt hat.

Wer oder was aber hat der Riß den Namen gegeben? Auch wenn ihre Taufe erst nach der Würm-Eiszeit stattgefunden hat – die begann vor 75 000 und endete vor 10 000 Jahren –, läßt sich heute nicht mehr feststellen, wer sie einst vollzog.

Auch *Riß* gehört vermutlich zu den alteuropäischen Gewässernamen. Darin steckt wohl die indogermanische Wurzel *reus*, die eine eilige Bewegung bezeichnet. Vor sechs Jahrhunderten wurde die Riß noch *Rüß* geschrieben. Weitere hundert Jahre früher hieß sie, zumindest auf lateinisch, *Russaia*, wie der Formulierung *apud aquam Russaiam* – bei dem Wasser Russaia – zu entnehmen ist.

Wem das ziemlich russisch vorkommt, der sei daran erinnert, daß der Name jenes Volkes auf die *rus*, die wikingischen Ruderer zurückgeht, die Kiew gegründet haben. Die Wikinger ruderten mithin auf dem Dnjepr und auch sonst durch halb Europa, aber auf der Riß sind sie nicht nachzuweisen. Doch jene Alteuropäer, die der Riß den Namen gaben, waren auch in der Gegend des Dnjepr zugange; jedenfalls heißt einer seiner Nebenflüsse *Ros* und ist mit der Riß direkt namensverwandt.

Die Riß ist also – zumindest dem Namen nach – ein eiliger Fluß. Sie fließt unter anderem durch ein Dorf mit dem reizvollen Namen *Rißtissen*. Da das im benachbarten Landkreis Neu-Ulm liegende Illertissen ebenfalls die erste Hälfte seines Namens einem Fluß verdankt, drängt sich der Verdacht auf, daß dieses *-tissen* etwas mit fließenden Gewässern zu tun haben muß. Diesem Namen liegt vermutlich ein germanisches *thus* (*th* wie englisch auszusprechen) zugrunde, was „(Wasser-) Schwall" bedeutete.

In mittelalterlichen Belegen erscheint Rißtissen als *Tussen*, und das erinnert uns doch unwillkürlich an den Plural der *Tussy*, einer häufig benutzten Vokabel aus dem Wortschatz jugendlicher Machos. Aber die ist wohl die Nachfolgerin der noch vor etwa einem Jahrzehnt von damaligen Jungmännern gerne bemühten *Thusnelda*. Die erste Trägerin dieses Namens war bekanntlich die Gattin Hermann des Cheruskers, und was ihr Name bedeutete, ist nicht so recht klar.

Der Vollständigkeit halber sei noch angemerkt, daß dieses *-tissen* nichts mit den ähnlich klingenden Familiennamen Thiesen, Thießen, Thyssen zu tun hat. Die bezeichneten den Sohn des Tieß, Kurzform von Matthäus, und dieser Name bedeutet „Geschenk Gottes" – auf griechisch *Theodor*. Aber damit wollen wir es gut sein lassen. Sonst landen wir irgendwann wieder in der Eiszeit.

Schnürpflingen

Der Bogenschütze stand Pate

Obwohl sich unter *Schnürpflingen* niemand etwas Konkretes vorstellen kann, reizt der Name dieses Ortes im Alb-Donau-Kreis viele zum Lachen – ebenso wie etwa *Bempflingen*, das irgendwie nach einer halbgaren Dampfnudel klingt. Liegt's an der Häufung von Mitlauten mit dem *pf* in der Mitte? Wie auch immer: Mit dem ersten Schnürpflinger dürfte nicht zu spaßen gewesen sein.

Von *Snurpfelingen* ist in einer Urkunde aus dem Jahr 1260 die Rede. Von da ist es nicht mehr weit zum *Snurre(n)pfeil*, den Lutz Reichardt als namengebend für *Schnürpflingen* hält. Demnach muß der Mann, der so genannt wurde, Bogenschütze gewesen sein, was sein Beiname *Snurrenpfeil* ausdrückte. Der gehört in die Kategorie der „Satznamen", weil er aus einem kompletten Satz, einem Befehl, besteht: „Snur den Pfeil!" *Snuren* bedeutet „sausen lassen", und somit heißt dieser Befehl: „Laß den Pfeil sausen!"

Es gibt ähnliche Namen, die teilweise Rückschlüsse auf den Beruf des Trägers zulassen. *Schwingenhammer* etwa deutet auf einen Schmied, *Spaltenstein* heißt „Spalte den Stein". *Zickendraht* hat nichts mit Kleinviehhaltung zu tun, sondern mit dem Drahtziehen.

Der Übername für Bogenschützen ist mehrfach nachgewiesen. 1396 wirkte ein *Nickel Snorrenpfiel* als Ratmann zu Pirna, in Würzburg ist 1409 ein Bürger namens *Hans Snurrenpfil* aktenkundig und in Berlin gab es 1488 einen *Laurenz Snurrepil*.

Nun gehört Schnürpflingen zu den *-ingen* – Namen, die vom 5. Jahrhundert an in Deutschland auftauchten. Die sind meist an einen Personennamen angehängt. Wenn etwa ein Alemannenhäuptling *Sigmar* hieß, dann nannte man einen, der zu ihm gehörte, einen *Sigmaring*. Die Mehrzahl, also die „Leute des Sigmar", waren die *Sigmaringa*. Das *-en* am *-ing* wiederum ist eine Dativ-Plural-Endung, und so bedeutet *Sigmaringen* „bei den Leuten des Sigmar" und *Schnürpflingen* eben „bei den Leuten des Snurrenpfeil".

Allerdings hat es sich erst ziemlich spät eingebürgert, derlei Beinamen zur Grundlage eines Ortsnamens zu machen, denn solche „Satznamen" sind erst seit dem frühen 12. Jahrhundert nachweisbar. So ist es in diesem Falle der Ortsnamenforscher, der den entscheidenden Hinweis auf das Alter des Ortes gibt. Und bisher sind auf Schnürpflinger Gemarkung noch keine Pfeilspitzen ausgegraben worden, die diesen Hinweis Lügen strafen würden.

Schopfloch

Von Schöpfen und Löchern

Zwei Worte, von denen jedes für sich einen Sinn ergibt, die zusammengefügt jedoch einigermaßen surrealistisch wirken: *Schopfloch*. Was will uns dieser merkwürdige Ortsname sagen?

Es gibt mehrere Schopflöcher: Eines liegt im Schwarzwald bei Freudenstadt, eines im Landkreis Esslingen auf der Schwäbischen Alb, in dessen Nähe ein reizvolles kleines Hochmoor liegt. Lutz Reichardt führt diesen Ortsnamen auf einen Flurnamen zurück. Dessen Bedeutung interprertiert er als „lichter Wald, der wie ein Haarschopf aussieht".

Damit wäre also der *Schopf* durchaus wörtlich – auch im heutigen Sinne – zu nehmen. Doch beide Wörter, die den Namen ausmachen, deuten in den Wald. Denn *Schopf* kann, wie Reichardt bemerkt, nicht nur das Haarbüschel über der Stirn, sondern auch eine kleine Baumgruppe meinen.

Nicht nur der Schopf hat Einzug gehalten in Flur- oder Geländenamen, sondern auch der Scheitel, vor allem aber der Kopf. Zahlreiche Berge führen den Kopf, das Haupt und nicht zuletzt den Grind im Namen. Auch der entgegengesetzte Pol des Körpers hat Pate gestanden etwa in Namen wie *Auf dem Bürzel* oder *Hundsarsch*.

Und damit wären wir beim zweiten Teil des hier zu behandelnden Ortsnamens angelangt, der allerdings mit der Anatomie von Mensch oder Vieh nichts zu tun hat. Schopfloch ist nicht der einzige Ort, der auf *-loch* endet. So gibt es eine ganze Reihe von Dörfern, die etwa Mucken- oder Mückenloch heißen

(Muckenschopf gibt es übrigens auch). Oder denken wir an den Stuttgarter Stadtteil Degerloch.

Doch dieses *-loch* hat einen anderen Sinn als den einer Höhle oder eines Nichts mit etwas drumherum. Es kommt von althochdeutsch *loh*, und auch das bedeutete „lichter Wald, Gebüsch, bewachsene Lichtung". Dieses Wort bezeichnete einen kleinen Wald im Privatbesitz, der teilweise der Weide, teilweise der Jagd diente. Es kommt auch in anderen Ortsnamen vor, etwa in Finsterlohr oder Lehrensteinsfeld. Das Dorf Lehr hieß früher Löher, und das ist die Mehrzahl von Loh. Auch der Personenname Löhle ist darauf zurückzuführen.

Schweifen wir abschließend noch kurz in die Ferne mit einer naheliegenden Frage: Sind die schottischen *Löcher* wie etwa das berühmte Loch Ness irgendwie mit den hier behandelten Ortsnamen verwandt? Nein. Das schottische *loch* ist ein gälisches Wort, das „See" oder „Meeresarm" bedeutet. Es ist verwandt mit dem lateinischen *lacus* (See) und dem deutschen Wort *Lache*.

Schussen

Schuß ja, Schiet nein

Wer bei Nennung des Namens der Schussen bzw. der nach ihr benannten Stadt Bad Schussenried an einen Schuß denkt, liegt gar nicht so falsch.

Um Mißverständnisse gleich von vornherein zu unterbinden: Es geht hier nicht um dümmliche Sprüche von der Art: Wer einen Schuß hat, kommt nach Schussenried. Denn der Umstand, daß sich dort ein Zentrum für Psychiatrie befindet, hat mit dem Namen von Ort und Fluß natürlich überhaupt nichts zu tun.

Ebenso wie die Schutter gehen auch die Schozach, die Schunter, die Schondra und die Schussen selbst auf eine indogermanische Wurzel *skeud* zurück, die „werfen, dahinschießen" bedeutet und der auch das althochdeutsche Verb *sciozan* (schießen) entsproß. Frei übersetzt bedeutet der Name der *Schussen*, die anno 816 noch als *fluvium Scussna* – Fluß Scussna – bezeugt ist, mithin „die Schnelle". Bruno Boesch zählt die Bezeichnung zu den deutschen Gewässernamen.

Betrachtet man übrigens die weiteren Abkömmlinge der indogermanischen Wurzel *skeud*, so irritiert nicht nur das krimgotische *schieten*, sondern auch das ebenso geschriebene neuniederländische Zeitwort. Besteht hier etwa ein Zusammenhang zu dem niederdeutschen Hauptwort *Schiet*?

Da dem Reinen alles rein ist und der Wissenschaft erst recht, darf man ruhig einmal in Kluges Etymologischem Wörterbuch der deutschen Sprache nachschlagen, wo *scheißen* als starkes

Verb, vulgär, nachweisbar seit dem 11. Jahrhundert, ausgewiesen ist, das auf mittelniederdeutsch und mittelniederländisch noch *schiten* hieß.

Doch während *schießen* auf ein germanisches *skeuta* zurückgeführt wird, leiten die Sprachforscher *scheißen* von einem germanischen *skeita* ab. Das sei eine „Bedeutungsspezialisierung" der indogermanischen Wurzel *skeid*. Die bedeutet „spalten, trennen" und steckt auch in *scheiden*. So betrachtet, handelt es sich bei jener zwar häufig, aber meist hinter vorgehaltener Hand benutzten Vokabel im Grunde um nichts Anrüchiges, entpuppt sie sich doch als Verwandte des unverdächtigen Wortes *Ausscheidung*.

Und wenn wir die Verwandtschaft noch weiter untersuchen, landen wir schließlich im theologischen Bereich. Denn daher rührt auch das griechische Wort *Schisma* (Trennung), mit dem die Spaltvorgänge in der Kirche bezeichnet werden – etwa zwischen römisch-katholisch und griechisch-orthodox. Das *s* und das *ch* am Beginn des Wortes wurden übrigens getrennt und nicht als *sch* gesprochen.

Doch mit der Schussen hat das Schisma nichts zu tun. Bei dem sind wir nur deswegen gelandet, weil der Name der schnellen Schussen so rasch erklärt war.

Schwaben

Sueben, Schwaben und Schaben

Auf der politischen Landkarte ist Schwaben nur in Bayern zu finden, wo ein Regierungsbezirk so heißt. Auf der württembergischen Landkarte hingegen ist *Schwäbisches* nur in geographischem Sinne zu finden: Schwäbische Alb, Schwäbisch Gmünd, Schwäbisch Hall, Schwäbischer Wald u.s.w. Der Name *Schwaben* ist in Württemberg auf ein Eigenschaftswort reduziert, sieht man von Komposita wie *Oberschwaben* ab.

Das Schwabenland, das vom Schwarzwald bis zum Lech und vom mittleren Neckar bis zum Bodensee reicht, ist benannt nach den Schwaben. Der Landesname ist ein Dativ Plural des althochdeutschen Wortes *Swaba* (Schwabe). Er bedeutet somit „bei den Schwaben".

Die wiederum waren bereits den alten Römern bekannt, die sie *Suebi* nannten. Caesar hat sie bekämpft und beschrieben, und Tacitus fand ihre Haartracht, den *Suebenknoten*, bemerkenswert.

Ursprünglich hatten die Sueben oder Sweben noch wesentlich weiter nördlich gewohnt, nämlich in der Gegend des heutigen Brandenburg, das man somit eigentlich als *Alt-Schwaben* bezeichnen könnte. Sie zählen zu den *Elb-Germanen*. Eine Unterabteilung dieser Urschwaben sind die Neckar-Sueben, die zu Beginn des 2. Jahrtausends in der Gegend um Ladenburg siedelten, im heutigen Nordbaden.

Schwaben kommt also von den *Sweben*, aber was hat eigentlich deren Name bedeutet? Es wird angenommen, daß die germanische Bezeichnung *sweba* lautete, die wiederum vom indogermanischen Wort *suebho* abzuleiten ist. Darin steckt das besitzanzeigende Fürwort *sue-* oder *suo-*, das auch dem lateinischen *suus* bzw. *sua* (sein/ihr) zugrundeliegt. *Suebho* wird infolgedessen übersetzt mit „frei, zum eigenen Volk gehörend".

Die Schwaben waren zunächst so frei, ein Weilchen in der Gegend umherzuziehen, bevor sie sich in ihrem heutigen Siedlungsgebiet niederließen. Ein Teil von ihnen zog es vor, in die iberische Halbinsel einzufallen, wo sie im 5. Jahrhundert in Galicien ein Königreich der Sweben errichteten, bis sie von den Westgoten unterworfen wurden.

Um das Kapitel Schwaben zu vervollständigen: Böswillige bezeichnen mit diesem Namen auch die Küchenschaben oder Kakerlaken. Doch die Schwaben können sich damit trösten, daß diese Insekten auch als *Russen* bezeichnet werden, in Rußland als *Preußen* (prusák), auf polnisch heißen sie *Franzose* (francuz) und auf venezianisch *Slawe* (sciavo). Im übrigen muß keines der genannten Völker über diese Bezeichnung traurig sein, denn die Schabe gehört zu den erfolgreichsten Arten der Evolution.

Schwäbische Alb

Die Alpen der Schwaben

In den Alpen gibt es Almen, im Schwäbischen gibt es die Alb. In Italien erheben sich die Albaner Berge, das Land der Skipetaren heißt Albanien, und alle diese Namen sind miteinander verwandt.

Den Albverein versehentlich mit dem Alpenverein zu verwechseln, ist der Alptraum jedes Lokalredakteurs auf der Schwäbischen Alb. Dabei wäre diese Verwechslung – allerdings ausschließlich unter sprachgeschichtlichen Aspekten! – verzeihlich. Denn die Alb ist nichts anderes als die Einzahl der Alpen.

So ganz hundertprozentig gesichert ist die Herkunft dieser Bezeichnung nicht. Die Namenforschung führt sie auf eine vorindogermanische Wurzel zurück, die *alb* gelautet und „Berg" bedeutet haben dürfte. Ein Zusammenhang mit dem lateinischen Eigenschaftswort *albus*, das „weiß" heißt, ist nicht auszuschließen. Denn das lateinische *albus* geht auf ein gleichbedeutendes indogermanisches *albh* zurück, und denkbar wäre, daß ein schneebedeckter Berg als *albha* bezeichnet wurde und dieses Wort schließlich auf den Berg als solchen übertragen wurde. Von diesem *albh* wird übrigens auch der Flußname Elbe abgeleitet, der ein helles Wasser kennzeichnete.

Auf die Grundbedeutung „Berg" geht auch *die Alpe* im Sinne von „Weideplatz auf einem Berg" zurück. Deren mundartliche Varianten sind die Alp und die Alm. Doch zurück auf Hügel und Berge: Während die Alpen schon von den alten Griechen so genannt wurden, ist der Name der Schwäbischen Alb allein

schon deswegen jünger, weil zur Zeit der alten Griechen die Schwaben noch an der Elbe saßen.

Alpes war die lateinische Bezeichnung der Alpen, die auch auf die Alb angewandt wurde. Daher ist nicht so ganz sicher, welche der alten Schriften die Alb meinen, wenn darin von *alpes* die Rede ist. Von der „Schwäbischen Alb" schreibt erstmals 1488/89 der Ulmer Dominikanermönch Felix Fabri – auf gut lateinisch nannte er sie *Svevorum alpes*, die „Alpen der Schwaben".

Begeben wir uns noch kurz ins Reich der Alpträume, die durch Berge von Sorgen ausgelöst werden. Für den Alp wurden früher die *Alben* verantwortlich gemacht, mythische Geschöpfe mit menschlichen, göttlichen und zwergenhaften Zügen, deren weibliches Gegenstück die Elfe ist. Warum die Alben so heißen, ist unklar. Waren sie ursprünglich Geister der Berge? Oder waren es weiße Lichtgestalten? Immerhin kennt die nordische Sage sogenannte *Lichtalben*, die nicht zu verwechseln sind mit den Lichtbilder- oder Fotoalben, obzwar auch die (*Album*: das Weiße) eventuell mit der Alb verwandt sein könnten.

Schwäbisch Hall

Schwäbische Frankenstadt

Im Fall von Schwäbisch Hall stellt sich zunächst einmal die Frage, warum eine Stadt, deren Bewohner eine fränkische Mundart sprechen, sich das Attribut *Schwäbisch* zulegt.

Der älteste schriftliche Beleg für das heutige Schwäbisch Hall stammt aus dem Jahr 1037 und lautet auf das *obere Hall.* Wenig später schrieb ein Chronist, daß der Reichstag des Jahres 1190 in „Hall in Schwaben" stattgefunden habe.

Hall lag damals im Kernland der Staufer, und die Staufer waren die Herzöge von Schwaben. Das mag die Lokalisierung der fränkischen Stadt als *in Schwaben liegend* erklären. Manche Historiker sagen daher auch, daß *Schwäbisch* Hall im Grunde *Staufisch* Hall meine.

Während in diesem Fall der Zusatz *Schwäbisch* eher der geographischen Unterscheidung vom bayerischen Reichenhall, dem sächsischen Halle und dem Tiroler Hall dienen sollte, gab es später gute rechtliche Gründe, die dieser Namen-Erweiterung Dauer verliehen.

Unter Rudolf von Habsburg nämlich wurde Hall der Landvogtei Niederschwaben zugeschlagen, die ihrerseits fränkisches Gebiet umfaßte. Diese Zugehörigkeit unterstrich Hall, als es in der ersten Hälfte des 15. Jahrhunderts vom fränkischen Landgericht Würzburg verurteilt worden war: Dieses fränkische Gericht sei für das niederschwäbische Hall nicht zuständig. Seither hatte die Bezeichnung *Schwäbisch Hall* für die Reichsstadt Hall, die überdies Mitglied des Schwäbischen Reichskreises war, offiziellen Charakter. 1934 wurde sie schließlich amtlich.

Doch nun zu *Hall*: Der Name ist, wie bereits angemerkt, keineswegs einmalig. Gemeinsamer Nenner all jener Städte, die so oder so ähnlich heißen – etwa Hallein oder Hallstatt – ist die Salzgewinnung. Die dürfte dort bereits zu vorgermanischer Zeit stattgefunden haben, also zur Zeit der Kelten – man denke an die Hallstatt-Kultur – oder noch früher. Entsprechend alt ist die Bezeichnung jener Stätten, die dazu geführt hat, daß im Mittelhochdeutschen das Wort *hal* zur Bezeichnung der Salzquellen oder Salzwerke schlechthin wurde.

Betrachten wir noch kurz ein anderes Produkt, das dem Haller Namen weite Verbreitung gebracht hat: der Heller. Eigentlich müßte man ihn mit *ä* schreiben, denn es handelt sich bei dieser Münze um den Haller – oder Häller – Pfennig. Auch der geht zurück auf die Staufer, welche, wie wir gesehen haben, nicht nur jene Münze geprägt haben, sondern auch die Stadt.

Schwarzwald

„Schwarzwald": Alles klar?

Das einzige Rätsel, das der Name des Schwarzwalds enthalten mag, ist die Frage, warum ein Wald so heißt, dessen charakteristische Baumart die Weißtanne ist.

Die Tatsache, daß der Name *Schwarzwald* von seinem Sinn her unzweideutig und klar verständlich ist, muß noch lange nicht bedeuten, daß es dazu nichts mehr zu fragen gibt. Allerdings lautet die Frage in diesem Falle nicht: Was bedeutet Schwarzwald?, sondern: Wie kommt es, daß dieses Mittelgebirge im Gegensatz zu den anderen einen so wenig rätselhaften Namen hat?

Das liegt ganz einfach daran, daß dieser Name rein deutsch und völlig frei ist von keltischen, römischen oder alteuropäischen Relikten, die heute keiner mehr versteht. In geschriebener Form erscheint er erstmals in einer Urkunde aus dem Jahr 868, in der vom *Svarzwald* die Rede ist. Die Alemannen könnten, als sie in das Gebiet einwanderten, diesen Namen geprägt haben.

Er ist übrigens keineswegs einmalig: Nadelwälder wurden auch in anderen Gegenden als *Schwarzwälder* bezeichnet. Der Namenforscher Bruno Boesch wies darauf hin, daß die alpinen *Todwälder* das keltische Wort *dubo* (schwarz) enthalten könnten.

Da der Schwarzwald schon stand, bevor die Alemannen kamen, erhebt sich die Frage, wie diese markante Landschaft zuvor geheißen hat. Die Antwort finden wir bei den römischen Schriftstellern Plinius und Tacitus, die von *Abnoba silva* (Abnoba-Wald) oder *mons Abnobae* (Gebirge der Abnoba) schreiben. Auch die römische Jagdgöttin Diana trug den Beinamen *Abnoba*.

Darüber, was dieses *Abnoba* bedeutete, gibt es nur Vermutungen. Und die führen in ferne Vergangenheit, zu einem alteuropäischen Wort *ab* (Wasser oder Fluß). Dieses Wort ist enthalten in dem Flußnamen Abens (Nebenfluß der Donau) sowie im Namen des indisch-pakistanischen Fünfstromlandes *Pandschab*: *pandsch* heißt „fünf" und *ab* heißt „Wasser" oder „Fluß". Und wer in Persien ein Bier möchte, bestellt *ab e dschou* – „Gerstenwasser".

Abnoba in Zusammenhang mit dem Schwarzwald könnte also auf dessen Flüsse und Bäche bezogen sein. Einen Hinweis auf seine Grenzlage gab eine spätere römische Bezeichnung, die der kaiserliche Hofschriftsteller Ammianus Marcellinus im 4. Jahrhundert einführte: *Silva Marciana*. Vermutlich hat das etwas was mit der *Mark* zu tun, dem germanischen Begriff für „Grenzland". Denn der Schwarzwald bildete damals die Grenze des Kaiserreichs. Auf deutsch hätte er demnach *Märkischer Wald* geheißen. Doch den Alemannen scheint *Schwarzwald* besser gefallen zu haben.

Siebenknie

Rätsel für Siebengescheite

Siebenknie heißt ein Weiler im Murrhardter Wald. Warum nicht Fünfknie, Sechsknie oder Achtknie? Und warum *-knie* und nicht *-hausen*, *-weiler* oder *-lingen*?

Blättert man im Postleitzahlenbuch, fallen einige Orte auf, die mit *Ein-*, *Zwei-* oder *Zwie-* und mit anderen Zahlen beginnen. Die meisten Kombinationen gibt es jedoch mit *Sieben-*: Siebenbach, Siebenbaum, Siebenbrunn, Siebeneichen, Siebenhausen, Siebenstern, um nur einige zu nennen.

Es hat also einmal eine starke Vorliebe für diese Primzahl gegeben. Tatsächlich braucht man nur ein wenig nachzudenken und man stellt fest, wie die Sieben die Menschheit seit Jahrtausenden verfolgt. Das geht los in der Bibel mit den sieben Tagen der Schöpfung, geht weiter über die sieben Erzengel, die sieben fetten und mageren Kühe, wird fortgesetzt im Neuen Testament mit den sieben Broten und sieben Fischen zur Massen-Speisung, nimmt apokalyptische Züge an in der Offenbarung des Johannes, die manchen ein Buch mit sieben Siegeln bleibt.

Zu siebt treten auf die Sakramente, die Todsünden, die Tugenden, die Himmel, die Künste, die Sinne, die Tore Thebens, die Weltwunder, die Weisen, die Hügel Roms, die Schwaben, die Kurfürsten, die Schläfer. Das tapfere Schneiderlein erschlug Sieben auf einen Streich, und an jedem ordentlichen Galgen war Platz für sieben Delinquenten, falls die nicht rechtzeitig ihre Siebensachen gepackt und sich über die sieben Berge davongemacht hatten.

Die Sieben, die sowohl als gute wie als schlechte Zahl, in jedem Falle aber als magische und geheimnisumwitterte durch die Zeiten geistert, diente auch der Steigerung: Man war siebendick, frau war siebenschön, und *siebengescheit* ist ein Adjektiv, das noch lange in einem Fernsehquiz überlebt hat.

Insofern ist es kein Wunder, wenn die Sieben auch zahlreiche Ortsnamen ziert. Woher aber kommt das Knie? Daß das menschliche Gelenk gleichen Namens Pate stand, ist unwahrscheinlich. Der Begriff muß demnach übertragen worden sein auf eine Biegung anderer Art. Tatsächlich taucht das Knie relativ häufig als „metaphorischer" Flurname auf. Es dürfte sich in diesem Falle auf den Wald und dessen Ausbuchtungen bezogen haben.

Und da *Sieben-* eben nicht nur die konkrete Zahl meinen konnte, sondern auch eine abstrakte Rundung, einen anderen Ausdruck für *viele*, könnte *Siebenknie* ganz einfach „Wald mit vielen Ausbuchtungen" bedeutet haben – ein Flurname, der später auf die Siedlung übertragen wurde.

Siehdichfür

Warnung auf dem Ortsschild

Der Orts- bzw. Wohnplatznamen *Siehdichfür* ist keineswegs einmalig. Landauf, landab tauchen Schilder mit dieser merkwürdigen Benennung auf; es gibt sogar welche, auf denen diese Warnung in getrennter Schreibweise erfolgt: „Sieh dich für“. Es fehlt nur noch das Ausrufezeichen.

Allein die amtliche Beschreibung des Landes Baden-Württemberg nennt fünf *Siehdichfür*, eines bei Baiersbronn, eines bei Königsfeld im Schwarzwald, eines bei Calw, eines bei Schwäbisch Hall, eines in der Gegend von Pforzheim.

Daneben gibt es noch eines bei Backnang, ein weiteres zwischen Schramberg und Rottweil und vermutlich noch eine ganze Reihe ebenso benannter Orte, die weder in amtlichen Beschreibungen noch im Postleitzahlenbuch auftauchen, weil sie dafür zu klein sind.

Diese Kleinheit spricht für die Deutung, die Ortsnamenforscher Lutz Reichardt für *Siehdichfür* parat hat. Der Name, so vermutet er, ist entstanden als Warnung vor einem unangenehmen Zeitgenossen. Insofern paßt er gut zu Einzelgehöften, denn andernfalls müßte ja eine ganze Dorfbevölkerung aus unangenehmen Menschen bestanden haben.

Der Name reiht sich ein in die Kategorie der „imperativischen“ Namen, zu denen auch *Schauinsland* oder das weiter nördlich zu findende *Siehdichum* gehören.

Natürlich hat der Name *Siehdichfür* auch schon in der Vergangenheit die Phantasie der Durchreisenden beflügelt. In einem

Fall wurde die Tatsache mit dem Namen in Verbindung gebracht, daß an jenem Ort einmal eine Henk-Eiche gestanden hatte.

Die Gegend um *Sieh dich für* bei Schramberg gilt gar als Schwarzwälder Bermuda-Dreieck. Der Sage nach sind dort früher Reisende und Kaufleute spurlos verschwunden. Räuber und Wegelagerer sollen hier ihrem Handwerk nachgegangen sein.

Feststellbar ist das heute kaum mehr. Nehmen wir also, was auf diesen Ortsschildern steht, einfach als das, was es ist: als einen Warnhinweis von anhaltender Aktualität. Denn vorsichtig sein sollten Verkehrsteilnehmer immer, nicht nur bei Glatteis oder Krötenwanderungen.

Stuttgart

Hengste waren auch dabei

Die Geschichte des Namens der baden-württembergischen Landeshauptstadt ist die Geschichte vom Pferd. Fröhlich wiehert es aus dem Stuttgarter Stadtwappen.

„Schduegerd“ sagt der Mundartsprecher. Darin klingt die älteste überlieferte Schreibweise nach: Um das Jahr 1160 ist ein *Hugo de Stuokarten* aktenkundig geworden. Spätere Schreiber haben das beim Sprechen womöglich verschluckte *t* mitgeschrieben: *Stuotgarten.*

Das Roß im Wappen verrät, daß der Name irgendetwas mit Pferden zu tun hat, und deren weibliche Ausgabe heißt bekanntlich *Stute. Stuttgart* nun einfach als „Stutengarten“ übersetzen zu wollen, wäre zu kurz gegriffen. Denn *stuot* bedeutete im Mittelhochdeutschen „Pferdeherde“, und eine solche besteht, wenn sie nicht aussterben will, nicht nur aus Stuten, sondern auch aus einem Hengst. Insofern ist es auch kein Widerspruch, wenn das Gestüt Marbach alljährlich eine Hengstparade präsentiert.

Unter *garte* verstand man im Mittelhochdeutschen nicht zwangsläufig die Ansammlung von Blumen- und Gemüsebeeten, welche das Herz des Hobbygärtners erfreuen, sondern vor allem auch das umzäunte Gebiet. Denn „Umzäunung“ war die mutmaßlich ursprüngliche Bedeutung eines indogermanischen Wortes, dem neben dem *Garten* auch der lateinische *hortus* entsprossen ist.

Stuotgarte war also der „Gestütshof“. Besonders kritische Beobachter mögen sich nun fragen, woher eigentlich das doppelte *t* kommt. Denn schließlich sagt man ja auch nicht *Stutte* oder *Gestütt*. Das liegt an der Schreibweise des Barock. Damals war es Mode, sogar nach langen Selbstlauten Doppelkonsonanten zu setzen, ohne daß dies an der Aussprache des damals noch *Stuettgardt* geschriebenen Ortsnamens etwas verändert hätte.

Die Mundart hat, wie oben schon erwähnt, das lange *u* bzw. *ue* bewahrt. Die verschnörkelte barocke Schreibart hatte jedoch dazu geführt, daß die Sprecher sich daran orientiert haben. Und so wurde aus dem gemütlichen *Schduegerd* ein preußisch-zackiges *Stuttgart*.

Süßen

Klumpen ohne Süßstoff?

Auf der B 10 zwischen Göppingen und Geislingen läßt eine reizvolle Reihung zweier Ortsnamen regelmäßig Freude bei den Durchreisenden aufkommen, nämlich *Süßen* und *Kuchen.*

Was sich anhört wie eine Erfindung der Konditoren-Lobby erhält allerdings gleich einen anderen Geschmack, wenn man erfährt, daß *Süßen* verwandt ist mit *Seißen* – einem Ortsnamen, der sich oberhalb Blaubeurens im Alb-Donau-Kreis findet und gerne zu Mißverständnissen Anlaß gibt.

Was steckt denn nun tatsächlich hinter *Süßen*? Die Bedeutung des Namens ist zu übersetzen mit „Siedlung auf dem Weideland“. Süßen leitet sich ab aus dem althochdeutschen Wort *sioza* (Weideland). Und *Seißen* geht auf das gleichbedeutende *siuzza* zurück. Daß *Süßen* heute so zuckerig klingt, liegt daran, daß das ähnlich lautende Eigenschaftswort *süß* später in den ursprünglichen Begriff hineingedeutet wurde.

Heute läuft uns beim Wort *Kuchen* das Wasser im Munde zusammen, weil es längst gleichbedeutend ist mit jener süßen Backware. Doch kann dieses Wort, das aus dem Germanischen kommt, ursprünglich auch einfach ganz allgemein etwas Rundes, Klumpiges bezeichnet haben. *Kuchen* war ein Flurname, der dann auf eine Siedlung übertragen wurde. Der Name könnte also auch eine Bodenart bezeichnet haben – oder tatsächlich den Boden mit bestimmten Gebäckarten verglichen haben.

Da es bei Heidenheim die Orte Groß- und Kleinkuchen gibt, bei denen haufenweise kuchenförmige Eisenschlacke aus früh-

alemannischen Eisenschmelzöfen gefunden wurde, sind auch noch diese frühen „Industrie-Abfälle" als mögliche Ursache für die Namen in Betracht zu ziehen. An denen allerdings hätten sich die Süßmäuler noch mehr Zähne ausgebissen als die Sprachforscher bei der endgültigen Aufklärung des Ortsnamens *Kuchen.*

Sulzgries

Sulzauge und Griesgram

Sulzgries klingt zwar ziemlich nahrhaft, aber – gemessen an den landesüblichen Eßgewohnheiten – nicht besonders appetitanregend.

Man ahnt es schon: Der Esslinger Ortsteil Sulzgries, der schon anno 1275 genauso geschrieben wurde wie heute, hat weder mit der Tellersülze noch mit Grießbrei oder -knödeln und schon gleich gar nichts mit Cous-Cous zu tun. Allerdings haben *Sulz-* und Sülze dieselben Wurzeln. Und auch *-gries* und Grieß treffen sich irgendwo in den Tiefen der Etymologie.

Die heutige Sülze – schwäbisch: Sulz – hieß auf althochdeutsch *sulza*, ist von Salz abzuleiten und bezeichnete zunächst einmal das Salzwasser. Weitere Bedeutungen sind: Salzlecke für Vieh und Wild, breiartig geschmolzener Schnee, morastiger Boden.

Wie es zu dieser Bedeutungs-Verlagerung gekommen sein könnte, läßt ein Zitat erahnen, das Hermann Fischer in seinem Schwäbischen Wörterbuch wiedergibt: „Ist also der Schnee und kalte Wasser zusammengefüzet und wie ein Sulz dick worden und gefroren."

Im nämlichen Nachschlagewerk ist übrigens auch ein bemerkenswertes Kompliment überliefert: „Ihre Augen seind ein süsse Sulzen", hatte da vor Jahrhunderten ein Liebhaber gesülzt, und man fragt sich heute unwillkürlich, worin die Attraktivität einer sulzäugigen Schönheit besteht.

Nun zum Grieß bzw. *-gries*: Bevor dieses Wort in das Vokabular der Köche einzog, bedeutete es ganz einfach „Sand“ oder „Kies“. Diesem Wort dürfte laut Kluges Etymologischem Wörterbuch ein Verb zugrundeliegen, das in etwa „zerreiben“ bedeutet und in dem auch der *Griesgram* wurzelt. Der nämlich geht auf das althochdeutsche Zeitwort *grisgramon* zurück, was „mit den Zähnen knirschen“ heißt.

Zur heutigen Bedeutung kam der Grieß über das spätmittelhochdeutsche *griezmel*, womit grob gemahlenes Mehl bezeichnet wurde, das an Sand oder gar Kiesel erinnerte. Damit dürfte klar sein, daß *-gries* im vorliegenden Ortsnamen nichts mit Hartweizen zu tun hat, sondern mit einer bestimmten Bodenbeschaffenheit – so wie im Falle des Ulmer Griesbades, das auf kiesigem Gelände in Donaunähe stand.

Was meint nun *Sulzgries*? Salzigen Sand oder kiesigen Morast? „Im vorliegenden Fall ist die ursprüngliche konkrete Bedeutung des Ortsnamens nicht mehr feststellbar“, schreibt Lutz Reichardt in seinem Ortsnamenbuch des Landkreises Esslingen, und dem ist nichts hinzuzufügen.

Tigerfeld

Wie kommt der Tiger auf die Alb?

Man fährt über die Alb und wähnt sich plötzlich im Urwald: *Tigerfeld*, so droht ein Ortsschild im Landkreis Reutlingen. Zoologische Zone oder Erinnerung an eine frühe Fauna?

Die Knochen der Säbelzahntiger und der Höhlenlöwen waren längst versteinert, als mittelalterliche Älbler ihre Siedlung *Tygirinvelt* nannten. Was hatte sie zur Wahl dieses Namens bewogen? Wußten sie überhaupt um die Existenz jener Spezies, deren Urahnen längst aus unseren Breiten verschwunden waren?

Nun – das Althochdeutsche kennt das Wort *tigirtior*, das dann zum mittelhochdeutschen *tigertier* mutierte, bevor es zu unserem *Tiger* zusammenschrumpfte. Was also spricht dagegen, *Tygirinvelt*, das in einer Zwiefaltener Chronik für das Jahr 1089 genannt ist, auf die *Tigerin* zurückzuführen?

Dagegen spricht nicht nur die Wahrscheinlichkeit, sondern auch die wissenschaftliche Ortsnamenforschung. Und die lehrt, daß dieses *Tygirin-* auf den Dativ – den Wem-Fall – des längst vergessenen althochdeutschen Eigenschaftswortes *tegar* zurückgeht, und das bedeutete „groß, umfangreich“. Übersetzt man *-velt* mit „waldfreies, ebenes, für den Ackerbau geeignetes Gelände“, dann bedeutete *Tygrinvelt* soviel wie „Siedlung auf dem großen waldfreien Gelände“. Damit war die Lage jenes Dorfes bezeichnet, das, wie wir jetzt definitiv wissen, mit Raubkatzen sowenig zu tun hat wie Deppenhausen mit geistig Minderbemittelten.

Das alte Adjektiv *tegar* ist übrigens in weiteren Namen enthalten, die uns heute noch wohlvertraut sind, über deren Sinn sich jedoch kaum jemand im Klaren sein dürfte: im *Tegernsee* etwa, der damit als der „große See“ enträtselt wäre. Oder, um in Bayern zu bleiben, in *Degerndorf* bei Rosenheim, das im sprachlichen Gegensatz zum nahen *Litzeldorf* steht. Darin steckt *luzil*, welches im Englischen als *little* (klein) überlebt hat. Daher stammt auch Luxemburg, das früher einmal *Luzilunburch* hieß.

Um ins Württembergische zurückzukehren: *Degerloch* ist mit Tigerfeld eng verwandt. Es ist aber nicht mit „großes Loch“ zu übersetzen, sondern mit „der große Wald“, denn *loch* bedeutete einst „lichter Wald“. Wo der abgeschlagen war, konnte gesiedelt werden, und der Name der Siedlung konnte an den Einschlag erinnern, etwa in *Degerschlacht* – womit wir wieder im Landkreis Reutlingen gelandet wären.

Tripsdrill

Verjüngungskur in Utopia

Tripsdrill – so heißt ein Erlebnispark in der Nähe von Heilbronn. Gleich bei Tripsdrill liegt ein Ort namens *Treffentrill.* Gibt es da einen Zusammenhang?

Die Antwort ist – dem Gegenstand angemessen – etwas verrückt: Tripsdrill ist Treffentrill – und auch wieder nicht. Tripsdrill war zunächst kein bestimmter Ort, sondern ein Phantasiename, den man auch in anderen Regionen Deutschlands benutzte, um etwa unangenehme Fragen nach Herkunft oder Ziel abzufertigen: „Wohin gehst du?" – „Nach Tripsdrill."

Tripsdrill war also „Nirgendheim" – die Beatles hätten „Nowhere-land" gesagt und die alten Griechen „Utopia". Den Schwaben indes lag die Neigung, derlei phantastische Stätten zu verklären, fern. Sie neigten zu prosaischer Nutzung: „Z' Tripstrill, wo ma die krumme Arschlöcher bohrt", lautet eine der sprichwörtlichen Redensarten, die Professor Hermann Fischers Schwäbisches Wörterbuch im Zusammenhang mit diesem Namen überliefert.

Wie aber kam das sagenhafte Tripsdrill nach Treffentrill? „Der Name ist schon alt und über Deutschland weithin verbreitet", stellt Fischer fest. Es hat eine alte Sage gegeben, wonach in der Pelzmühle zu Tripsdrill Seniorinnen (früher sprach man von alten Weibern) verjüngt würden.

Dafür, daß Tripsdrill nun mit Treffentrill identifiziert wurde, dürfte die Namensähnlichkeit beigetragen haben. Adolf Bacmeister hat in seinen 1867 veröffentlichten „Alemannischen

Wanderungen“ zwei weitere Gründe angeführt: In der Nähe lag die Mühle des Ortes *Frauenzimmern* sowie ein *Balzhof*, was sich zu jener sagenhaften Pelzmühle für die Frauen vermengt haben könnte.

Und Treffentrill? Ein Weiler dieses Namens taucht in einem Lagerbuch von 1685 auf. 1798 baute ein Bürger aus dem benachbarten Cleebronn an dieser Stelle einen neuen Hof und nannte ihn *Treffentrill.*

Die Identifikation von Treffen- und Tripsdrill ließ nicht lange auf sich warten. Die nutzte im Jahr 1929 der Wirt der Gaststätte, die mittlerweile zum Hof gekommen war, indem er die erste Altweibermühle auf das Anwesen baute.

Was aber bedeutet *Treffentrill*? Es gibt verschiedene Erklärungen. Die unwahrscheinlichste ist die Sage vom Römer-Hauptmann Trepho und seiner Gattin Truilla, die hier einen Hof gebaut haben und ihn *Trephonis Truilla* genannt haben sollen, woraus später Treffentrill geworden sei.

Dann gibt es Heimatforscher, die Treffen- oder Tripsdrill von *Trips* oder *Trefz* ableiten, was wilder Hafer sei, der hier *gedrillt* wurde. Hingegen vermutet der Ortsnamen-Forscher Lutz Reichardt hinter *Treffen* den Rufnamen *Trebwin*, der auch in *Treffensbuch* (Alb-Donau-Kreis) steckt.

Das *-trill* gibt noch Rätsel auf. Es könnte auf *Trille* zurückgehen, die Fischer mit „etwas Drehbares“ übersetzt. *Trille* hieß auch das Laufrad, in dem Delinquenten *gedrillt* wurden. Irgendetwas muß sich hier also gedreht haben – wenn auch sicher keine Altweibermühle.

Truilz

Verwandte: Lieblos und Sterbfritz

Kein *-hausen, -hofen* oder *-ingen* verleiht diesem Ortsnamen das vertraute heimatliche Flair. *Truilz*, so steht es einsilbig und exotisch auf jenem Ortsschild im Landkreis Ravensburg, das den Betrachter zunächst ratlos läßt.

Es bedarf der Rekonstruktion, die der Ortsnamenforscher Karl Bohnenberger vorgenommen hat. Er las *Truilz* als mundartliche Form von *truiles*, und dieses Wort führte er zurück auf ein zu vermutendes *Triuwelichs* – das heißt „des Treulichen".

Dieses *iu* wurde zu einem mundartlichen *ui* und auf hochdeutsch zu *eu*, vergleichbar mit *neu*, das auf mittelhochdeutsch *niuwe* hieß und auf gut schwäbisch *nui* gesprochen wird. Ein Kanzleischreiber hat 1742 den Namen „verhochdeutschen" wollen und schrieb ihn *Trewoltz* (wobei das *w* wie ein *u* zu lesen ist). Immerhin erinnert uns das an das englische *trew* bzw. an eine elementare Vokabel aus der alten württembergischen Devise „Furchtlos und trew!"

Das *-z* am Ende dieses und weiterer Ortsnamen geht also auf ein besitzanzeigendes Genitiv-*s* zurück; man spricht hier von „genitivischen Siedlungsnamen", die das, worum es eigentlich geht, einfach unterschlagen, nämlich den Hof, das Haus oder das Dorf. Im Fall von *Truilz* bedeutet der Ortsname „der Wohnsitz des Getreuen".

Derartige Bildungen, die auf dem Genitiv oder Wesfall beruhen, sind als Kurzformen für Kleinsiedlungen – vor allem im Sprachgebrauch unter Nachbarn – überall gebräuchlich gewesen.

Doch das wissen heute nur noch die Spezialisten, die hinter einem Ortsnamen gleich dessen Entstehungsgeschichte sehen.

Der Laie hingegen lacht sich kaputt, wenn er etwa im Hessischen auf den Ort *Lieblos* stößt oder gar auf das Schild mit dem vermeintlichen finalen Imperativ *Sterbfritz*. Dabei bedeuten jene Namen nichts anderes als „Libolfs Hof“ und „Starcfrids Hof“.

Innerhalb Baden-Württembergs sind genitivische Siedlungsnamen heute noch in den Löwensteiner Bergen und im Welzheimer Wald, vor allem aber im Allgäu bekannt. Dort finden sich auf Schritt und Tritt die merkwürdigsten Buchstabenfolgen auf den Ortsschildern, etwa Bayums (Baiamunds Hof), das zu Leupolz (Luitpolds Hof) gehört. Wenn man dieses Prinzip verstanden hat, klingen solche Namen wie *Hörbranz, Herfatz* und *Hergatz* weniger geheimnisvoll, und *Eisenharz* verwandelt sich von einer biologischen Unmöglichkeit in einen „Hof des Eisenhart“.

Tübingen

Die Gôgen sagten „Diwenga"

In der *unteren Stadt*, dem Stammesgebiet der als *Gôgen* bezeichneten Ureinwohner Tübingens, wird der Name der Stadt mitunter noch *Diwenga* gesprochen.

Das steht im Gegensatz zur offiziellen Sprech- und Schreibweise, die in der von den Akademikern beherrschten *Oberstadt* bevorzugt wird. Dieser kleine Unterscheid weist auf einen großen Gegensatz zwischen diesen beiden Stadtteilen hin, den schon die Oberamtsbeschreibung von 1867 diagnostiziert hat. „Man möchte glauben", so heißt es da, „daß zwischen den Wohnsitzen der Weingärtner in der unteren Stadt und dem Musensitz in der oberen nicht etwa eine chinesische Mauer, sondern ein breites Hochgebirge" verlaufe.

Warum sagen die einen *Diwenga* und die anderen *Dibenga*? Diese Frage ist des Schweißes der Gelehrten wert, die Tübingen – genauer gesagt: die Oberstadt – bevölkern, seit Graf Eberhard im Bart dort 1477 eine Universität gegründet hat. Um die Frage lösen zu können, müssen wieder einmal die alten Schreibweisen studiert werden.

Eine um 1100 geschriebene lateinische Chronik schreibt über eine Burg der Alemannen, *quod Tuinga vocatur*, die Tuinga genannt wurde. Eine andere Chronik des 12./13. Jahrhunderts spricht von *Tuwingen*. Das *b* ist erstmals in einer Urkunde aus dem Jahr 1360 nachweisbar: *Túbingen*. Fortan existieren beide Schreibweisen nebeneinander. Zwischendurch, in einer Urkunde aus dem Jahr 1248, ist einmal ein *comes in Ciugin* – Graf von

Ciugin genannt. Diese einmalige Version ist zu finden im vatikanischen Register; sie rührt daher, daß ein Schreiber, der überdies nicht deutsch konnte, falsch abgeschrieben hat.

Aus der ältesten Schreibweise schließen die Ortsnamenforscher, daß Tübingen nach einem *Tuwo* benannt ist; es war die „Siedlung der Leute des Tuwo". Wie aber wurde das *w* zu *b*? Gesicherte Erkenntnisse darüber gibt es nicht, aber Vermutungen. Der Tübinger Mundart-Forscher Arno Ruoff geht davon aus, daß dieses *b*, das in den ehemals vorderösterreichischen Orten westlich von Tübingen üblich war, aus noch ungeklärten Gründen die Mundartgrenze ins altwürttembergische Gebiet überschritten hat.

Andere Forscher haben beobachtet, daß das *b* erstmals auftaucht, nachdem die Grafen von Württemberg 1342 die Herrschaft erworben haben, und daß die Schreibungen mit *b* zunahmen, nachdem Tübingen Universitätsstadt geworden war. Hatten gräfliche Schreiber aus dem Nordwesten der Grafschaft das dort übliche *postvokalische b* eingeschleppt? Hatten zugereiste Akademiker diesen Trend verstärkt?

Wir wissen es nicht, aber diese Deutung eignet sich trefflich, um die gegensätzlichen Kulturkreise Tübingens im Ortsnamen zum Klingen zu bringen.

Türkheim

Vor den Türken kamen die Thüringer

Schon bevor die westdeutsche Industrie in den 60er Jahren massenhaft Arbeitskräfte aus der Türkei angeworben hatte, gab es hierzulande einige Orte namens Türkheim. Wie das?

Türken galten früher in unseren Breiten zusammen mit den Mohren als die Exoten schlechthin, gleichbedeutend mit Heiden. Daher gehörte die Figur des turbanbehüteten Türken schon in der frühen Neuzeit zu den klassischen Fastnachts-Maskierungen. Und als die Osmanen im 17. Jahrhundert bis Wien vordrangen, wurde *der Türke* vollends zum Buhmann – wobei die von den hiesigen Behörden zur Kriegführung erhobene *Türkensteuer* die Abneigung zusätzlich gefördert haben dürfte.

Doch ist bis dato nicht bekannt, daß sich in früheren Jahrhunderten nennenswerte Gruppen von Türken hier niedergelassen und damit Anlaß für eine entsprechende Ortsbenennung gegeben hätten. Wenn hier also keine türkischen Kolonisten nachweisbar sind, stellt sich die Frage, warum ein Geislinger Stadtteil *Türkheim* heißt und woher die Stuttgarter Stadtbezirke Ober- und Untertürkheim ihre Namen haben.

Tatsächlich steckt doch ein Volksstamm dahinter, nämlich die Thüringer. Das geht aus früheren Schreibweisen des Ortsnamens hervor. So ist 1127 ein *Rodolfus von Durincheim* belegt; spätere Versionen lauten *Duringheim* und *Durnkheim.*

Was trieb die Thüringer ins heutige Schwabenland? Es gibt mehrere Möglichkeiten. Zum einen könnten die Franken, nachdem sie 531 Thüringen unterworfen hatten, thüringische Gefangene hier angesiedelt haben. Es könnten andererseits auch freiwillige Kolonisten gewesen sein, welche nach dem Sieg der Franken über die Alemannen in deren Gebiet gesiedelt haben.

Bei Pleidelsheim haben Archäologen die Gräber wohlhabender Thüringer gefunden, die im 6. Jahrhundert neben den neuen fränkischen Herren bestattet worden sind. Daraus kann man schließen, daß es sich um freiwillige, wohlhabende Siedler gehandelt hat – im Gegensatz zu jenen *Wenden* und *Welschen*, auf welche solche Ortsnamen wie Winnenden, Wennenden, Welschingen oder Welschbollenbach zurückgehen. Und auch das *-heim* kann – mit aller Vorsicht – als Indiz für eine Siedlung aus fränkischer Zeit gewertet werden.

Was bedeutet *Thüringer*? Es gibt vage Vermutugen, daß der Kern des Namens verwandt ist mit dem altisländischen Wort *thori* (*th* englisch ausgesprochen), das heißt „Menge, Masse“. Dann wäre ein Thüring der „Mann der Masse“. Aber sicher ist das nicht.

Ulm

Schwall oder Sumpf?

Ulm – kurz und bündig ist dieser Name, bei dessen Nennung den in der Botanik Bewanderten allenfalls eine vom Ulmensterben bedrohte Baumart einfällt.

Ulm? Über den Sinn dieser drei Buchstaben hat schon gegen Ende des 15. Jahrhunderts der Dominikanermönch Felix Fabri nachgedacht. Das beweist, daß schon vor einem halben Jahrtausend niemandem mehr klar war, was *Ulm* bedeutet.

Fabri folgerte aus dieser Unklarheit, daß der merkwürdige Name ein Indiz für das hohe Alter der Stadt sei. Er leitete den Namen ab vom lateinischen Eigenschaftswort *ulignosus* (sumpfig) und brachte dies in ursächlichen Zusammenhang mit dem Zusammenfluß der drei Flüsse Donau, Iller und Blau, die sich in Ulm treffen.

Um die Deutung abzurunden, brachte Fabri noch die Ulme ins Spiel, die auf lateinisch *ulmus* heißt: „So, wie nun in einem Sumpf (uligo) heranwachsende Bäume Ulmen genannt werden und ein Ulmenwald ulmerium oder ulma, so wird eine im Sumpf zwischen Ulmen oder auf einem Ulmenplatz gegründete Stadt am passendsten Ulm genannt, weil sie einen Ulmenplatz einnimmt", so schloß er messerscharf.

Heute ist man schlauer. Die Sprachwissenschaftler haben längst herausgefunden, daß die Ulme im Althochdeutschen *elm* oder *ilm* hieß und daß die aus dem Lateinischen entlehnte Baumbezeichnung *Ulme* erst seit dem 12. Jahrhundert nachweisbar ist. Da aber der Name des Ortes Ulm damals längst aktenkundig war, nämlich seit 854, steht fest, daß dieser Name nicht in der Ulme wurzeln kann, zumal die Stadt nicht so alt ist, wie Fabri angenommen hatte.

In einem allerdings hatte er das richtige Gespür, nämlich daß der Name irgendwie mit dem Zusammenfluß der Flüsse – zumindest von Donau und Blau – zu tun hat. Der Ortsnamenforscher Lutz Reichardt nennt zwei Möglichkeiten der Erklärung.

Erstens: In Ulm – nicht nur in jenem an der Donau, sondern auch in den anderen Orten gleichen Namens wie auch in Ober- und Niederolm, in Ulmen, im belgischen Olmen sowie im norwegischen Gewässernamen Olma – könnte die indogermanische Wurzel *uel* stecken, die „drehen, winden, wälzen" bedeutet. Das Wort hätte somit einen Wasserschwall bezeichnet, der etwa durch den Zusammenfluß zweier Fließgewässer entsteht.

Zweitens: In den Namen könnte die indogermanische Wurzel *el-* oder *ol-* stecken, die „fließen, strömen, feucht oder modrig sein" bedeutet. Dann läge Fabri mit seinem Sumpf gar nicht so weit von der Wahrheit entfernt, auch wenn es nicht die alten Römer waren, denen die Stadt ihren Namen verdankt.

Doch wie kommt eine mittelalterliche Stadt zu einem so uralten Namen? Antwort: *Ulm* war zunächst ein Gewässername, der zur Orientierung eine bestimmte Stelle bezeichnete. Wann und von wem die besiedelt wurde, spielt dabei keine Rolle.

Upflamör

Im Kern steckt die Pflaume

Es klingt zwar nach Smørrebrød, doch um Upflamör zu finden, muß man nicht nach Dänemark fahren, sondern auf die näher gelegene Riedlinger Alb. Wie aber kommt ein Ort auf der Alb zu einem solch exotischen Namen?

Die Erklärung liegt ein paar Kilometer weiter in einem Ort mit nicht minder ungewöhnlichem Namen: in Pflummern. Der gemeinsame Nenner ist noch erkennbar im *pfl*, das beiden Ortsnamen innewohnt. Schaut man sich die alten Schreibweisen an, erweitert sich dieser gemeinsame Nenner: *Pphlumar* heißt Pflummern in einer Urkunde aus dem Jahr 1227; und *Uplumar* wird Upflamör im 11. Jahrhundert genannt.

Im Kern beider Namen steckt die Pflaume. Deren Verwandlung in jene beiden Ortsnamen dürfte sich folgendermaßen abgespielt haben. An die *Pflaume* – womit nicht nur die Frucht, sondern auch der Baum gemeint sein konnte – wurde die althochdeutsche Nachsilbe *-ari* angehängt, die auf das lateinische *-aria* zurückgeht, was einen Bezirk bezeichnete. Somit bedeutet *Pflummern* ein Gelände, wo viele Pflaumenbäume stehen.

Damit ist auch der Weg nach *Upflamör* nicht mehr weit: Das *Up* ist verwandt mit „auf" und bedeutet „oberhalb". *Up-Plumar* könnte man auch mit „Ober-Pflummern" übersetzen. Es deutet auf eine oben auf der Alb gelegene Ausbausiedlung von Pflummern.

Tatsächlich ist Upflamör der höchstgelegene Punkt von Zwiefalten, zu dem es 1974 eingemeindet wurde, und eines der

höchstgelegenen Albdörfer überhaupt. Es bietet einen schönen Blick auf die Zwiefalter Alb und sogar bis zum Bodensee und den Alpen. Auch dies – und nicht allein das Ortsschild – ist ein Grund, einmal hinzufahren.

Waiblingen

Hie Gerichtsdiener, hie Käfer

Hie Welf – hie Waibling! Der alte Ruf soll erstmals erklungen sein, als sich der Staufer Konrad III. mit dem bayerischen Welf IV. anno 1140 um Weinsberg schlug.

Ob dieser Spruch tatsächlich schon damals den feindlichen Parteien half, sich im Schlachtgetümmel besser zurechtzufinden, ist umstritten. Immerhin dokumentiert er, daß mit *Waibling* die Mannen der Staufer gemeint waren.

Um zu erfahren, wie es dazu kam, schauen wir zunächst in die Aufzeichnungen des Bischofs Otto von Freising, der im 12. Jahrhundert die Lebensgeschichte Kaiser Barbarossas zu Pergament gebracht hat: „Es gab im römischen Reich im Gebiet von Gallien und Germanien bisher zwei berühmte Familien; die eine war die der ‚Heinriche von Waiblingen', die andere die der ‚Welfen von Altdorf'. Die eine pflegte Kaiser hervorzubringen, die andere große Herzöge."

Mit den Kaisern waren die fränkischen Salier gemeint, die im Remstal Land besaßen, das sie von den ebenfalls fränkischen Karolingern ererbt hatten. Dieser Besitz ging an die Staufer über, als deren Herzog Friedrich I. die salische Kaiserstochter Agnes heiratete.

So wurde der *Waibling* zum Inbegriff des Staufers – und das nicht nur im deutschsprachigen Raum. Als 1212 bis 1218 der Thronstreit zwischen dem Staufer Friedrich I. und dem Welfen Otto IV. tobte, wurden *Welf* und *Waibling* zu Parteinamen, die auch von den Italienern übernommen wurden: die *Ghibellini*

(Waiblinger) war die kaisertreue unitaristisch-zentralistische Adelspartei. Und die *Guelfi* (Welfen) kann man als partikularistisch-föderalistische Volkspartei bezeichnen, die mit dem Papst paktierte. Diese Parteinamen blieben in den innerstädtischen Kämpfen Italiens bis um 1600 in Gebrauch. Nach Deutschland sind sie wieder zurückgekehrt als Namen für studentische Verbindungen.

Damit wissen wir allerdings immer noch nicht, was *Waiblingen* eigentlich bedeutet. Der Name taucht mehrfach auf in karolingischen Urkunden des 9. Jahrhunderts: *Ueibelingen* heißt es da. Der Name könnte auf einen Ortsgründer namens *Waibilo* zurückgehen. Doch als wahrscheinlicher gilt, daß ein *Weibel* Pate gestanden hat. Das war die Amtsbezeichnung für einen Gerichtsdiener, die übrigens auch im *Feldwe(i)bel* steckt. Demnach heißt Waiblingen „bei den Leuten in der vom Gerichtsdiener gegründeten Siedlung".

Anders verhält es sich übrigens mit *Wiblingen*. Das geht auf den Personennamen *Wibo* zurück, und der könnte einen äußerst wuseligen Menschen bezeichnet haben. Denn *wibil* ist das althochdeutsche Wort für Kornkäfer.

Wannweil

Warum denn Wannweil?

Wann, *wo*, *wie*, *wieso*, *warum* sind Interrogativ-Adverbien; *weil* und *denn* sind kausale Konjunktionen, weil sie etwas begründen. Und *Wannweil* ist eine Gemeinde fünf Kilometer nordwestlich von Reutlingen.

Warum heißt ein Ort Wannweil? Die Antwort hat weder mit Umstands- noch mit Bindewörtern zu tun, sondern mit den alten Römern und mit deutschen Flurnamen. Beginnen wir von hinten: Das *-weil* ist ein direkter Nachfahre des lateinischen Wortes *villa*, das „Hof“ oder „Landgut“ bedeutet.

Diese Verwandtschaft zeigt sich noch deutlich in der ältesten erhaltenen Schreibweise von Wannweil, dem damals noch das *Wann* fehlte und das anno 1275 schlicht *Wile* hieß. Das bedeutet „Siedlung bei den Überresten eines römischen Gutshofes“.

Das bedeutet allerdings nicht, daß diese Siedlung seit den alten Römern ununterbrochen bestanden hat. Karl Bohnenberger, der Nestor der württembergischen Ortsnamenforschung, hat dazu festgestellt, daß wohl die Überbleibsel einer solchen Villa noch lange sichtbar geblieben sind und damit die alte Bezeichnung überlebt hat. Sie wurde zum Flurnamen und fand bei einer späteren Neubesiedelung Eingang in die neue Ortsbenennung.

Da die Römer nicht nur *eine* Villa hinterlassen haben, galt es, die diversen Ruinen näher zu kennzeichnen. So stieß in diesem Falle die Wanne auf die Wile, wobei *Wanne* eine Mulde im Gelände meint und ebenfalls ein verbreiteter Flurname ist.

Blicken wir hier kurz in die Gegend von Rottenburg, wo es einen Ort namens Kalkweil gibt. Die damit bezeichnete Flur ist benannt nach den nahegelegenen Muschelkalk-Steinbrüchen. Und nutzen wir die Gelegenheit, uns von den Ortsnamenforschern darüber aufklären zu lassen, daß Weil und Weiler zwei paar Stiefel sind. Zwar ist auch Weiler irgendwie mit Villa verwandt, aber es ist eine Verwandtschaft zweiten Grades.

Weiler stammt nämlich ab vom spätlateinischen Wort *villare*, das den Boden meinte, der zur Villa gehörte. Weiler ist somit ein Lehnwort aus der Zeit der Merowinger. Die Verwendung dieses romanischen Wortes erklärt sich aus der Zugehörigkeit der betreffenden Teile Deutschlands zum fränkischen Reich mit seiner germanisch-romanischen Mischkultur.

Und damit ist hoffentlich hinreichend geklärt, wann, wo, wie, wieso und warum der Name Wannweil entstanden ist.

Weil der Stadt

Es lebe dem Dativ!

Der, die, das: Jedem Ausländer, der Deutsch lernen muß, graut vor diesen drei Wörtern, ganz zu schweigen von *dessen, dem, den*. Wer auf der B 295 zwischen Leonberg und Calw fahrend auf einem Ortsschild den Schriftzug *Weil der Stadt* erblickt, mag sich daher fragen, bei wem der Maler dieses Schildes Deutsch gelernt hat.

Weil, die Stadt muß es heißen, so sollte man meinen. Doch weit gefehlt. Was auf dem Schild steht, ist korrekt. Den Grund nennt Jacob Grimm, einer der beiden Brüder, die nicht nur Märchen erzählt, sondern auch den Grundstein zum bedeutendsten deutschen Wörterbuch gelegt haben. „Der Dativ ist der Nominativ der Ortsnamen", so soll er gesagt haben.

Der Nominativ ist, wie wir uns dunkel erinnern, der Wer- und der Dativ der Wem-Fall. Die weibliche Form des Dativs treibt Deutsch-Lernende vollends zur Verzweiflung, weil er *die Frau* zu *der Frau* macht und *Weil die Stadt* zu *Weil der Stadt*. „Ze Wil der stat", so heißt es in einer Urkunde aus dem Jahr 1343. Und damit gewinnt der Dativ seinen Sinn: *In Weil der Stadt*, so beantwortet man heute die Frage nach dem Wo.

Wenn es ein *Weil der Stadt* gibt, dann müßte es ja eigentlich auch ein *Weil dem Dorf* geben. Das ist auch tatsächlich der Fall, und zwar gar nicht allzuweit entfernt. Allerdings hat sich das *dem* im Lauf der Jahrhunderte etwas abgeschliffen. Es war 1334 noch klar erkennbar in der Bezeichnung „Wil zu dem dorffe", das sich zu *Weilimdorf* gewandelt hat.

Ist der Dativ in *Weil der Stadt* noch ziemlich deutlich zu erkennen, so ahnt heute kein Mensch mehr, daß er auch in den Ortsnamen steckt, die auf *-ingen*, *-stetten*, *-hausen* und *-hofen* oder *-beuren* enden. Denen ist das *-en* gemein, und das ist die Endung der Mehrzahl des Dativs.

Die Endung *-ing*, so wurde schon einmal an einer anderen Stelle dieses Buches dargelegt, kennzeichnet die Zugehörigkeit, etwa zu einer Person. Der Sigmaring ist einer der Gefolgsleute des Sigmar. Und Sigmaringen, der Dativ Plural, bedeutet dann „bei den Leuten des Sigmar". Dementsprechend ist *-stetten*, *-hausen* und *-hofen* zu übersetzen mit „bei den Stätten", „bei den Häusern" oder „bei den Höfen".

-beuren bedeut „bei den Bauern", wobei hier allerdings keine Landwirte gemeint sind. Diese Endung ist nicht von *der Bauer* abgeleitet, sondern von *das Bauer*, das noch im *Vogelbauer* steckt. Damit wurden kleine, besonders einfache Gebäude bezeichnet, in manchen Fällen wohl auch Einsiedlerhütten.

Wennenden

Ausländer auf der Alb

Wennenden heißt ein kleiner Weiler auf der Alb über Blaubeuren. Auch wenn es dort gelegentlich heftig wehen mag: Der Name kommt nicht vom Wind, sondern von den Wenden.

Wennenden bedeutet „bei den Wenden". Diesem Namen auf der Schwäbischen Alb zu begegnen, macht stutzig. Denn die Wenden – besser bekannt als Sorben – sind heute eine slawische Minderheit, die in Sachsen und Brandenburg wohnt. Die Brandenburgische Verfassung benutzt in ihrem Abschnitt über die Minderheitenrechte der Sorben ausdrücklich auch den Begriff *Wenden*. Dieser Volksname steckt sowohl im Vornamen *Wendelin* als auch im *Windhund*, der sich somit nicht als windschneller, sondern als wendischer Vierbeiner entpuppt.

Im Mittelalter, als Wennenden gegründet wurde – das Datum ist nicht überliefert –, war *Wenden* die Bezeichnung für die Slawen schlechthin. Doch wie kommt ein Slawendorf auf die Blaubeurer Alb?

Über den Zeitpunkt und die Umstände der Ansiedlung ist in diesem Falle nichts bekannt. An anderen Orten jedoch hat es sich bei jenen Wenden teils um unfreie Kriegsgefangene aus der Karolingerzeit gehandelt, teils um Slawen, die durch Verträge für die Ansiedlung im deutschen Gebiet gewonnen worden sind.

Slawen im besonderen oder Ausländer im allgemeinen? Es gibt Forscher, die es für historisch unsinnig halten, das Wort *Wenden* wörtlich zu nehmen und auf die Slawen zu beziehen. Vielmehr seien damit einfach Fremde ganz allgemein gemeint, so wie der Begriff *walsch* oder *welsch* zunächst die Kelten, dann die Romanen und schließlich eben die Ausländer als solche gemeint hat. Sogar eine Import-Frucht wurde *welsch* genannt, nämlich die welsche Nuß oder Walnuß (nux gallica), womit die Verbindung zu welsch, walisisch, gälisch, gallisch etc. hergestellt wäre.

Zurück nach Wennenden: Ob dort nun die Wenden im engeren oder die Nicht-Schwaben im weiteren Sinne gesiedelt haben, könnte höchstens eine Gen-Analyse klären, für die man allerdings zuerst den Knochen eines Ureinwohners finden müßte. Bis dahin ist nur sicher: Die ersten Siedler waren Ausländer.

Württemberg

Warum „Württemberg" mit „ü"?

„Hie gut Wirtemberg allewege", lautet die alte Parole, deren Ursprung nach Mutmaßung des Landeshistorikers Hansmartin Decker-Hauff im 15. Jahrhundert liegt.

Allerdings hat im 15. Jahrhundert noch niemand daran gedacht, *Württemberg* mit *ü* zu schreiben. Vom Schloß *Wirtemperg* ist in einem Dokument aus dem Jahr 1492 die Rede, und das älteste schriftliche Zeugnis aus dem Jahr1089 nennt einen *Conradus de Wirtineberc.*

Das klingt nach einer Frau Wirtin, und tatsächlich haben frühere Namendeuter behauptet, daß ein Ritter die Burg, welche seine Gattin als Mitgift in die Ehe gebracht hatte, als „Berg der Wirtin" bezeichnete – *Wirtin* im Sinne von Hausfrau.

Daneben gibt es mehrere Sagen, die den Namen nicht auf eine Wirtin, sondern auf einen *Wirt am Berge* zurückführen: Ein Metzger habe die Tochter des Kaisers Barbarossa entführt, habe mit ihr am Rotenberg eine Gaststätte eröffnet und sich „Wirt am Berge" genannt. Als der Kaiser dort eines Tages einkehrte, bereitete ihm die Tochter seine Lieblingsspeise, worauf er sie freudig wiedererkannte, dem Gatten verzieh und ihn zu einem Grafen von *Wirtemberg* machte.

Das einzige, was an dieser Geschichte stimmt, ist, daß auf dem Rotenberg bei Stuttgart die Stammburg des Hauses Württemberg gestanden hatte. Die Ruine wurde 1819/20 abgebrochen, und an ihrer Stelle ließ König Wilhelm I. ein Mausoleum für seine verstorbene Gemahlin Katharina bauen.

Die Wirts-Geschichte hat ausgerechnet dem korpulenten Landesvater Friedrich nicht geschmeckt. Um derartige Namens-Herleitungen fürderhin zu unterbinden, hat er 1802, als er noch Herzog war, die Schreibung *Württemberg* verordnet. Der letzte Versuch, diese barocke Form wieder durch *Wirtenberg* oder *Wirtemberg* zu ersetzen, wurde nach dem Zweiten Weltkrieg bei der Gründung des Südweststaates unternommen, wie Ortsnamenforscher Lutz Reichardt mitteilt.

Der bietet im übrigen eine philologisch fundierte Erklärung des Namens. Denkbar sei zum einen eine Herleitung von dem Rufnamen *Wirtino*, was dann zur „Burg des Wirtino" führen würde. Die andere Möglichkeit ist, einen keltischen Ortsnamen *Virodunum* zugrundezulegen, der sich zum Flurnamen *Wirten* entwickelt hat. Die Endung *-dunum* meinte ebenfalls Burg, und der keltische Burgbesitzer könnte *Viros* geheißen haben. Dieser Name ist mit dem lateinischen *vir* (Mann) und dem deutschen *Werwolf* (Mannwolf) verwandt und könnte „der Kräftige" oder „der Männliche" bedeutet haben. Damit hätte ein viriler Burgherr der Frau Wirtin oder dem Herrn Wirt den Rang als Namenspender abgelaufen.

Zang

Die Wurzel ist versengt

Zang – das könnte eine jener lautmalenden einsilbigen Wortschöpfungen aus dem Micky-Maus-Heft sein: Es hört sich an, als bekäme Donald mit der Schaufel eins übergebraten.

Doch Zang ist ein real existierender Ort im Landkreis Heidenheim. Er hat weder etwas mit der Zange noch mit Zank zu tun, sondern kommt von dem mittelhochdeutschen Wort *sanc*, das auf hochdeutsch *Sang* heißen müßte, wenn es noch existierte. Das wiederum stammt nicht von *singen*, sondern von *sengen*, das im heutigen Sprachgebrauch fast nur noch im Tempovergleich mit der „gesengten Sau“ vorkommt. *Sang* wäre also mit „Absengung“ oder „Verbrennung“ zu übersetzen. Die Ortsangabe *zu Sang* schrumpfte schließlich zusammen, und übrig blieb *Zang*.

Vermutlich enthält der Ortsname den Hinweis auf eine Brandrodung: Zang hat seine Wurzeln in Feuer und Flamme und bedeutet „Siedlung auf dem Land, das durch Brandrodung gewonnen wurde“.

Damit ist *Zang* inhaltlich verwandt mit anderen Orten, deren Namen an die Eingriffe des Menschen in die Natur erinnern. Wenn ein Ort *Gschwend* oder so ähnlich heißt, hat das nichts mit Geschwindigkeit zu tun, sondern mit *schwenden*, was man heute mit „beseitigen“ übersetzen würde und das sich noch in *verschwenden* gehalten hat.

Von Rodungen und Holzeinschlägen künden Silben wie *-hau, -reut, -greut oder -ruit*. Dabei handelt es sich um Silben, die sich auch durchaus verselbständigen können – etwa im Falle von Ruit, einem Stadtteil Ostfilderns. Auch *-rot* verweist auf Rodungen, wobei man bei diesem Ortsnamen-Bestandteil nie so recht weiß, wie man daran ist, denn er kann auch eine ganz andere Bedeutung haben.

Während etwa Lobenrot im Landkreis Esslingen eindeutig ein Rodungsnamen ist, der ursprünglich „das gerodete Gelände des Lobo" bezeichnete, finden wir im Ostalb-Kreis die Orte Rot, Täferrot und Orrot, deren *-rot* völlig anderer, nämlich feuchter Natur ist. Rot, ein Weiler bei Jagstzell, ist benannt nach dem Rotbach, der früher Rechenberger Roth hieß. Der häufig auftretende Gewässername bezeichnet ganz einfach einen roten Bach. Orrot ist benannt nach dem gleichnamigen Gewässer, das von Süden her in die Jagst fließt, wo von Nordosten der Rotbach in diese einmündet.

An wieder einer anderen Rot, die in die Lein und mit der in den Kocher fließt, liegt Täferrot. Zwar bietet es sich an, das *Täfer* auf eine *Taverne* zurückzuführen – wie etwa bei Däfern im Rems-Murr-Kreis. Doch eher ist an die heilige Afra zu denken, der die Kirche geweiht ist. Eine Urkunde von 1298 nennt *Afrenrot.*

So sind wir von Z wie Zang wieder bei A wie Afrenrot gelandet. Nehmen diesen eher zufällig gelungenen Bogen zum Anlaß, die Fahrt vorbei an den Ortsschildern zu beenden, bevor sich weitere Umleitungen eröffnen!

Wie man die Ortsnamen knackt: Dem Forscher über die Schulter geschaut

Wenn die Deppenhausener der spottenden Menschheit beweisen wollen, daß ihr Dorf keine Idioten-Siedlung ist, können sie sich auf die wissenschaftlichen Ortsnamenforscher berufen. Doch woher wissen die eigentlich so genau, was die Namen bedeuten?

Dieses Wissen beruht auf solider, akribischer Arbeit, der eine genaue Kenntnis der Sprache und ihrer Entwicklung zugrundeliegen muß. Um zu begreifen, wie ein Ortsname erforscht wird, begleiten wir am besten Lutz Reichardt, wenn er ans Werk geht.

Zunächst überträgt er die Namen sämtlicher Ortschaften eines Landkreises aus der amtlichen Landesbeschreibung auf Karteikarten. Für den württembergischen Landesteil sind ihm darüberhinaus die von 1825 an erschienenen Oberamtsbeschreibungen eine große Hilfe. Sie enthalten nicht nur Hinweise auf die Geschichte der Orte, sondern auch Angaben über Landschaft und Bodenbeschaffenheit. Das ist deswegen wichtig, weil manche Ortsnamen Aussagen über solche topographischen Gegebenheiten enthalten.

Dann beginnt die zeitaufwendige Archivarbeit. Denn um Ortsnamen richtig deuten zu können, muß man ihre ältesten Schreibweisen kennen, und die sind in alten Urkunden zu finden. Zunächst durchforstet Reichardt die Urkundenbücher, das sind gedruckte Sammlungen von Dokumenten. Dann taucht er in die Archive, um die Originale einzusehen. Denn er muß nicht nur die genaue Schreibweise der Ortsnamen erfassen, sondern auch ihre grammatikalische Einbettung in den übrigen Text. Er muß, um falsche Interpretationen zu vermeiden, wissen, ob das gesuchte Wort im ersten Fall (Nominativ) oder im dritten (Dativ) steht.

Außerdem muß der Forscher darauf achten, ob die Urkundenschreiber möglicherweise Fehler gemacht haben. In päpstlichen Urkunden komme das immer wieder vor, sagt Reichardt, weil die Schreibenden des Deutschen oft nicht mächtig waren. Prominentes Beispiel dafür ist Stuttgart, aus dem solche päpstliche Kanzlisten in einem Fall „Stutkarcen" und in einem anderen „Scurchardem" gemacht haben.

Reichardt verläßt sich also nur auf das, was er selber nachgesehen hat, und das bedeutet, daß er eine Unmenge alter Urkunden kontrollieren muß. Die wiederum liegen in Archiven, welche überall im Land verstreut sind. Um etwa Belege für die Ortsnamen des Ostalb-Kreises zu finden, mußte Reichardt folgende Archive aufsuchen: das Hauptstaatsarchiv Stuttgart, das Staatsarchiv Ludwigsburg, die Stadtarchive Aalen, Dinkelsbühl, Ellwangen, Esslingen, Nördlingen, Schwäbisch Gmünd, das Gräflich-Degenfeldsche-Archiv in Eybach, das Fürstlich-Öttingen-Spielbergsche-Archiv und das Fürstlich-Öttingen-Wallersteinsche-Archiv auf der Harburg, das Gräflich-Rechbergsche-Archiv in Donzdorf und das Fürstlich-Thurn-und-Taxissche Zentralarchiv in Regensburg. Am Tag schafft der Forscher 150 Urkunden.

Nun enthalten die Karteikarten also sämtliche historisch nachweisbaren Schreibweisen der Orte. Was jetzt noch fehlt, ist die Sprechweise: Wie sprechen die Einheimischen und ihre Nachbarn den Namen ihres Ortes aus? Denn oft ist die mundartliche Version richtiger als die geschriebene Form. Beispiel *Süßen* im Landkreis Göppingen: In der Mundart wird der Ortsname als *Sieß a* gesprochen, und tatsächlich bedeutete das althochdeutsche Wort *sioza* soviel wie „Weide". Ein hyperkorrekter Schreiber hat dann aus dem *ie* ein *ü* gemacht, so wie andere Angehörige jenes Berufsstandes das breite *e* gerne in ein gespitztes *ö* verwandelt haben.

Das Gegenteil von gut ist bekanntlich gut gemeint, etwa der Drang zur Überkorrektheit, der manche Schreiber beseelt hat. Dessen Ausflüsse locken die Deuter von Ortsnamen immer wieder auf falsche Fährten. Etwa im Falle von *Schnaitheim*: Das *-heim* ist das Produkt eines solchen Schreibers, der wohl beobachtet hatte, daß in der Mundart das *-heim* sich oft in ein *-a* abschleift. Nur war das eben ausgerechnet im Falle von *Schnaitheim* anders, das 1471 noch *Sneiten* geschrieben wurde, was „Schneise" hieß.

Die Reihe alter Schreibweisen im Verbund mit der mundartlichen Sprechweise verrät dem Experten solche Fehler. Um aber die korrekte Aussprache zu erhalten, bemüht Reichardt die Bürgermeister der jeweiligen Orte. Die vermitteln ihm zwei Mundart-Sprecher, die sich gegenseitig kontrollieren. Reichardt nimmt die gesprochenen Ortsnamen auf Band und schreibt sie später in Lautschrift um. Schließlich folgt die *Realprobe*: Reichardt fährt mit dem Auto zu den Orten, für deren Namen die Geographie eine Rolle gespielt haben könnte, und schaut sich ihre Lage an.

Nach Ende dieser umfangreichen Sammeltätigkeit kommt die Auswertung. Und dafür ist ein solides sprachgeschichtliches Wissen erforderlich. Nur wer die Lautgesetze kennt, wer weiß, wie sich Wörter verändern können – und vor allem: wie sie sich nicht verändern – kann Fehler bei der Deutung von Ortsnamen vermeiden. Und solche Fehler drängen sich oft geradezu auf, wie das Beispiel *Deppenhausen* wohl am besten verdeutlicht.

Bausteine: Die wichtigsten Bestandteile und Typen der südwestdeutschen Ortsnamen

Wer Ortsnamen verstehen will, muß sie auseinandernehmen. Sie bestehen meist aus einem *Grundwort* und einem *Bestimmungswort.*

Zum Beispiel **Deppen|hausen**: -hausen ist das *Grundwort*, Deppen- das *Bestimmungswort.* Die Grundwörter erkennt man leicht daran, daß sie in vielen Ortsnamen vorkommen: -hausen, -heim, -dorf, -stetten, -weiler usw. Die gebräuchlichsten von ihnen finden sich in der folgenden Liste.

Unterschiedlicher sind hingegen die Bestimmungswörter. Sie dienten dazu, die verschiedenen Orte namens -hausen, -dorf usw. voneinander zu unterscheiden. Das konnte durch Lagebezeichnungen geschehen, etwa Oberweiler, Unterweiler. Häufig wurden zur näheren Bestimmung auch *Personennamen* verwendet, die heute zumeist längst vergessen sind und deswegen nicht mehr als solche erkannt werden, wie eben der Name *Tappo*, nach dem Deppenhausen benannt ist. Gravierende Mißverständnisse sind die Folge.

Eine Sonderform sind die *-ingen-Namen.* Denn -ingen ist kein eigenständiges (Grund-) Wort, sondern nur ein Anhängsel, ein Suffix, das eine Zugehörigkeit angibt und meist mit Personennamen verbunden ist (siehe auch unten). Sie stammen aus der Zeit, als die Siedlergruppen noch nicht so recht seßhaft waren und sich nach ihrem Häuptling nannten. Wenn der *Tappo* hieß, waren sie die *Teppinge* (das *a* wurde wegen des hinzugekommenen *i* zu *e* aufgehellt), und wo sie ihr Lager aufschlugen, war *Teppingen* (bei den Leuten des Tappo). Wenn später ein Tappo irgendwo anfing, Häuser zu bauen, dann hieß diese Siedlung *Teppenhusen* (bei den Häusern des Tappo), und daraus wurde irgendwann unser heutiges *Deppenhausen.*

Damit ist die Entstehungszeit der Ortsnamen angesprochen: Von wann stammen die -ingen-Namen, von wann die -hausen- und -hofen-Namen?

Lange Zeit war es üblich, die -ingen-Namen den Alemannen, die -heim-Namen den Franken zuzuordnen. Diese Zuweisung nach Stämmen hat sich jedoch längst als falsch erwiesen. Wenn die Typengruppen überhaupt eine Aussage zulassen, dann hinsichtlich der verschiedenen Siedlungsepochen. Doch auch hier ist Vorsicht geboten, wie das Beispiel Blaustein zeigt: Zwar sind die Burgnamen, die auf -stein enden, hauptsächlich in der Zeit vom 11. bis 13. Jahrhundert entstanden. Doch der Ortsname Blaustein ist ein Produkt der Gebietsreform, die im Jahr 1975 die Gemeinden Arnegg, Bermaringen, Ehrenstein, Herrlingen, Kingenstein, Markbronn und Wippingen unter diesem neuen Kunstnamen zusammenschloß.

Aus diesem Grund ordnen die Ortsnamenforscher die Siedlungsnamentypen nach der Zeit ihrer „größten Produktivität", also nach der Zeit, in der sie am häufigsten kreiert wurden, wobei diese Produktivität sich über mehrere Siedlungsepochen – bis heute – hinziehen konnte und kann.

Besonders „produktiv" waren im

- 3. bis 5. Jahrhundert (Zeit der frühen Landnahme): -ingen und -heim mit Personennamen, -statt/stetten, -dorf;
- 5. bis 7. Jahrhundert (Zeit des merowingischen Ausbaus): -heim, -dorf, -hof(en), -weiler, -weil;
- 8. bis 9. Jahrhundert (Zeit des karolinischen Ausbaus): -heim, -hof(en), -inghofen, -hausen, -inghausen, -weiler, -weil, -beuren, -kirchen;
- 11. bis 13. Jahrhundert (Rodungsperiode): Rodungsnamen auf -hart, -holz, -buch, -bach, -dorf, -au, -berg, -tal, -feld; Burgnamen auf -berg/-burg, -stein, -fels, -eck.

Die folgende Liste enthält eine Reihe von Bestandteilen, die in den meisten südwestdeutschen Ortsnamen vorkommen.

Allerdings sei dringend davor gewarnt, die damit vollbrachten Deutungen für unumstößlich zu halten. Denn Ortsnamen enthalten Fallen ohne Ende. So läge es nahe, *Berghülen* mit „Siedlung bei der Hüle auf dem Berg" zu übersetzen. Es kann aber genausogut „Siedlung bei der Schweinehüle" bedeuten, denn das Bestimmungswort *Berg* kann in diesem Falle auch von mittelhochdeutsch *barc* (kastrierter Eber) kommen (1348: *Barkülwe*). Und der Name des Berghülener Ortsteils Bühlenhausen bedeutet nicht „Siedlung bei den Hügeln", sondern „Siedlung des Billo", denn als Bestimmungswort diente nicht etwa *bühl* (Hügel), sondern der Personenname *Billo*. Das kann aber nur wissen, wer die alte Schreibweise des Ortsnamens kennt, die im 12. Jahrhundert noch *Billenhusen* gelautet hatte.

Merke daher: Ohne Kenntnis der ältesten Schreibweisen und der Lautgesetze sollte man bei Deutungsversuchen immer davon ausgehen, daß sie daneben gehen können.

Die Liste nennt auch die unterschiedlichen Typen von Ortsnamen. Es ist durchaus möglich, daß ein Ortsname mehreren Typen zugewiesen werden kann.

ach	1. fließendes Wasser, von althochdeutsch *aha*; → S. 24, Brigach. 2. -ach kann auch eine Nachsilbe sein, mit der man Sammelbegriffe gebildet hat (Kollektivsuffix), etwa in *Haslach* (Siedlung beim Haselgebüsch) → Waldbezeichnungen. 3. kann auch von der lateinischen Adjektiv-Endung *-acum* kommen, die an Personennamen gehängt wurde, etwa in *Breisach* vom gallischen Namen *Brisios*.
aich(en)	Siedlung im Eichenwald; → Waldbezeichnung. Im Falle von *Aichen* im Alb-Donau-Kreis aber

handelt es sich nicht um den Dativ Plural von *aich*, sondern um die Verkürzung eines ursprünglichen Ortsnamens *Aichheim*. → S. 98, Maßhalderbuch.

-ang(en) → wang(en).

au Land am Wasser, von Wasser umflossenes Land (→ Gewässernamen, Flurnamen) oder von Wasser geschützte Burg (→ Burgenname); siehe aber auch → *lau*.

bach (Siedlung am) Bach; → Gewässername.

baind freies eingehegtes Grundstück, das besonderem Anbau vorbehalten ist.

berg ursprünglich annähernd bedeutungsgleich mit → burg; befestigte (→ Burgenname), aber auch unbefestigte (→ Flurnamen) Erhebung. Kann in Einzelfällen (z.B. Berghülen) auch von mittelhochdeutsch *barc* (kastrierter Eber) kommen. → S. 26, Brunzenberg; → S.24, Brigach.

Bergbezeichnungen: -berg, -bühl, -grind, -haupt, -höhe, -horn, -kogel, -kopf, -nase, -stauf(en); → S. 58, Hohenstaufen.

beuren bei den kleinen Häusern; Dativ Plural von *bur, bure* (kleines Haus); → S. 158, Weil der Stadt.

bronn Siedlung bei der Quelle, beim Brunnen.

buch(en) Siedlung im (Buchen-) Wald; → Waldbezeichnungen; → S. 98, Maßhalderbuch

bühl Siedlung auf dem Hügel (Vorsicht: Bühlenhausen geht auf den Personnenamen Billo zurück!).

burg ursprünglich: (befestigte) Höhe (→ berg), später auch auf Burgen in der Ebene übertragen; → Burgenname; → S. 26, Brunzenberg.

Burgennamen: Bestandteile eines Ortsnamens, die erkennen lassen, daß der Ort auf eine Siedlung um eine Burg zurückgeht: -berg, -burg, -eck, -egg, -fels, -stein und, bei Wasserburgen, -au. Diese Be-

standteile sind oft zusammengefügt mit Hinweisen auf die Farbe des Baumaterials oder Bodens (Rottenburg, Weißenfels), Namen oder Titel der Bewohner (Arnegg: Burg des Arno oder Aro; Grafeneck), deren Wappentiere oder -symbole (Greifenfels, Rosenstein) sowie deren Wertvorstellungen (Ehrenstein). Daneben gibt es Trutznamen wie Neideck (die Burg, die feindlicher Mißgunst standhält). Burgennamen können auch Geländemerkmale oder Gewässernamen enthalten (Hohenstein, Klingenstein).

busch — Busch, Gesträuch, Gehölz, Wald; → Waldbezeichnungen.

deger — groß; → S. 140, Tigerfeld; → S. 141, Degerloch

dorf — (beim) Dorf; → Siedlungsnamen.

-dunum — keltisch: Burg.

eck — ursprünglich *vorspringender Fels, schmaler Felsgrat (mit einer Burg)*, hat sich generell zum Bestandteil für → Burgennamen entwickelt.

egg — → eck

eich(en) — → aich(en)

-en — 1. Endung des Dativ plural mit der Bedeutung *bei den* (z.B. Hofen: bei den Höfen); → S. 158, Weil der Stadt, *Es lebe dem Dativ!*
2. Genitiv singular (z.B. Essendorf: Siedlung des Asso, Offenburg: Burg des Offo).
3. mundartlich verkürztes -heim (z.B. Aichen: Aichheim, Siedlung im oder am Eichenwald).
4. Verhochdeutschung eines mundartlichen *a* (z. B. in *am*), das – wie im Falle von *Zwiefalten* – auf ein altes *aha* (Wasser) zurückgeht: Zwiefaltach, der zweifache Bach.

Ereignisnamen: Sie rühren von einem einmaligen, aber eindrucksvollen Ereignis, etwa bei der Jagd, z. B. Urach; → S. 40, Ellwangen.

feld — waldfreies, ebenes, für Ackerbau geeignetes Gelände; → Flurnamen.

fels — Felsen, befestigter Fels; → Burgennamen.

Flurnamen: Bezeichnung bestimmter Geländestücke und Parzellen, oft nach Art, Aussehen, Bearbeitung und Funktion des Geländes (→ Bergbezeichnungen): -acker, -au, -baint, -feld, -gehren, -gries, -halde, -horn, -knie, -kessel, -mad(en), -mäder, -rain, -reut, -rot, -schieß, schopf-, -tal, -wann(e) etc.

furt — Flußübergang; → Gewässernamen.

gart(en) — umzäunter Hof; → S. 134, Stuttgart.

gau — Landschaft, Gegend; später Verwaltungseinheit; möglicherweise mit der Vorsilbe → g(e) gebildeter Sammelbegriff von *Au*; → S. 12, Allgäu.

g(e)- — Vorsilbe zum Bilden von Sammelbegriffen (Kollektivpräfix) nach dem Muster Balken - Gebälk (→ gau; → g(e)münd(en); → S. 46 Gruorn).

gehr(en) — von ger (Speer), bezeichnet spitz zulaufendes Geländestück; → Flurnamen.

g(e)münd(en) — Siedlung bei der Mündung zweier Gewässer

Gewässernamen: Bestandteile in Ortsnamen, die zum Teil leicht, zum Teil aber nicht mehr als Bezeichnungen eines fließenden oder stehenden Gewässers oder einer wasserreichen Landschaft erkennbar sind: -ach, -au, -bach, -furt, -graben, -hülen, -see, -spring. Oft enthalten Ortsnamen auch die Namen von Flüssen oder Bächen (Hydronyme). Bei diesen sind zu unterscheiden die alteuropäischen, die keltischen und die germanischen. Unter den letzteren sind einige, die heute noch erkennbare Eigenschaften des Gewässers kennzeichnen, etwa die Farbe (blau, rot; → S. 165) oder die Gewässerqualität (lauter); → S.92, Lauter.

grab(en) — (wasserführender) Graben; → Gewässername; → S. 44, Grab.

greut	gerodetes Gelände; → Rodungsname.
grind	mundartlich *Kopf*; → metaphorischer → Bergname; → S. 58, Hohenstaufen.
gries	Sand, Kies; → Flurnamen; → S. 136, Sulzgries.
halde	Bergabhang; → Flurname.
hart	Bergwald, waldiger Höhenzug; → Waldbezeichnungen; → S. 50, Härtsfeld.
hau	Einschlag, gerodetes Gelände; → Rodungsnamen.
haupt	→ metaphorischer → Bergname; → S. 58, Hohenstaufen.
hausen	bei den Häusern; → Siedlungsnamen.
heim	Heimat eines Stammes, einer Gemeinde, eines einzelnen, oft mundartlich verkürzt zu → -en; → Siedlungsnamen.
hinter-	weiter entfernt; → Lagebezeichnungen
hof(en)	bei den Höfen, (beim) Gehöft; → Siedlungsnamen.
holz	Wald, Gehölz; → Waldbezeichnungen.
horb	Sumpf
horn	Bergspitze; → metaphorischer → Bergname, Landzunge, spitz zulaufendes Landstück; → Flurnamen.
hülen	bei der Hüle (ursprünglich: Sumpflache, später Dorfteich, Wasserreservoir der trinkwasserarmen Dörfer der schwäbischen Alb); → Gewässernamen.
hütten	bei den Häusern und Werkstätten der Gewerbetreibenden; im Gegensatz zu großen Höfen.
-i(g)kofen	→ -i(n)ghofen
-iken	→ -i(n)ghofen
-ikon	→ -i(n)ghofen

Imperativische Namen: → S. 132, Siehdichfür, Schauinsland.

-ing	Gefolgsmann oder Angehöriger des ...
-ingen	bei den Leuten des ..., meist in Verbindung mit einem alten Rufnamen; → S. 116, Schnürpflingen.
-i(n)ghofen	bei der Siedlung der Leute des ..., auch -igkofen, -(i)ken, -(i)kon, -ken, -on.

Insassennamen: → *Siedlernamen*

-ken	→ -i(n)ghofen
kessel	kesselförmige Bodenvertiefung; → Flurnamen.
kilch(en)	→ kirch(en)
kirch(en)	Siedlung bei der Kirche; → Kirchen- und Klosternamen (→ S. 84, Killer; S. 86, Kirchentellinsfurt).

Kirchen- und Klosternamen: -kirch(en), -münster, -zell, oft auch → -beuren, da die damit bezeichneten Hütten Einsiedeleien gewesen sein können.

klinge(n)	Schlucht, früher: Gebirgsbach, Sturzbach, Quelle; → Gewässernamen
knie	→ metaphorischer → Flurname, der eine Ausbuchtung bezeichnet (→ S. 130, Siebenknie).
kogel	von lat. *cuculla* (Mönchskapuze) → metaphorischer → Bergname; → S. 58, Hohenstaufen.
-kon	→ -i(n)ghofen
kopf	→ metaphorischer → Bergname; → S. 58, Hohenstaufen.
kreut	gerodetes Gelände; → greut, reut, rod, ruit.

Lagebezeichnungen: Ober-, Unter-, Nieder-, Vorder-, Hinter-, Mittel-, Mitter-, Wester-, Oster-, Sonder-, Sont-, Norder(n)- dienen zur Unterscheidung oder präzisierung der Höhenlage, der Entfernung oder Himmelsrichtung eines Ortes in Beziehung zu einem bestimmten Standpunkt (oberhalb von ..., östlich von ...); → S. 152, Upflamör.

landwirtschaftliche Bezeichnungen: -acker, -feld, -garten, -hof(en), -wang.

lau	lichter Wald, Gebüsch, bewachsene Lichtung (z.B. Bernlau, Pappelau), identisch mit *lo(c)h*; → Waldbezeichnungen; siehe aber auch → au.
lo(c)h	lichter Wald, Gebüsch, bewachsene Lichtung; → Waldbezeichnungen; → S. 56, Hohenlohe; S. 118, Schopfloch; → lau.
mad(en)	Wiese, die einmal im Jahr gemäht und dann

beweidet wird; → Flurnamen.

mäder → mad(en)

metaphorische Namen: vergleichen die Landschaft mit Gegenständen oder Körperteilen: -knie, -kogel, -kopf, -nase, schopf-, -stauf etc.; → S. 58, Hohenstaufen

mittel- → Lagebezeichnungen.

moos Gelände mit sumpfigem, morastigem Boden.

mühle(n) (Siedlung bei der) Mühle

-n → -en

-nase → metaphorischer → Bergname

nieder- unterhalb gelegen; → Lagebezeichnungen.

norder(n)- nördlich gelegen; → Lagebezeichnungen.

ober- oberhalb gelegen; → Lagebezeichnungen.

-on → -i(n)ghofen

oster östlich gelegen; → Lagebezeichnungen.

reut gerodetes Gelände; → Rodungsnamen.

ried(en) 1. Siedlung im Ried, Moor.
2. Rodung; → Rodungsnamen.

Rodungsnamen: Bestandteile eines Ortsnamens, die auf eine Rodung des Geländes zurückgehen: hau, reut, ried, rot, ruit, schlacht.

rot 1. gerodetes Gelände; → Rodungsnamen; → S. 165, Lobenrot.
2. Gewässerfarbe; → Gewässernamen; → S. 165, Orrot.

ruit gerodetes Gelände; → Rodungsnamen.

-s Genitivische Siedlungsnamen, zu ergänzen ist *Haus*, *Hof* oder *Siedlung*; → S. 145, Bayums.

Sankt Siedlungen bei einer Kapelle oder Kirche, die dem betreffenden Heiligen gewidmet sind.

schieß spitzwinkliges Wald- oder Flurstück; → Flurnamen; → S. 20, Bittelschieß.

schlacht Einschlag, gerodetes Gelände; → Rodungsnamen.

see Siedlung an einem See, Teich oder Gewässer jeder Größenordnung.

selde(n) (bei den) Taglöhnerhütten; → Siedlungsnamen.
siedel(n) (bei dem) Wohnsitz; → Siedlungsnamen.
Siedlernamen: *Ortsnamen, die sich nicht auf die geographische Lage beziehen, sondern auf eine Person oder eine Personengruppe, z.B. Sigmaringen: Sigmaring: der Gefolgsmann des Sigmar, Sigmaringen: bei den Gefolgsleuten des Sigmar; → Wennenden: bei den Wenden, Slaven. -ingen-Namen sind Siedlernamen, selbst wenn die Endung -ingen nicht mit einem Personnenamen, sondern einer Stellenbezeichnung kombiniert ist: Westerlingen war die Siedlung der westlich von einem bestimmten Standpunkt gelegenen Ort wohnenden Leute.*
Siedlungsnamen: *-heim, -ingheim, -haus(en), -hof(en), -höfe(n), statt(en), -stett(en), -dorf, -weiler, -bur, zimmer(n), -selde(n), -sölde(n), -siedel, -stadt, -statt, -mühle. Diese Namengrundwörter zielen in erster Linie auf die Siedlung und können auch mit den Namen eines Siedlers verbunden sein, z.B. → S. 36, Deppenhausen: Siedlung des Tappo.*
Bedeutungsgleich sind -dorf, -hausen, -heim, -hofen, -stetten, -weiler. Spezieller: -beuren, -hütten.
Manche dieser Grundwörter lassen Rückschlüsse auf die Zeit derBesiedlung zu.
sölde(n) → selde(n)
sonder südlich gelegen; → sont; → Lagebezeichnungen.
sont südlich gelegen; → Lagebezeichnungen.
spring Quelle
statt Wohnstätte
stauf(en) Becher ohne Fuß, metaphorischer → Bergname; → S. 58, Hohenstaufen.
stein Fels; → Burgenname
Stellennamen: *Bestandteile eines Ortsnamens, die einen Hinweis auf die landschaftliche Lage der Siedlung*

	enthalten. Dazu gehören → Burgen-, → Flur-, → Gewässernamen, → Bergbezeichnungen.
stett(en)	Siedlung, bedeutungsgleich mit -hofen, -hausen, -heim, -dorf. Dativ plural von statt: bei den Stätten.
strut	Sumpf, Gebüsch, Dickicht.
su(n)d	südlich gelegen; → sont; → Lagebezeichnungen.
tissen	beim Wasserschwall; → S. 114, Riß.
unter-	unterhalb gelegen; → Lagebezeichnungen.
ur	Auerochse; → Ereignisnamen; → S. 40, Ellwangen.
vorder-	näher gelegen; → Lagebezeichnungen.
wald	1. Wald; 2. Personenname Waldo; 3. Walchen, Welsche, Ausländer
Waldbezeichnungen: -ach, -aich(en), -buch(en), -busch, -hart, -holz, -loh.	
wang(en)	Feld, Wiese, Weide ; manchmal fällt das *w* weg; → S. 16, Backnang, Botnang; → S. 41, Mutlangen, Humlangen.
wanne	Mulde im Gelände; → Flurnamen; → S. 156, Wannweil.
weil	Siedlung bei den Resten eines römischen Gutshofes; → S. 156, Wannweil.
weiler	Siedlung in der Größenordnung zwischen Hof und Dorf. Merowingerzeitliches Lehnwort, geht zurück auf romanisch *villare* (den Hof [villa] umgebender Boden). Der Begriff stammt aus der Zeit des fränkischen Reichs und seiner gallorömischen Mischkultur und tritt seit dem 7. Jahrhundert in deutschen und französischen Ortsnamen auf. → Siedlungsnamen; → S. 156, Wannweil; → S. 84, Killer.
wirtschaftliche Bezeichnungen: -mühlen.	
zimmern	bei den Blockhäusern (im Unterscheid zu Fachwerkhäusern); → S. 42, Frauenzimmern.
-z	→ -s
zell	Zelle, Kloster; → Kirchen- und Klosternamen.

Literatur

Bach, Adolf: Deutsche Namenkunde. Bd. 1-2. Heidelberg 1952-54.

Bacmeister, Adolf: Alemannische Wanderungen. 1. Ortsnamen der keltisch-römischen Zeit, slavische Siedlungen. Stuttgart 1867.

Becht, Hans-Peter: Pforzheim so, wie es war. Fotografierte Zeitgeschichte. Düsseldorf 1987.

Berger, Dieter: Duden, geographische Namen in Deutschland. Herkunft und Bedeutung der Namen von Ländern, Städten, Bergen und Gewässern. Mannheim, Leipzig, Wien, Zürich 1993.

Beschreibung des Oberamts Crailsheim. Stuttgart 1884.

Beschreibung des Oberamts Hall. Stuttgart/Tübingen 1847.

Beschreibung des Oberamts Oehringen. Stuttgart 1865.

Beschreibung des Oberamts Ravensburg. Stuttgart und Tübingen 1836.

Beschreibung des Oberamts Ulm. Bd. 1-2. Stuttgart 1897.

Beschreibung des Oberamts Wangen. Stuttgart und Tübingen 1841.

Boesch, Bruno: Zu den Ortsnamen. In: Der Schwarzwald. Beiträge zur Landeskunde. Hg. Ekkehard Liehl, Wolf-Dieter Sick. Bühl/Baden 1981.

Bohnenberger, Karl: Die Ortsnamen Württembergs. Tübingen 1927.

Borst, Arno: Geschichte eines Wortes. In: Der Bodensee. Landschaft, Geschichte, Kultur. Hg. von Helmut Maurer, Friedrichshafen 1982

Brechenmacher, Josef Karlmann: Etymologisches Wörterbuch der deutschen Familiennamen. Bd. 1-2. Glücksburg 1957-63.

Brockhaus' Konversations-Lexikon. Bd. 1-16. 14. Aufl. Leipzig 1908.

Buck, Michael: Oberdeutsches Flurnamenbuch. Stuttgart 1880.

Chronik des Kreises Ravensburg. Landschaft, Geschichte, Brauchtum, Kunst. Hinterzarten 1975.

Crailsheim, Sigmund Freiherr von: Die Reichsfreiherrn von Crailsheim. Familiengeschichte. München 1905.

Das große Buch vom Schwarzwald. Von Hartwig Haubrich, Wolfgang Hug und Herbert Lange. Stuttgart 1991.

Das Königreich Württemberg. Eine Beschreibung nach Kreisen, Oberämtern und Gemeinden. Bd. 1-4. Stuttgart 1904-1907.

Das Land Baden-Württemberg. Amtliche Beschreibung nach Kreisen und Gemeinden. Bd. 1-8. Stuttgart 1974-83.

Der Alb-Donau-Kreis. Bd. 1-2. Sigmaringen 1989-1992.

Der Kreis Schwäbisch Hall. 2. Aufl. Stuttgart/Aalen 1987.
Der Landkreis Crailsheim. Kreisbeschreibung. Hg. vom Statistischen Landesamt Baden-Württemberg. Stuttgart 1953.
Der Landkreis Ravensburg im Spiegel des Schrifttums. Eine Kreisbibliographie. Hg. von Hans Ulrich Rudolf (Weingartener Hochschulschriften Nr. 10) Weingarten 1990.
Die Kunst- und Altertums-Denkmale im ehemaligen Donaukreis. Oberamt Ravensburg. Bearbeitet von Richard Schmidt und Hans Buchbreit. Stuttgart/Berlin 1931.
Eberl, Immo: Wennenden. In: Decker-Hauff, Hansmartin und Eberl, Immo (Hg.): Blaubeuren. Die Entwicklung einer Siedlung in Südwestdeutschland. Sigmaringen 1986, S. 965 f.
Elina, Hilza: Die Sorben/Wenden in Deutschland. In: http://www.-user.tu-cottbus.de/Sorben/ger/historie.htm (abgerufen 20.4.1998).
Fischer, Hermann: Schwäbisches Wörterbuch. Bd. 1-6. Tübingen 1904-36.
Förstemann, Ernst:
- Altdeutsches Namenbuch. Bd. I (Personennamen). 2. Aufl. Bonn 1900.
- Altdeutsches Namenbuch. Bd. II (Orts- und sonstige geographische Namen). 2. Aufl. Bonn 1913-16.

Geiger, Theodora: Die ältesten Gewässernamenschichten im Gebiet des Hoch- und Oberrheins. In: Beiträge zur Namenforschung 14 (1963), S. 213-229; 15 (1964), S. 26-54; 16 (1965), S. 113-136, 233-263.
Gottschald, Max: Deutsche Namenkunde. Unsere Familiennamen. 5. Aufl. Berlin 1982.
Gräser, Hans: Das Crailsheimer Stadtwappen. In: Mitteilungsblätter des Crailsheimer Historischen Vereins 11 (1994).
Greule, Albrecht: Vor- und frühgermanische Flußnamen am Oberrhein. Heidelberg 1973.
Hampele, Walter: Das Hohenloher Schlitzohr. In: Württembergisch Franken, Bd. 79 (1995), S. 479-497.
Handwörterbuch zur deutschen Rechtsgeschichte (HRG). Bd. 1-6. Berlin 1971-98.
Heimatbuch der Gemeinde Zwiefalten. Herausgegeben anläßlich ihres 150jährigen Gemeindejubiläums. Zwiefalten 1982.
Historischer Südwestdeutscher Sprachatlas. Von Wolfgang Kleiber, Konrad Kunze, Heinrich Löffler. Bd. 1-2. München 1979.
Historisches Ortsnamenbuch von Bayern. München 1951.
Kapfhammer, Günter: Judenwege. Untersuchungen zur jüdischen Mobilität und Migration mit besonderer Berücksichtigung Bayerns. In: Blätter für oberdeutsche Namenforschung. 27. Jahrgang, 1990, S. 3-27.
Keinath, Walther: Orts- und Flurnamen in Württemberg. Stuttgart 1951.
Kempa, Martin und Reichardt, Lutz: Kuchen, Name und Sache. Mit einem Exkurs über Essingen. In: Zeitschrift für Württembergische Landesgeschichte. Hgg. von der Kommission für geschichtliche Landeskunde in Baden-Württemberg und dem Württembergischen Geschichts- und Altertumsverein. 33. Jahrgang. Stuttgart 1994.
Kleiber, Wolfgang und Pfister, Max: Aspekte und Probleme der römisch-germanischen Kontinuität. Sprachkontinuität an Mosel, Mittel- und Oberrhein sowie im Schwarzwald. Stuttgart 1992.

Kluge, Friedrich: Etymologisches Wörterbuch der deutschen Sprache. 23. Aufl. Berlin/New-York 1995.
Krahe, Hans:
- Die Struktur der alteuropäischen Hydronomie. In: Abhandlungen der Akademie der Wissenschaften und der Literatur, Geistes- und Sozialwissenschaftliche Klasse, Nr. 5. Mainz 1962.
- Über einige mit f- anlautende (Orts- und) Gewässernamen. In: Beiträge zur Namenforschung 9 (1958), S. 1-15.
- Unsere ältesten Flußnamen. Wiesbaden 1964.

Kreis- und Gemeindewappen in Baden-Württemberg. Bd. 1-4. Stuttgart 1987.
Krieger, Albert: Topographisches Wörterbuch des Großherzogtums Baden. Hg. von der Badischen Historischen Kommission. 2. Aufl. Bd. 1-2. Heidelberg 1904, 1905.
Kruse, Norbert: Der Name Isny und die älteste Namenschicht des Kreises Ravensburg. In: Im Oberland. Kultur, Geschichte, Natur. Beiträge aus Oberschwaben und dem Allgäu. Heft 2, 1996, S. 21-26.
Lexer, Matthias: Mittelhochdeutsches Handwörterbuch. Bd. 1-3 u. Nachtr. Leipzig 1869-78.
Lexikon des Mitelalters. Bd. 1-10. München-Zürich 1980-99.
Maurer, Helmut (Hg.): Der Bodensee. Landschaft, Geschichte, Kultur. Sigmaringen 1982.
Maurer, Helmut: Konstanz im Mittealter. Bd. 1. Konstanz 1989.
Meyers Enzyklopädisches Lexikon in 25 Bänden. Mannheim, Wien, Zürich 1971-79.
Nieto Ballester, Emilio: Breve diccionario de topónimos españoles. Madrid 1997.
Novotny, Peter: Vereinödung im Allgäu und in den angrenzenden Gebieten. Kempten 1984.
Pokorny, Julius: Indogermanisches etymologisches Wörterbuch. Bd. 1-2, Bern 1959-69.
Raff, Gerhard: Hie gut Wirtemberg allewege. Das Haus Württemberg von Graf Ulrich dem Stifter bis Herzog Ludwig. Stuttgart 1984.
Reaney, P. H.: The Origin of English Place Names. 9. Aufl, London 1987.
Reichardt, Lutz:
- Die Baden-Württembergischen Ortsnamenbücher. Rahmenbedingungen, Arbeitsmethoden und Darstellungsmethoden. In: Historisch-philologische Ortsnamenbücher. Regensburger Symposion. 4. und 5. Oktober 1994. Hg.: Heinrich Tiefenbach. Heidelberg 1996.
- Heukrampfen, Schnürpflingen und Konsorten. Beinamen in südwestdeutschen Siedlungsnamen. In: Beiträge zur Volkskunde in Baden-Württemberg. Bd. 2. Stuttgart 1987.
- Ortsnamenbuch des Alb-Donau-Kreises und des Stadtkreises Ulm (Veröffentlichungen der Kommission für geschichtliche Landeskunde in Baden-Württemberg, Reihe B, Bd. 105). Stuttgart 1986.
- Ortsnamenbuch des Kreises Esslingen (Veröffentlichungen der Kommission für geschichtliche Landeskunde in Baden-Württemberg, Reihe B, Bd. 98). Stuttgart 1982.

– Ortsnamenbuch des Kreises Göppingen (Veröffentlichungen der Kommission für geschichtliche Landeskunde in Baden-Württemberg, Reihe B, Bd. 112). Stuttgart 1989.
– Ortsnamenbuch des Kreises Heidenheim (Veröffentlichungen der Kommission für geschichtliche Landeskunde in Baden-Württemberg, Reihe B, Bd. 111). Stuttgart 1987.
– Ortsnamenbuch des Kreises Reutlingen (Veröffentlichungen der Kommission für geschichtliche Landeskunde in Baden-Württemberg, Reihe B, Bd. 102). Stuttgart 1983.
– Ortsnamenbuch des Kreises Tübingen (Veröffentlichungen der Kommission für geschichtliche Landeskunde in Baden-Württemberg, Reihe B, Bd. 104). Stuttgart 1984.
– Ortsnamenbuch des Ostalb-Kreises. Bd. 1-2 (Veröffentlichungen der Kommission für geschichtliche Landeskunde in Baden-Württemberg, Reihe B, Bd. 139/140). Stuttgart 1999.
– Ortsnamenbuch des Stadtkreises Stuttgart und des Landkreises Ludwigsburg (Veröffentlichungen der Kommission für geschichtliche Landeskunde in Baden-Württemberg, Reihe B, Bd. 101). Stuttgart 1982.
– Siedlungsnamen: Methodologie, Typologie und Zeitschichten (Beispiele aus Hessen). In: Die Welt der Namen. Sechs namenkundliche Beiträge. Herausgegeben von Norbert Nail (Schriften der Universitätsbibliothek Marburg, Nr. 87), Marburg 1998.
Ruoff, Arno: Die Mundart. In: Der Landkreis Tübingen. Amtliche Kreisbeschreibung, 1. Bd. Tübingen 1967, S. 351-390.
Ruoff, Arno: Über die Tübinger Stadtsprache. In: Schwäbische Heimat 8 (1957), S. 112-115.
Ruoff, Arno: Wo die Geiten zu Eeíten werden. Über die Mundart in Stadt und Kreis Tübingen. In: Sonderbeilage der Südwest Presse vom 11. 8. 1978 „900 Jahre Stadt Tübingen".
Schmeller, Johann Andreas: Bayerisches Wörterbuch. Bd. 1-2. Sonderausgabe der von G. Karl Fromann bearbeiteten 2. Ausgabe München 1872 – 1877, München 1985.
Schmid, Anneliese: Die ältesten Namenschichten im Stromgebiet des Neckar (I-II). In: Beiträge zur Namenforschung 12 (1961), S. 197-214 u. 225-249; 13 (1962), S. 53-69, 97-125 und 209-227.
Schmid, Wolfgang Paul: Donau. In: Reallexikon der Germanischen Altertumskunde. 2. Aufl., Bd. 6, Lfg. 1/2, S. 14-16.
Schützeichel, Rudolf: Althochdeutsches Wörterbuch. 3. Aufl. Tübingen 1981.
Springer, Otto: Die Flußnamen Württembergs und Badens. Stuttgart 1930.
Unser Stuttgart. Geschichte, Sage und Kultur der Stadt und ihrer Umgebung, in Einzelbildern dargeboten. Der Jugend Stuttgarts gewidmet von Wilhelm Seytter. Stuttgart o.J. (1903/04).
Waldburg. Bilder erzählen aus den letzten 100 Jahren. Horb 1997.

Index der in diesem Band erklärten Namen und Wörter

(Die **fettgedruckten** Orts-, Fluß- und Landschaftsnamen sind Thema eines Kapitels.)

Wolf-Henning Petershagen

WIR SCHWABEN
Band 1

Wolf-Henning Petershagen

WIR SCHWABEN

Band 1
So heißen wir

mit Zeichnungen von Sepp Buchegger

THEISS

Herausgegeben von der Neuen Pressegesellschaft Ulm mit ihren Partnerzeitungen: Alb Bote, Geislinger Zeitung, Haller Tagblatt, Hohenloher Tagblatt, Hohenzollerische Zeitung, Neue Württembergische Zeitung, Reutlinger Nachrichten, Rundschau, Südwest Presse, Südwest Presse Metzinger-Uracher-Volksblatt, Tauber Zeitung

Die Deutsche Nationalbibliothek verzeichnet diese Publikation in der Deutschen Nationalbibliografie; detaillierte bibliografische Daten sind im Internet über http://dnb.dnb.de abrufbar.

Der Konrad Theiss Verlag ist ein Imprint der WBG.

Sonderausgabe in 3 Bänden

Die erste Auflage des Bandes *Wir Schwaben. So heißen wir* erschien 2001 im Konrad Theiss Verlag, Stuttgart, unter dem Titel *Maier, Jauch & Eisele. Was steckt hinter den Familiennamen?*
Die Herausgabe des Werkes wurde durch die Vereinsmitglieder der WBG ermöglicht.
Umschlaggestaltung: Stefan Schmid Design, Stuttgart
Lektorat: Martin Müller, Ostfildern
Gedruckt auf säurefreiem und alterungsbeständigem Papier
Printed in Germany

Besuchen Sie uns im Internet: www.wbg-wissenverbindet.de
ISBN 978-3-8062-3154-0

Inhalt

K
L
E
I
N

Vor Gebrauch lesen

Wollen Sie wissen, was hinter Ihrem Familiennamen steckt? Dann empfiehlt es sich, im Index am Ende des Buches nachzusehen, ob unter den dort rund 1300 verzeichneten Namen der Ihre vertreten ist – oder ein ähnlich lautender. Denn viele Namen gibt es in unterschiedlichen Schreibweisen, etwa Bayer, Baier und Peyer, Müller, Möller und Miller, von den Variationen des Namens Maier gar nicht zu reden.

Wenn Sie Ihren Namen gefunden haben, seien Sie dennoch vorsichtig: Für die Bedeutung vieler Namen gibt es nicht nur eine, sondern mehrere mögliche Erklärungen, so genannte »Bedeutungs-Konkurrenzen«. Da die folgenden Kapitel meist ein spezielles Thema zum Gegenstand haben und sie als Beiträge einer Zeitungs-Serie einen bestimmten Umfang nicht überschreiten durften, konnten nicht immer alle in Frage kommenden Bedeutungen eines bestimmten Namens zur Sprache kommen.

Dieses Buch ist also nur in zweiter Linie als Nachschlagewerk gedacht. In erster Linie will es »Aha-Effekte« auslösen, will dazu anregen, über die Herkunft und Bedeutung der Namen nachzudenken und selber weiterzuforschen. Dazu dient die Literaturliste im Anhang.

»Wir Schwaben – So heißen wir« ist die Zusammenfassung der ersten 50 Beiträge der Serie »Maier, Jauch & Eisele«, die von September 1999 an in den Wochenend-Ausgaben der Südwest Presse und ihrer Partnerzeitungen erschienen ist. Ihren Anspruch, sich auf dem aktuellen Stand der wissenschaftlichen Namenforschung zu bewegen, verdankt sie der Unterstützung von Konrad Kunze, der als Verfasser des »dtv-Atlas Namenkunde« diesen Forschungsbereich einem breiten Publikum zugänglich gemacht hat. Er stand dem Autor stets beratend und, wo es nötig war, korrigierend zur Seite. Dafür sei ihm an dieser Stelle herzlich gedankt.

Seit wann und warum Familiennamen?

Wie soll man die Leute auseinander halten, wenn alle Männer *Hans* und alle Frauen *Grete* heißen? In einem solchen Fall muss ein weiteres Unterscheidungsmerkmal benannt werden: etwa der *lange* oder der *kurze Hans*, die *dicke* oder die *dünne Grete.*

Diese Notwendigkeit, dem einfachen Rufnamen einen Beinamen hinzuzufügen, ergab sich im deutschen Sprachgebiet vor etwa 900 Jahren. Zwar hatte es Beinamen – ehrende, beschreibende oder karikierende – schon immer gegeben. Doch die starben mit jenen, denen sie angehängt worden waren. Vor neun Jahrhunderten aber begannen die Menschen, zuerst in Süd- und Westdeutschland, solche Beinamen zu vererben. Das war die Geburtsstunde der Familiennamen.

Für deren Entstehen gab es mehrere Gründe. Zum einen wuchsen die Städte. Zum anderen nahm die Zahl der Rufnamen ab. Zwar traten damals gerade die christlichen Rufnamen ihren Siegeszug über die traditionellen germanischen an. Aus *Hinz* und *Kunz*, den Kurzformen für die verbreitetsten Namen *Heinrich* und *Konrad*, wurden *Hans* und *Klaus* – von *Johannes* und *Nikolaus.* Und der beliebte Frauenname *Kunigunde* wich der christlichen *Margarethe.* Aber die christlichen Rufnamen waren zunächst nicht so zahlreich wie die germanischen. Die nämlich bestanden meist aus zwei Elementen. Von denen konnte jedes einzelne mit anderen Elementen zu neuen Namen verbunden werden. Zerlegt man etwa den *Dietrich* in *Diet-* und *-rich*, finden wir beide Einzelteile in allen möglichen anderen Kombinationen wie *Dietbald, Dietbert, Diethart* etc. oder in *Heinrich, Alberich, Richard* etc. Der durch solche Kombinationen ermöglichte Reichtum an Rufnamen wurde verringert; die Namenforscher sprechen von einer »Rufnamen-Konzentration«.

Die wurde dramatisch verstärkt durch eine neue Tendenz, die Jungen auf die Rufnamen ihres Erzeugers zu taufen. Dadurch trugen immer mehr Leute immer weniger unterschiedliche Namen – und das bei einer wachsenden Bevölkerungsdichte in den Städten, die eines immer höheren Maßes an Verwaltung bedurften. Die Notwendigkeit, über den Rufnamen hinaus eine weitere Möglichkeit zur Identifizierung zu finden, stand seit dem 12. Jahrhundert in Süd- und Westdeutschland gewissermaßen auf der Tagesordnung.

Die Adeligen hatten sich schon zuvor »Zweitnamen« zugelegt. Dabei hatte der Besitz eine wichtige Rolle gespielt, genauer gesagt der Umstand, dass im Jahr 1037 unter dem salischen Kaiser Konrad II. die Lehen erblich geworden waren. Der Sitz wurde zum Stammsitz, und der wurde, mit einem »von« versehen, zum Familiennamen. Das Vererben von Eigentum mag auch bei den Stadtbewohnern dazu beigetragen haben, dass sie sich einen Zweitnamen zulegten. Denn es ist zu beobachten, dass die »Zweinamigkeit« sich von den oberen zu den unteren gesellschaftlichen Gruppen durchsetzte.

Wie wurden diese Zweitnamen gebildet? Vom Adel kennen wir bereits die Herkunftsnamen. Noch vor der Benennung nach dem Stammsitz war es üblich gewesen, die verwandtschaftliche Verbindung zu offenbaren. So spricht das Hildebrandslied, das um 800 entstanden ist, von »*Hildebrand, Heribrands* Sohn«. Solche »Vaternamen« oder »Patronyme« sind bis heute üblich. Aus einem *Hans, Friedrichs Sohn*, wurde ein *Hans Friedrichsen, Hans Friedrichs* oder einfach *Hans Friedrich*. Und einem Vater namens *Isenhart* konnte ein Nachfahre namens *Eisele* entsprießen.

Auch die Berufe gaben Beinamen ab, und zwar in so vielen Fällen, dass die Berufsnamen heute in ihrer Häufigkeit an der Spitze stehen: Den-

ken wir an den *Schmied* und den daraus entstandenen Familiennamen in seinen unterschiedlichen Schreibweisen, an den *Müller* oder an den *Maier* – das war der Verwalter oder Pächter des Herrenhofes.
Sehr verbreitet sind auch die »Übernamen«. Die spielten auf persönliche Merkmale an, etwa die Haarfarbe oder -beschaffenheit: *Schwarz, Rot, Grau, Krause.* Oder auf den Körperzustand: *Lang, Kurz, Faißt, Mägerle,* aber auch auf Charakter und Verhalten: *Fröhlich, Sorg, Kümmerle, Zorn.*
Eine wichtige Rolle spielte schon immer die Frage, woher einer kam. War er ein *Bayer*, ein *Hess*, ein *Heilbronner* oder *Bollinger*? Neben diesen »Herkunftsnamen« sind die »Wohnstättennamen« sehr verbreitet: Der *Bühler* wohnte am Bühl, wie man früher zu einem Hügel sagte, der *Moser* im Moos (Moor), der *Steinkühler* in einer steinigen Kuhle.
In ihrem Bemühen, die Individuen unverwechselbar zu machen, haben unsere Altvorderen einen erstaunlichen Erfindungsreichtum an den Tag gelegt. Allerdings ist das schon so viele Jahrhunderte her, dass viele Familiennamen heute nicht mehr zu verstehen sind. Denn sie bestehen manchmal aus Wörtern, die längst vergessen sind – denken wir an die mittelhochdeutsche Vokabel *muntbor* (Vormund), aus dem der Familienname *Momper* entstanden ist.
Halten wir also fest: Das Ziel, die Individuen unverwechselbar zu machen, indem man ihnen einen Zweitnamen anhängte, ist längst erreicht. Allerdings verursacht der bewusste Blick auf die Türschilder des Landes meist eine gewisse Ratlosigkeit. Denn in vielen Fällen ist nicht mehr erkennbar, was die Namen, die darauf prangen, bedeuten und was hinter ihnen steckt. Diesem Notstand zumindest teilweise abzuhelfen ist das Ziel der folgenden 50 Kapitel.

ARBEIT UND BERUF

Die Häufigsten im Lande

WELCHES IST DER HÄUFIGSTE FAMILIENNAME IN BADEN-WÜRTTEMBERG? *Hägele* IST ES ENTGEGEN ANDERS LAUTENDEN BEHAUPTUNGEN NICHT. UND *Mayer* AUCH NICHT.

Sämtliche Träger eines bestimmten Namens zu ermitteln, ist nicht nur deswegen aussichtslos, weil sich ihr Bestand durch Geburt, Tod und Eheschließungen täglich verändert. Es gibt auch keine amtlichen Namen-Zählungen, etwa zu einem bestimmten Stichtag.

Es bleibt also nicht viel anderes übrig, als zu den baden-württembergischen Telefonbüchern beziehungsweise den entsprechenden Datenträgern zu greifen. Deren Auswertung führt zu den folgenden Ergebnissen, die – zumindest bei den häufigsten Namen – wohl auf die Gesamtbevölkerung Baden-Württembergs übertragbar sind.

Den Telefonbüchern zufolge ist nicht *Mayer* der häufigste Name im Lande, sondern *Müller*. Das gilt allerdings nur, wenn man den auf Platz zwei folgenden *Schmidt* nicht mit den gleich lautenden, aber anders geschriebenen *Schmid*, *Schmitt*, *Schmied*, *Schmiedt*, *Schmit* und *Schmith* zusammenzählt. Addiert man jedoch die diversen *Schmi(e)(d)t(t)(h)s*, ergibt das eine Summe von über 41 000, wobei niederdeutsche Formen, die anstatt mit *Sch* mit *S* beginnen, nicht mitgezählt sind – auch nicht die starke Hundertschaft der *Smith*, die in Baden-Württembergs Telefonbüchern zu finden ist.

Nach den *Schmidt* kommen die *Müller*. Fasst man alle, ob mit *ü*, *ue*, *i*, mit zwei oder mit einem *l* zusammen, bringen sie es auf knapp 40 000 Einträge.

Auf Rang drei aber präsentiert sich der Name *Mayer* in zehn Variationen und insgesamt nicht ganz 37 000 Einträgen. Die häufigsten davon lauten auf *Maier* mit *ai*. Erst dann folgen die *Mayer*, weit abgeschlagen die *Meyer*, hart bedrängt von *Meier*. Auf den hinteren Rängen finden sich *Mayr*, *Majer*, *Mair*, *Meyr*, *Meir* und *Mejer*.

An vierter Stelle steht der Name *Schneider* mit seinen Varianten *Schneyder*, *Schnider*, *Schnyder*, gefolgt von *Fischer* (5), *Bauer/Baur* (6), *Weber* (7), *Hof(f)mann* (8) und *Wagner* (9). An zehnter Stelle schließlich finden wir mit etwas über 10 000 Einträgen *Schäfer* und *Schaefer* mit einem *f*, der übrigens nichts zu tun hat mit dem *Doppel-f-Schäffer*. Denn der ist mit dem *Schaffer* verwandt, der an*schafft* – selbstverständlich im Sinne von »anordnen«.

Was diese Namen verbindet ist, dass sie alle aus dem Arbeitsleben stammen – auch der *Hof(f)mann*, der mit dem Bauernhof und nicht mit dem Königshof zusammenhängt. Dies nun allerdings als weiteren Beweis dafür zu werten, dass man im Südwesten besonders viel schafft, wäre verfehlt. Denn bei den gesamtdeutschen Häufigkeiten verhält es sich nicht wesentlich anders.

Urberufe und Verwalter

WARUM SIND *Schmidt* UND *Müller* IN IHREN JEWEILS UNTERSCHIEDLICHEN SCHREIBWEISEN HÄUFIGER ALS *Maier*? PARADOXE ANTWORT: WEIL SIE EINZIG SIND.

Zu den ersten Spaltprodukten der Arbeitsteilung gehörten der Schmied und der Müller. Sie haben sich frühzeitig vom Bauernstand abgenabelt. Und weil es diese Urberufe schon lange gibt, haben sie sich so nachhaltig in der Namenwelt niedergeschlagen.

Das allerdings wirft die Frage auf, warum der Bauer, der als Beruf wesentlich älter ist als Schmied und Müller, als Name nicht häufiger vorkommt. *Bauer/Baur* erscheint in Baden-Württemberg nämlich erst auf Platz sechs der Häufigkeits-Liste.

Ein Ulmer Mönch namens *Fabri* – das heißt übrigens auf deutsch *Schmied*, genauer gesagt, da es sich um einen Genitiv handelt, *Schmieds* oder *Schmitz* – hat im 15. Jahrhundert die Zünfte beschrieben und nennt darunter die der »Bauleute«. Die hat nichts mit unseren heutigen Bauarbeitern zu tun, sondern war die Zunft der Bauern und Gärtner. Das heißt, dass der *Bauer* – früher: *Bu(h)r* – auch *Baumann* oder *Bu(h)mann* respektive *Ackermann* hieß.

Schließlich haben wir ja noch die *Maier/Meier* in ihren variantenreichen Schreibweisen. Die zählen ihrerseits zu den Landwirten, wobei ihr Name allerdings eine Amtsbezeichnung ist. Sie kommt vom lateinischen Wort *maior*, was »der Größere« bedeutet und nicht nur in den militärischen Rang des *Majors*, sondern auch in die Amtsbezeichnung *maior domus* (Hausverwalter), Eingang gefunden hat.

Wir erinnern uns aus dem Geschichtsunterricht, dass die Karolinger die Hausmeier der Merowinger waren, bevor sie selber die Macht übernahmen. Doch neben solchen großkalibrigen *Meiern* gab es noch die Legion der kleineren bis kleinen Verwalter, derer die Feudalherren aller Größenordnungen bedurften: Während die *Meier* den Hof versorgten, konnten die Herren getrost auf neue Beutezüge gehen. Es gibt allerdings auch noch den jüdischen *Meier* oder *Meir*. Der wurzelt im hebräischen Eigenschaftswort *mejr* (glänzend, erleuchtet).
Zurück zum Verwalter: Der hieß nicht überall *Meier*. Im mittleren Deutschland bevorzugte man die sinngleiche Bezeichnung *Hofmann*. Würde man alle baden-württembergischen *Maier* und *Hofmann* umtaufen auf den bedeutungsgleichen, aber moderneren Begriff Verwalter, dann nähme dieser etwas ungewöhnliche Name den ersten Rang unter den Familiennamen ein. Und damit wäre endlich wieder einmal das innige Verhältnis des Deutschen zur Verwaltung bestätigt.
Nun aber zurück zur Frage, warum *Schmidt* und *Müller* in der Häufigkeit vorn liegen: War der Schmied eben landauf, landab der *Schmied* und der Müller hier wie dort der *Müller*, so hieß der *Metzger* in der einen Gegend *Fleischer* und in der anderen *Knochenhauer*, der *Küfer* hier *Böttcher* und dort *Binder* oder *Fassbender* – und dieser Reichtum oder Mangel an Varianten hat sich auch in den Familiennamen niedergeschlagen.

Beck und Becker, Böck und Bock

Zu den häufigsten Familiennamen im Lande zählt *Beck*, hart gefolgt von *Becker*. Der *Beck* ist der Bruder des *Böck*, welcher infolgedessen nicht verwandt ist mit dem *Bock*, der auch *Buck* heissen kann.

Der Name *Becker* ist häufiger als *Bäcker*, denn die Schreibweise mit *e* ist die ältere. Die Schreibung mit *ä* kam erst im 16. Jahrhundert auf. Noch älter als der *Becker* ist der *Beck* ohne die Endung *-er*, die dem lateinischen *-arius* nachempfunden ist. Damit wurde zum Beispiel aus dem lateinischen Wort *merces*, das heißt »Sold«, der *mercenarius* und analog dazu im Deutschen der »Söldner« gebildet.
Auch der endungslose *Beck* konnte unterschiedlich geschrieben werden, etwa *Bäck*, *Peck* – sogar *Pech* ist möglich – oder *Böck(h)*. Das bedeutet, dass *Böck* nichts mit dem *Bock* zu tun hat, nach dem man störrische Charaktere benannte.
Andererseits muss *Böck* nicht ausschließlich »Bäcker« bedeuten. Es kann auch eine Variante der »Burg« sein, der das *r* abhanden gekommen ist, so wie aus einem verstümmelten *Burghardt* ein *Buck* werden konnte, wobei *Buck* auch die niederdeutsche Form von *Bock* sein mag oder eine alte Form von »Bauch«.
Vor allem in zusammengesetzten Namen können *Beck* und *Böck* aber auch »Bach« bedeuten und somit zur Kategorie der »Wohnstättennamen« gehören. Das sind Familiennamen, die angeben, wo der damit Bezeichnete gewohnt hat. Ein *Haselböck* wohnte mithin am Bach beim Haselstrauch. Und *Beckmann* ist die nördliche Form von

Bachmann, nämlich »der am Bach Wohnende«. Um die Verwirrung zu vervollständigen sei noch auf Namen wie *Weißenböck*, *Schwarzenbeck*, *Sauerbeck* und dergleichen hingewiesen, die wiederum auf den Bäcker und seine jeweiligen Spezialitäten zurückgehen. Diesen verdanken wir eine ganze Reihe eigenständiger Familiennamen wie *Küchler*, *Lebzelter*, *Semmler* oder *Weckler*.

An die »Mutschel« oder »Mutze«, ein kleines Weißbrot, erinnert der typisch schwäbische Name *Mutschler*. Und von einer im Mittellateinischen *focatia* genannten Kuchenart stammen der *Vochezer* oder *Voggesser* (Kuchenbäcker), die auch mit *F* beginnen können.
Wollte im 16. Jahrhundert ein *Beck* oder *Becker* seine Bildung dokumentieren, gab er sich den lateinischen Namen *Pistor(ius)*. Diese Berufsbezeichnung war im Übrigen bereits im 4./ 5. Jahrhundert eingedeutscht worden: Aus dem lateinischen *pistor* wurde der *Pfister*. Auch der fand Eingang in die Welt der süddeutschen Familiennamen.

Mit dem Backen ganz und gar nichts zu tun hat hingegen der *Beckert* oder *Beckardt*. Der geht zurück auf die Begarden, und die waren das männliche Pendant zu den viel bekannteren Beginen: Mitglieder mittelalterlicher religiöser Gemeinschaften, die Gutes taten.

Die Wurzeln des Bauern

DER NAME *Bauer* BEDARF, SO MÖCHTE MAN MEINEN, KEINER WEITEREN ERLÄUTERUNG. WELCH EIN IRRTUM! BEI SEINER BETRACHTUNG GERÄT MAN NÄMLICH BUCHSTÄBLICH AN DIE WURZEL DES SEINS.

Der Name *Bauer* folgt der Berufsbezeichnung, und die scheint vom Zeitwort *bauen* abzustammen. Also nimmt man an, dass der Bauer so heißt, weil er das Land bebaut.

Doch ganz so einfach ist das nicht. Zwar hat das Verb *bauen* vor etwa tausend Jahren die heutige Bedeutung von »(be)bauen« erlangt. Zuvor aber hatte *bauen* für »wohnen« gestanden und wurde von den Germanen vermutlich *buwan* ausgesprochen.

Dieses *buwan* wiederum bedeutete neben »wohnen« auch »sein« und geht zurück auf ein ähnlich lautendes indogermanisches Verb, das neben »sein« auch »werden« meinte. Es ist heute noch erhalten im russischen *byt* und im persischen *budan*. Beides sind die Infinitive des Hilfsverbs »sein«.

Der Russe bildet das Futur mit *ja budu...*, auf deutsch: »ich werde...«, und wer dabei an die *Bude* denkt, liegt gar nicht so falsch, denn auch die hängt sehr wahrscheinlich über *buwan* mit der indogermanischen Wurzel von *budu* zusammen. Selbst das Wort *Futur* gehört zu dieser Verwandtschaft.

Wo gut sein war, schritten unsere Vorfahren zum Bau. Das germanische Wort für »Behausung« lautete *bura*, woraus alt- und mittelhochdeutsch *bur* und neuhochdeutsch *Bauer* wurde – aber nicht im Sinne von Landmann, sondern in dem Sinne, der noch im so genannten Vogelbauer, der Behausung des Vogels, steckt. *Bur* konnte neben »Wohnstätte« auch »Wohnort« bedeuten.

Der, mit dem man den Saal teilte, wurde *Geselle* genannt, und der, mit dem man im gleichen *bur* wohnte, war der *Gebur*, an den die Familiennamen *Gebauer* oder *Gebühr* erinnern. Allerdings wandelte dieses Wort seine Bedeutung von »Mitbewohner« zum »Landbewohner«. Für den »nahen Mitbewohner« wurde ein neuer Begriff gefunden, der *nah Gebur*, aus dem über den *Nachgebur* der *Nachbauer* oder *Nachbar* wurde. Mit diesem sind auch die Familiennamen *Nabur* und *Naaber* verwandt.

Der dritte Fall Mehrzahl von *bur* war *buren*. Das bedeutete »bei den Häusern« und erklärt alle Ortsnamen, die auf *-beuren* oder *-bühren* enden. Die wiederum stecken in den Familiennamen *Beurer* oder *Bührer*.

Der *Bauer* im Sinne des Landmanns ist entstanden über den *bu(w)ari*, wie der Bewohner eines Wohnplatzes auf Althochdeutsch hieß. In dem Maße, wie *buwen* seine Bedeutung vom ursprünglichen »wohnen« zu »bauen« und »bebauen« änderte, wurde der »Bewohner« zum »Bauern«. Seine ältere Version ist noch enthalten in den Familiennamen *Buhr, Bu(h)mann* oder *Baumann*. Das *Bäuerle* hieß *Bührle*, später auch *Beierle*. In der Schweiz nannte man es *Bürli*, weiter in Deutschlands Norden hingegen *Bührke* oder *Bühring*.

Woraus der Köter entsprungen ist

»... mayr, huber, lechner, söldner«: DIESE AUFZÄHLUNG IN EINEM VERTRAG, DER 1465 IN TOMERDINGEN BEI ULM BESIEGELT WURDE, LISTET KEINE NAMEN AUF, SONDERN ORDNET DORFBEWOHNER NACH IHREM RANG.

Die Reihenfolge, in welcher jene früheren Rangbezeichnungen stehen, entspricht der Häufigkeit, in der sie – allerdings in ihrer heutigen Funktion als Familiennamen – in den baden-württembergischen Telefonbüchern erscheinen.

Die Aufzählung zeigt, dass auch auf dem Lande keineswegs alle gleich waren – und dass ein *Maier* mehr war als ein *Huber*, und der *Huber* über dem *Lechner* und dem *Söldner* stand. Der *Maier* besaß oder bewirtschaftete einen Hof, war also ein *Hofbauer* – anderswo *Hofmann, Hofer, Höfler* oder *Höfner* genannt –, der zur dörflichen Oberschicht gehörte. Und wer einen Maierhof bewirtschaftete, war der *Maierhofer* oder *-höfer* (falls er nicht gerade aus einem Ort stammte, der Maierhofen oder -höfen hieß).

Zu den kleineren bäuerlichen Lehenseinheiten gehörten die »Hube« – etwa 30 Morgen – und das Lehen. Wer eine Hube beackerte, wurde *Huber, Huober, Hueber, Hüb(n)er, Hieber* oder *Hubmann* genannt. Sein norddeutscher Kollege hieß, da sein Tätigkeitsfeld nicht die Hube, sondern die »Hufe« war, *Hufner, Hüfner, Hüfler* oder *Hufmann*. Dem Begriff »Lehen« ist anzusehen, dass es sich um geliehenes Land handelte. Der damit Beliehene war der *Lehner* oder *Lechner, Lehmann* oder *Löhmann*. Ein anderer Begriff war das »Gut«, auf dem der

Güt(t)ler zugange war. Eine weitere Einheit kleinerer Güterkomplexe war das »Eigen«, von dem noch heute der Familienname der *Eigner* oder *Aigner* zeugt.

Schließlich gab es noch das »Wittum«, das Land, das den Kirchen geschenkt oder gewidmet worden war. Darauf arbeitete der *Wittmer, Widmer, Wimmer, Wittmann* oder *Wi(e)d(e)mann* – wobei der zuletzt genannte Name allerdings auch mit der Weide oder dem Wald (althochdeutsch *witu*) zusammenhängen kann und der *Wimmer* mit dem Weinleser.

Am unteren Ende der sozialen Stufenleiter im Dorf standen jene, die kein Land hatten, die Tagelöhner. Weil sie nur ein Haus, aber weder Hof, noch Lehen, noch Gut besaßen, hießen sie *Häusler, Heißler, Hausner* oder *Hüsler*.

Das Tagelöhnerhaus wurde auch als »Selde« bezeichnet. Der darin hausende *Seldner* steckt in den Familiennamen *Seltner, Sellner, Seltmann* sowie in *Söll(n)er, Soldner* oder *Söldner*. Allerdings können die drei Letztgenannten auch mit dem Söldner im heutigen Sinne zusammenhängen, der ebenso wie der Soldat Sold bezieht. Und der wiederum war ursprünglich gelöhnt worden in der soliden Goldwährung des römischen *solidus* (echt). Weiter im Norden hieß die Selde »Kote« oder »Kate«. Ihr sind *Köter* und *Kater* mit *t* oder *tt* oder *th, Köth* und auch *Kottmann* entsprungen.

Den Männern auf der Spur

Hof(f)mann, Lehmann UND *Her(r)mann*: DIESEN NAMEN, DIE SEHR VERBREITET SIND, IST DER MANN IM ZWEITEN TEIL GEMEINSAM. *Hof(f)-* UND *Lehmann* WEISEN AUCH NOCH INHALTLICHE PARALLELEN AUF.

Beginnen wir beim *Her(r)mann*, zumal er, sprachgeschichtlich betrachtet, der Älteste der genannten Mannsbilder ist. Er kommt uns, vor allem, wenn er mit zwei *r* geschrieben ist, so doppelt gemoppelt vor wie der weiße Schimmel: der Herr, der ein Mann ist.

Anders sähe es aus, würde man den Namen mit zwei *e* schreiben, was im Übrigen dem ursprünglichen Sinn entspräche. Denn der erste Teil des Namens rührt von althochdeutsch *hari*, und das hieß »Heer«. Der *-mann* hingegen ist nicht erläuterungsbedürftig. Am Sinn dieses Wortes hat sich seit den alten Germanen nicht viel verändert, außer dass er früher etwas weiter gefasst war und auch – wie heute noch im Englischen – »Mensch« bedeuten konnte.

Natürlich mag man sich fragen, ob der Potenzierung des Mannes, wie sie uns im Namen *Mannesmann* entgegentritt, ein Männlichkeitswahn zu Grunde liegt. Doch eher das Gegenteil dürfte der Fall sein. Denn das anfängliche *Man(n)es-* ist, laut Gottschald, entweder eine Kurzform von *Hermann* oder vom jüdischen Namen *Manasse* (»der vergessen macht«) abgeleitet, und das *-mann* am Ende könnte eine Verkleinerungsform, ein kosendes Anhängsel sein, wie wir es etwa von *Heinemann* oder *Petermann* kennen.

Die Nachsilbe *-mann* entspringt unterschiedlichen Absichten, etwa der, die Herkunft eines der so Benannten zu verraten. Dazu gehören der deutschstämmige *D(e)utschmann* (auf sorbisch hieß er *Dutschke*) und der ungarische *Ungermann*, kurz: *Unger*. Der *Münstermann* kam aus Münster und der *Neckermann* vom Neckar. Diese Art der Herkunftsbezeichnung war allerdings eher im Norden und Nordwesten üblich.

Wer am Bach wohnte, war der *Bachmann* und wer am Gehölz (*loh*) siedelte, wurde *Lohmann* genannt, was ebenso dem Gerber passieren konnte, der mit der Gerberlohe arbeitete. Wer im Osten des Dorfes lebte, war der *Ostermann* und seine Vettern aus den anderen Himmelsrichtungen der *Wester-*, *Nor(d)-* oder der *Su(n)dermann*. Das *-mann* wurde also auch an Wohnstätten gehängt, aber ebenso an Berufe, wie wir vom *Kaufmann, Biermann, Fuhrmann, Schu(h)mann* oder *Ackermann* wissen.

Damit kommen wir endlich zu den Hof(f)- und Lehmännern. Auch die haben etwas mit Berufen, genauer gesagt mit beruflichen Abhängigkeitsverhältnissen, zu tun. Der *Hof(f)mann* war im Mitteldeutschen dasselbe wie der süddeutsche *Maier*: der Verwalter oder Pächter eines herrschaftlichen Fronhofes. Nur in seltenen Fällen dürfte der *Hof(f)mann* ein Höfling gewesen sein. Im *Lehmann* dagegen kommt das Lehen klar zum Ausdruck.

Mehr Kaiser als Schuster

Kaiser, König, Graf: Die Häufigkeitsverteilung dieser Familiennamen entspricht in Baden-Württemberg der Hierarchie: *Kaiser* steht ganz oben, gefolgt von *König*.

Wer *Bauer* oder *Baumann* heißt, kann davon ausgehen, dass der erste Träger dieses Namens ein Bauer war. Entsprechendes gilt für *Schuster*. Bauern und Handwerker gab es viele, Kaiser und Könige pro Kaiser- respektive Königreich immer nur einen. Dennoch gibt es in Baden-Württemberg mehr Menschen, die auf den Namen *Kaiser* hören, als Leute namens *Baumann*, und *König* ist häufiger als *Schuster*.
Das lässt zwei Schlüsse zu: Entweder haben die Monarchen früher so ziemlich alles befruchtet, was ihnen über den Weg gelaufen ist, oder die Namen *Kaiser* und *König* bedeuten keine kaiserliche oder königliche Abkunft. Diesen Verdacht erhärtet die Tatsache, dass sehr viele Baden-Württemberger *Bischoff* und nicht wenige *Pabst*, *Probst* oder *Abt* heißen. Selbst wenn sich Angehörige des Klerus trotz Eheverbotes vermehrt haben sollten, dann doch gewiss in aller Stille und anonym.
Es muss also andere Gründe gegeben haben, warum derlei hohe weltliche und geistliche Herrschertitel auch in den Niederungen der bürgerlichen Familiennamen zu finden sind. Solche Gründe können etwa im Verhalten der so Genannten liegen: im Auftreten, in der Haltung, in der Kleidung. Schließlich sagt man auch heute von jemandem, der sich entsprechend benimmt: Der glaubt wohl, er sei der King. (*Küng* ist übrigens die schweizerische Version vom *King* oder *König*.) Nicht

auszuschließen ist auch, dass die Rollen aus den mittelalterlichen Mysterienspielen auf ihre Darsteller übergegangen sind, etwa die des König Herodes im Weihnachtsspiel.

Ein weiteres Motiv waren Dienstbeziehungen und Leistungsverpflichtungen: Wenn das Land, auf dem ein Bauer seinen Frondienst leistete, dem König, dem Herzog oder dem Abt gehörte, konnte dies zu einem entsprechenden Übernamen für jenen Bauern führen. Ferner gibt es auch Orte namens König, First oder Bischof, und wer von dort stammte, wurde nach dieser Herkunft benannt.

Etwas anders liegt der Fall bei den niedereren Rängen. *Graf* bezeichnete ursprünglich einen königlichen Verwaltungsbeamten. Das Wort könnte von griechisch *grapheus* (Schreiber) kommen und wäre damit verwandt mit dem Fotografen, dem »Lichtschreiber«.

Graf wurde nicht nur zum Adelstitel, sondern blieb auch für niedrigere Verwaltungsbeamte in Gebrauch. Im Mittel- und Niederdeutschen wurde der Dorfvorsteher als *Graf* bezeichnet. Seine norddeutsche Form ist *Greve*, die auch in diversen Zusammensetzungen steckt. Im Süden lautete der entsprechende Titel *Schultheiß* oder *Schultes*. Und so ist anzunehmen, dass, wer *Graf* heißt, tatsächlich von einem Grafen abstammt, auch wenn der nicht von Adel war, sondern »nur« ein Dorfhäuptling.

Keller war der Vogt des Kellers

»IM TIEFEN KELLER SITZ' ICH HIER«, BEGINNT EIN BELIEBTES LIED, DESSEN ZWEITE ZEILE »BEI EINEM FASS VOLL REBEN« ERKLÄRT, WARUM DAS WORT KELLER BEI VIELEN POSITIV BESETZT IST.

Keller ist auch ein Familienname, der in Baden-Württemberg zu den 20 häufigsten gehört. Vielleicht hat sich schon manch eine(r) gefragt, warum es niemanden gibt, der Küche, Wohnzimmer, Speisekammer oder Dachboden heißt. Das liegt daran, dass es nicht üblich war, die häusliche Raumeinteilung auf Personen zu übertragen.
Keller bildet da keine Ausnahme, denn dieser Name rührt nicht von einem unterirdischen Flaschen- oder Kartoffellager, sondern von einem Beruf, dessen Arbeitsplatz allerdings der Keller war. Das Wort »Keller« kommt vom lateinischen *cellarium*, das wiederum von *cella* (Zelle) stammt. *Cellarium* war der Vorratsraum, der übrigens nicht notwendig unter der Erde zu liegen brauchte.
Der Verwalter des Vorratshauses war der *cellerarius* oder *cellenarius*. Aus dem ersten wurde der *Keller* im Sinne einer Amtsbezeichnung, aus dem zweiten der *Kellner*, der ebenfalls unter den Familiennamen zu finden ist. Vorratshallen wurden auch »Kasten« genannt; in mancher Stadt findet man noch jene stattlichen Häuser, die als »Fruchtkasten« bezeichnet werden, was nichts anderes bedeutet als Kornspeicher. Der Verwalter jenes Kastens war der *Kastner* oder *Kästner*. Noch heute wird das Heu in der Scheune, der Scheuer oder dem Stadel aufbewahrt, und über diese Einrichtungen wachten der *Scheuner*, der

Scheurer oder *Schürer* und der *Stadler* beziehungsweise der *Scheune-*, *Scheuer-*, *Schür-* oder *Stadelmann.*

All diese Namen deuten also auf einen Verwalter in der Ahnenreihe hin, ebenso wie *Maier* oder *Hof(f)mann*, wie die Verwalter der Höfe tituliert wurden. Verwalter hatten etwas zu sagen, sie ordneten an, sie »schafften« an, wie man in Bayern heute noch sagt, waren somit selbst dann *Schaffer* oder *Schaffner*, wenn sie selber nichts schafften.

Zu den Verwaltungsbeamten gehörte neben dem *Graf* auch der *Vogt*, der sich ebenfalls äußerst nachhaltig in den Familiennamen festgesetzt hat. Seine Amtsbezeichnung kommt vom mittellateinischen Wort *vocatus* (der Gerufene), dessen Vetter der *advocatus* (der Hinzugerufene) ist: der Advokat. Den unterschiedlichen Zuständigkeitsbereichen der Vögte entsprachen ihre Amtsbezeichnungen: *Landvogt, Holzvogt* bis hin zum *Hühnervogt.*

Vogt ist ebenfalls ein sehr verbreiteter Name, wenn auch nicht so verbreitet wie *Keller.* Zwischen *Keller* und *Vogt* rangiert der *Richter.* Die Häufigkeit dieses Namens bedeutet jedoch nicht, dass schon unsere Vorfahren so streitsüchtig waren wie ihre Nachkommen im Zeitalter der Rechtsschutzversicherung. Vielmehr bezeichnete *Richter* mancherorts, vor allem in Ost- und Mitteldeutschland, den normalen Dorfvorsteher.

Der Butler und der Gottschalk

Schenk, Truchsess UND *Marschall*: DIESE NAMEN LASSEN HEUTE NICHT MEHR ERKENNEN, WELCHE DIENSTLEISTUNGEN IHRE ERSTEN TRÄGER VOLLBRACHTEN.

Schenk – der Name lässt an Geburtstag und Weihnachten denken. Die Geschenke, die man bei solchen Gelegenheiten erhält, waren ursprünglich von einem geziemenden Umtrunk begleitet, der an die Empfänger ausge*schenk*t wurde. »Schenken« bedeutete nämlich ursprünglich »einschenken«.

Der *Schenk* war mithin der Mann, der ein- oder ausschenkte: der *Mundschenk*. Manche Familiennamen verraten noch heute, auf welches Getränk der *(Mund-)Schenk* spezialisiert war: *Weinschenk* oder *Bierschenk*.

Blicken wir kurz über die Grenzen: Der englische Kollege des Mundschenks ist der *Butler*. Dessen Berufsbezeichnung ist nicht an seinem

Tun orientiert, sondern am Objekt seiner Tätigkeit: der Flasche oder Bouteille. Er hieß daher ursprünglich auf Altfranzösisch *bouteiller*. Dessen wörtliche Übersetzung lautet *Flaschner* – als Name auch *Fleschner* oder *Pflöschner* –, doch der hat blecherne oder zinnerne (Bett-) Flaschen fabriziert. Auf Süddeutsch heißt er *Klempner* oder *Klemperer*, weil er das Blech *klemperte*, was mit »klammern« zusammenhängt. Die Herrschaften, die sich einen *Mundschenk* hielten, benötigten auch für die feste Nahrung das entsprechende Personal. Der Hofbeamte, der für die Tafel zu sorgen hatte, war der *Truchsess*. Das war ursprünglich der Beruf des Mannes, der über dem Gefolge (*truht*) saß.

Er lebt auch noch in Familiennamen fort, die kürzer ausfallen können: *Trucks* etwa oder *Drux*. Seine norddeutsche Fassung lautet *Droste*, die im Süden bekannt ist durch die Dichterin Annette von *Droste-Hülshoff*, in deren zweitem Nachnamen übrigens der »Hülsen« steckt. So nannte man früher die Stechpalme (Ilex aquifolium) sowie die Gegend, wo diese wuchs. Entsprechend bezeichnet *Ophüls* den »Ort oberhalb der Stechpalmen«.

Doch zurück zu den Hofbeamten. Ein solcher war der *Marschall*, dessen Amtsbezeichnung als Familiennamen im angelsächsischen Sprachraum verbreiteter ist als in Deutschland. Doch das Wort ist ausgesprochen deutsch: Es steckt die Mähre drin wie auch der *Schalk*. Die Mähre kommt vom althochdeutschen Wort *marah*, und das hieß ganz einfach »Pferd«. Und *scalc* bedeutete Diener. Der *marscalc* war mithin der »Aufseher über die Ställe«.

Noch bevor sich der *Schalk* in einen schrägen Vogel verwandelt hatte, entstand auch der Name *Gottschalk*, der nichts anderes bedeutet als »Gottesknecht«. Das war in der Phase, als der Sieg des Christentums sich in den germanischen Namen niederzuschlagen begann. Und das ist eine Weile her.

Vom Kübel bis nach Cuba

WAS BEI DEN EINEN DER *Küfer*, IST BEI DEN ANDEREN DER *Schäffler*, DER *(Faß-)Binder* ODER *Böttcher*. MAN KÖNNTE AUCH *Kübler* SAGEN ODER *Fäßler* ODER *Zubler*...

Die Vielzahl der Familiennamen, die auf den Beruf des Fassproduzenten zurückgehen, ist beeindruckend. Sie hängt zusammen mit den unterschiedlichen Bezeichnungen und den verschiedenen Arten hölzerner Gefäße.

Nehmen wir zunächst das Fass. Das besteht aus Dauben und Fassreifen, die früher aus Gerten gewunden waren. Dieser Technik verdanken wir die Namen *Faßbinder* oder einfach *Binder* oder *(Faß-)Bender*. Nach dem Produkt benannt sind die *Fasser, Fäßler, Fesseler* oder *Faßmann*. Wer die Dauben bearbeitete, war der *Daubenhauer*.

In München nennt man die Fassbinder *Schäffler* nach dem »Schaff«. Das ist ein oberdeutscher Begriff für eine Art Holzeimer, dessen Herkunft nicht eindeutig geklärt ist. Der *Schädler* oder *Schedler* war ebenfalls ein Küfer, benannt nach dem mittelhochdeutschen *schedel*, einem hölzernen Hohlmaß, dem wir vermutlich auch das Wort »Schädel« verdanken. Der *Böttcher* hat seinen Namen vom Bottich, dessen Stammbaum über die althochdeutsche *botega* über die spätlateinische *buttis* (Fass) – hier denken wir natürlich sofort an die Bütt und die Buddel – zurückreicht bis zur griechischen *apotheke*. Die war ursprünglich ein Lagerraum. Die Bütte oder Butte wurde vom *Büttner* oder *Bittner* fabriziert, während den Zuber der *Zubler* anfertigte. Hierher können auch die Familiennamen *Züberle* oder *Züblin* gehören.

Der heute geläufige Name für dieses immer rarer werdende Gewerbe ist *Küfer*, im Schwäbischen auch *Kief(n)er*, am Rhein *Küpper(s)* und in England *Cooper* genannt. Auch dahinter dürfen wir zu Recht wieder ein Gefäß vermuten, nämlich die »Kufe«, und die hat ihren Ursprung ebenfalls im Lateinischen: in der *cuppa*. Die lebt im Englischen fort als *cup* (Tasse) oder bei den Sportlern als begehrte Trophäe oder im spanischen Ortsnamen *Cuba* (Fass). Der Name der Antilleninsel wurzelt allerdings in der Eingeborenesprache: *Cubagua* bezeichnete eine Goldfundstätte – zumindest haben die habgierigen europäischen Eroberer dieses Wort so verstanden.

Aus *cuppa* formten die Deutschen das Wort »Kopf«, was zunächst nur »Trinkgefäß« bedeutete. Sein Hersteller trug die Berufsbezeichnung *Köpfer*. Später wurde ein Körperteil, der bis dahin »Haupt« genannt worden war, als »Kopf« bezeichnet, wofür es gute, in vielen Fällen noch heute nachvollziehbare Gründe gegeben haben muss.

Die kleine *cuppa* war die *cupella*. Im Italienischen erblühte sie zur *cupola* (Kuppel), im Deutschen brachte sie es gerade mal zum »Kübel«. Auch der bestand wie der Bottich, das Schaff, das Fass oder die Tonne aus Dauben. Die fügte in diesem Falle der *Kübler* zusammen, der damit des Verdachtes enthoben ist, von einem Säufer abzustammen.

Die eiserne Internationale

Nicht nur in Deutschland hat die Arbeit in den Familiennamen ihre Spuren hinterlassen. Das beweist ein Blick auf die *Schmidts* aller Länder.

Auf den ehrsamen Beruf des Schmieds geht der häufigste Familienname im Lande zurück. Der Schmied gilt als Klassiker unter den Handwerken, als erster Spezialist in der langen Geschichte der Arbeitsteilung – die sich natürlich nicht nur in Deutschland abgespielt hat.

Fangen wir bei den alten Römern an: Dort hieß der Schmied *faber*, weshalb im Zeitalter des Humanismus, im 15./16. Jahrhundert, mancher Bildungsbeflissene seinen deutschen Namen *Schmi(e)d(t)* in einen *Faber* verwandelte. Dem *Schmiedts* oder *Schmitz* entspricht der *Fabri.* Im Französischen hat der *Faber* eine ganze Reihe von Nachkommen hinterlassen, etwa den *Fabre, Favre, Faivre, Faure, Favre, Fèvre.* Wenn man denen noch ein *Le* hinzufügt, das im Französischen – im Unterschied zum Schwäbischen – vorn steht und »der« bedeutet, dann finden wir noch *Lefèvre, Lefeuvre und Lefeubre.* In Italien wurde der *Faber* zum *Fabbri(s).*

Im Deutschen existieren weitere Bezeichnungen für den Schmied, die von seinem Werkstoff herrühren. Da gibt es etwa den *Eisenhauer*, der in den USA zum *Eisenhower* mutierte. Der *Eisner* oder *Eißler* hingegen handelte mit Eisen oder Eisenwaren, ebenso der *Eisenmann.* Ganz anders der *Eisele:* Er kommt von Vornamen wie *Isenhart* oder *Isenbert*, die jedoch ebenfalls eisenhaltig sind.

»Eisen« entspricht dem lateinischen *ferrum*, woraus *ferrarius* abgeleitet ist, und das bedeutet ebenfalls »Schmied«. Die Ähnlichkeit mit der italienischen Automarke *Ferrari* und dem Süßwaren-Fabrikanten *Ferrero* ist kein Zufall. Doch nicht nur die Italiener sind Romanen, sondern auch die Rumänen. Wie ihr Name verrät, mögen sie das *u* lieber als das *o*. Daher heißt der *Ferrero* hier *Fierar(i)u*. Die Spanier hauchen das lateinische *f* nur noch: ihr Schmied schreibt sich *Herrero*, während die Portugiesen den *Ferreira* bevorzugen.

Wie es außerhalb des deutschen und romanischen Bereichs aussieht, lehrt ein Blick in den dtv-Atlas Namenkunde, wo Konrad Kunze die *Schmi(e)d(t)s* aller europäischen Länder auf einer Karte vereinigt hat. Da finden wir in Polen den *Kowalski, Kowalczyk* und *Kofahl*, weiter südlich den *Kovárik, Koval, Kovac* und *Kovacic*. Im Baltikum stoßen wir auf *Kalweit* und *Kalwis*, in Russland auf den *Kusnjezov* und in der Ukraine auf den *Kovalenko*.

Die griechischen *Schmidts* nennen sich *Siderakes*, die türkischen *Demirci*, weil das Eisen bei den Griechen *sidero* und bei den Türken *demir* heißt.

Ein Kapitel für sich sind die Kelten. Bei ihnen lauten die entsprechenden Familiennamen in der Bretagne *(Le) Goff* oder *Go(v)ic*, in Irland *Mac Gow(an)* beziehungsweise *O'Gow(an)* oder *Gobha(nn)* oder *Ghabhann*. Und die Schotten heißen *Gow* oder *Mac Gowan* – so sie nicht einfach auf den schönen Namen *Smith* hören.

AUSSEHEN UND CHARAKTER

Haarige Bezeichnungen

Braun, Schwarz, Roth, Weiß GEHÖREN ZU DEN DREI DUTZEND HÄUFIGSTEN NAMEN IM LANDE. DOCH WO BLEIBEN *Blau, Gelb, Grün, Violett*?

Die politische Farbsymbolik, die man angesichts von *Schwarz, Weiß, Rot* und *Braun* bemühen könnte, ist für die Erklärung der entsprechenden Namen-Häufigkeit absolut untauglich. Denn die Leute hießen schon lange so, bevor sich mit jenen Farben irgendeine Gesinnung verbinden ließ. Dennoch fällt auf, dass von den Farben des Regenbogens nur *Rot* sehr verbreitet ist, während Menschen, die *Orange, Gelb, Grün, Blau* oder *Violett* heißen, zusammen eine zahlenmäßig vernachlässigbare Größe bilden. Hingegen gibt es immerhin annähernd 1000 Telefonbucheinträge im Lande, die auf *Grau* lauten.

Die Farben *Braun, Schwarz, Rot, Weiß* und *Grau* sind uns auch vertraut aus dem deutschen Liedgut vom schwarz-braunen Mägdelein bis zum schneeweißen Haar. Und da liegt der Hase im Pfeffer: Höchstwahrscheinlich gehen diese Namen auf Haarfarben zurück. Für gesichert gilt dies bei *Grau*. Dafür sprechen verwandte Namen wie *Grauschopf* oder *Grohschopf*, wo es eindeutig um Haare geht. In die Schar der grauen Häupter gehören auch *Grah-* oder *Grohmann, Grah(e)* oder *Groh(e), Greue, Greuling, Greubel* oder *Krau(e)(l)*.

Weiß oder *Schwarz* konnte aber auch auf die Pigmentierung der Haut anspielen. Bei *Roth* kommt neben der Haarfarbe ein völlig anderer Ursprung in Frage: die Rodung, die zahlreiche Ortsnamen hervorgebracht hat, aus denen wiederum entsprechende Familiennamen entsprossen sein können. *Braun* kommt entweder direkt von der Haarfarbe oder ist über den Rufnamen *Bruno* zum Familiennamen geworden. In diesem Fall war es eben der *Bruno* (Brauner), der braune Haare hatte.

Und wo bitte sind die Blonden? Das Eigenschaftswort »blond« ist erst relativ spät über das Französische in den deutschen Wortschatz eingerückt. Familiennamen, die auf blondes Haar des ersten Trägers jenes Namens schließen lassen, sind nicht so häufig: *Gehlkopf*, *Gelhaar* (was nicht mit Pomade, sondern mit *gelb* zusammenhängt), *Flachshaar*.

Die Erklärung für den Mangel an blonden Namen könnte sein, dass das die normale Haarfarbe war und daher nicht zum Unterscheidungsmerkmal taugte. Umgekehrt dürften Krausköpfe in unseren Breiten nicht die Norm, aber dennoch so zahlreich gewesen sein, dass *Kraus(e)* zu einem der häufigsten Familiennamen werden konnte.

Auf die Form der Haare nehmen Namen wie *Löckle* oder – im Gegenteil – *Glatthaar* oder *Schlichthärle* Bezug. Von *strubelig* kommen *Straub, Sträuble, Streibel, Striebel, Strobel, Strube.* Auf ein vergessenes Wort *reit* (lockig) geht der Name *Reithaar* zurück. *Reid(t)*, *Raith* oder *Raidle* können jedoch außer von der Locke auch von der so genannten Reite (Hofraum) kommen.

Über Kurz oder Lang

ZÄHLT MAN DIE *Lang*, *Lange* UND *Langer* ZUSAMMEN, GEHÖREN SIE ZU DEN ZEHN HÄUFIGSTEN NAMEN IN BADEN-WÜRTTEMBERG. SPÄTER FOLGEN *Klein* UND *Groß(e)*. UND AUCH *Kurz* KOMMT NICHT ZU KURZ.

Kurz und *Klein, Lang, Groß* und *Breit* – diese Familiennamen deuteten ursprünglich auf die Körperbeschaffenheit der so Bezeichneten. Der Häufigkeit nach zu schließen waren Körperwuchs, Berufsbezeichnungen sowie Farbe und Beschaffenheit des Haares die beliebtesten Quellen für Beinamen, die man den Mitmenschen verlieh. Schließlich kann man heute noch beobachten, dass im Bekannten- oder Kollegenkreis Individuen von außergewöhnlichen Körpermaßen als »der Lange« oder »der Dicke« bezeichnet werden.
Apropos *Dick*: Es fällt auf, dass dieser Familienname, verglichen mit den vorgenannten, nicht besonders häufig ist. Als Grund könnte man vermuten, es läge daran, dass es neben »dick« das sinnverwandte Eigenschaftswort »feist« gab. Tatsächlich gibt es eine ganze Reihe daraus gebildeter Familiennamen wie *Feist* oder *Faist* mit *s*, *ss* oder *ß*. Doch zusammengenommen sind sie kaum zahlreicher als die *Dick*. Darf man daraus schließen, dass im Mittelalter, als sich die Familiennamen herausbildeten, die breite Bevölkerung noch keine Probleme mit Übergewicht hatte? Der Familienname *Dürr* – fränkisch: *Dörr* – könnte diesen Eindruck bestätigen, denn der kommt alleine etwas öfter vor als *Dick* und die diversen *Feist* zusammen. Dann gibt es da noch die *Mager* und *Mägerle*, die jedoch recht dünn gesät sind.

Die Benennung nach körperlichen Merkmalen gehört zur großen Gruppe der »Übernamen«, die man landläufig auch als »Spitznamen« bezeichnet. Während die bisher genannten Beispiele die schlichteste Art der Zustandsbeschreibung bilden, gibt es Namen, die ebenfalls auf das Äußere anspielen, jedoch in Form eines Vergleichs, so wie man heutzutage etwa jemanden als »Mops« oder »Walross« bezeichnet.
Da gibt es *Zwerg* und *Riese, Stange, Stengel* oder *Stingl* nebst Komposita wie *Hanf-* oder *Bohnenstengel*, der ebenso für einen dürren Menschen steht wie das mittelhochdeutsche Wort *schoup* (Bündel, Strohbund), von dem die Familiennamen *Schaub, Schaupp, Schäuble, Scheubel, Schaible* etc. abstammen.
Das Gegenteil davon, der eher gedrungene Typus, erhielt Namen wie *Klotz, Kolb* oder *Knittel* (Prügel). Doch ist hier wie in den meisten anderen Fällen zu berücksichtigen, dass es für Namen oft mehrere richtige Erklärungen geben kann. So konnten *Kolb* und *Knittel* auch einen Menschen mit einem klobigen Charakter bezeichnen.

Unter Wölfen, Raben und Löwen

DER HÄUFIGSTE TIERISCHE FAMILIENNAME GEHT AUF DEN *Wolf* ZURÜCK. DEMNACH HATTE SICH ISEGRIM, AUCH WENN ER IN GRIMMS MÄRCHEN MEIST UNVORTEILHAFT WEGKOMMT, URSPRÜNGLICH EINER GEWISSEN HOCHACHTUNG ERFREUT.

Der Familienname *Wolf(f)* zählt zu den verbreitetsten im Lande. Das ist auch kein Wunder angesichts der Tatsache, dass Wolfsnamen zu den ältesten Namen gehören, die eine Tierbezeichnung enthalten. Dass Tiere, die überdurchschnittliche Fähigkeiten wie Kraft oder Schnelligkeit besitzen, von Naturvölkern verehrt werden, ist bekannt. Die Gepflogenheit, Neugeborene nach solchen Tieren zu benennen, vermutlich in der Hoffnung, dass deren nützliche Fähigkeiten auf die Kinder übergehen würden, ist ebenfalls weltweit verbreitet.

Die Germanen scheinen dabei den Wolf bevorzugt zu haben, der laut Wörterbuch der deutschen Volkskunde bis heute in Volksglaube und -brauch, Sprache und Sage den ersten Rang einnimmt, gefolgt vom Bären. Auf der germanischen Beliebtheitsskala rangierte auch der *Rabe* ganz oben. Dabei stand nicht der Aspekt des Galgenvogels im Vordergrund, sondern der Glaube, dass der Rabe der klügste unter den Vögeln sei. So waren Hugin und Munin die Göttervögel des Odin beziehungsweise Wotan.

Weitere Favoriten, deren Gattungsnamen unsere Vorfahren gerne auf ihren Nachwuchs übertrugen, waren *Eber, Hirsch, Stier, Bock, Hund, Adler, Falke, Schwan* und nicht zuletzt der *Wurm*, mit dem allerdings der Lindwurm gemeint war.

Diese Tiernamen wurden gerne mit anderen Substantiven verbunden, der *Wolf* etwa mit dem Ruhm (*hruod*), woraus *hruod-wolf* und schließlich *Rudolf*, kurz *Rolf* wurde. Auch alle anderen Vor- und Familiennamen mit *-olf* oder *-ulf* gehen auf den Wolf zurück. Der *Bär* brummt mit in Namen, die auf *Ber-* beginnen, wie *Bernhart, Berend, Berneke,* aber auch in *Beer, Benn, Benz* oder *Betz.* Der *Rabe* steckt in der Silbe *-ram* und paart sich mit dem *Wolf* zum *Wolfram.* Von ihm – und nicht etwa vom schwarzen Pferd – stammt auch der ausschließlich schwäbisch-alemannische Familienname *Rapp.*

Der Familienname *Wolf(f)* geht meist zurück auf Kurzformen der vielen mit *Wolf-* gebildeten Namen, seltener auf einen Übernamen, den jemand wegen seines Verhaltens erhielt. Oder auf einen der früher sehr verbreiteten Häusernamen: Für die standen oft Tiere – darunter wiederum *Rabe, Eber, Bär,* aber auch Exoten wie das *Einhorn* Pate.

Hirsch und *Bär* spielen neben *Löw(e)* auch unter den Familiennamen der deutschen Juden eine bedeutende Rolle. Laut 1. Mose 49 hat nämlich Jakob seine Söhne Juda als »jungen Löwen«, Naftali als »schnellen Hirsch« und Benjamin als »reißenden Wolf« bezeichnet. Der Familienname *Löw(e)* hat im Übrigen noch einen weiteren Ursprung: So wurde früher der Gehilfe des Scharfrichters bezeichnet.

Schneller Hase, fauler Bauer

»Mein Name ist *Hase*, ich verneine die Generalfragen, ich weiss von nichts.« Diese nervöse Einlassung des Studenten Victor von Hase vor dem Heidelberger Universitätsgericht ist längst Sprichwort.

Der Jurastudent Victor von Hase verhalf im Jahre 1855 einem Studenten, der im Duell seinen Gegner erschossen hatte, zur Flucht. Noch bevor das Universitätsgericht Hase mit Indizien seiner Fluchthilfe konfrontieren konnte, hatte dieser bereits hinter der berühmt gewordenen Formel Deckung bezogen.

Diese Geschichte kennt kaum jemand. Dennoch ist die Redensart »Mein Name ist Hase, ich weiß von nichts« in aller Munde. Warum? Es liegt wohl daran, dass kaum ein anderer Name so gut zu der Beteuerung »Ich weiß von nichts« passt, wie *Hase*, der Inbegriff der Pflanzen fressenden Unschuld.

Damit haben wir eine Ahnung davon bekommen, wie der Name des langohrigen Feld-, Wald- und Wiesenbewohners zum Familiennamen werden konnte: Er wurde auf Leute angewandt, welche hasenhafte Wesenszüge aufwiesen. Er zählt zu den verbreitetsten Übernamen überhaupt und ist schon in althochdeutscher Zeit belegt, als der Hase noch *haso* hieß.

Eine Bezeichnung für furchtsame Menschen? Diese Deutung ist dem Namenforscher Josef Karlmann Brechenmacher viel zu eng: »Die ersten *Hase* waren schnellfüßige, feinhörige und scheu aufmerkende Menschen«, schreibt er in seinem Etymologischen Wörterbuch der deutschen Familiennamen. Dasselbe gelte für *Hasenfuß*. Diesen Beinamen – englisch *Harefoot* – habe König Harold I. von England getragen, aber nicht, weil er ein Feigling war, sondern wegen seines leichten, schnellfüßigen Gangs.

Von den verniedlichenden Hase-Koseformen sind heute nicht mehr alle so leicht zu erkennen wie etwa das schwäbische *Häsle*. Bei *Häßlin*

ist die Hasen-Herkunft schon weniger klar ersichtlich – wobei hier auch ein *Hesse* Pate gestanden haben kann. Und bei niederdeutschen Formen wie *Häseke, Haske* oder *Haseking* denkt man im Süden kaum mehr an Meister Lampe.

Hingegen gibt es im Südwestdeutschen noch den Namen *Haasis*. Der aber ist nichts anderes als der alte Genitiv »des Hasen«. So wurde der Nachkomme eines Mannes namens *Haas* bezeichnet.

Unglaublich zahlreich sind die Komposita mit Hase: *Hasenfratz* etwa deutet ebenso wie *Hasenmaile* auf eine Hasenscharte. *Hasenohr* oder *-örl* hängt mit dem feinen Gehörsinn zusammen, *Hasenaug* hingegen kommt vom Ort Hasenau, so wie *Hasenclever* von Hasencleve. *Ha-*

senkopf bedeutete »törichter Mensch«, *Hasenknopf* hingegen nichts anderes als »Hosenknopf«.

Doch welchen Sinn ergibt *Hasenpflug*? In diesem Namen steckt nicht der Hase, sondern der Hass: Die Wendung »(ich) hass den Pflug« kennzeichnete die Gemütsverfassung eines faulen Bauern.

Die Geiß, die keine ist

Geiß UND *Bock, Hund* UND *Katz, Lamm, Huhn* UND *Hahn*: DIE HERKUNFT DIESER NAMEN SCHEINT GESICHERT. DOCH MÜSSEN SIE NICHT ALLE TIERISCHER ABSTAMMUNG SEIN.

Bock – der Fall ist klar: Träger dieses Namens verdanken denselben jenem männlichen Wiederkäuer, der im Geruch steht, besonders eigenwillig – vulgo: stur – zu sein. Die Namenforschung scheint sich darüber einig, dass es dieser Eigensinn war, der Anlass gab, den Namen des Tieres auf Menschen ähnlichen Charakters zu übertragen.
Anders verhält es sich mit *Geiß*. Bei Nennung dieses Namens denkt jede(r) an das weibliche Gegenstück zum Bock. Doch das ist nicht die einzige Möglichkeit. Der Namenforscher Konrad Kunze liefert vier denkbare Erklärungen. Natürlich kann *Geiß* auf jemanden bezogen worden sein, der »dumm, mager usw. wie eine Ziege« war. Ferner könnte auch ein Ziegenhirt so genannt worden sein. Oder es könnte ein *Geiß* oder *Gaiß* aus dem Ort Gaiß gestammt haben. Schließlich aber könnte er Abkömmling eines Mannes gewesen sein, dessen Namen den Stamm *Gis* – eine Kurzversion von *Geisel* – enthielt, also *Gisbert* oder *Gisher*. In dessen längerer Fassung *Giesel*- oder *Geiselher* steckt die »Geisel«, die wir im Sinne von »Kriegsgefangener« kennen, die aber in der Grundbedeutung so etwas wie »Sprößling« bedeutet haben könnte. Dieser *Geiselher* schliff sich allmählich zu *Geißler* ab. Allerdings kann dieser Name auch auf einen Ahnen zurückgehen, der Peitschen fabriziert hat.
Mehrfach deutbar sind auch *Lamm* samt *Lämmle*: Natürlich kann ein lammfrommer Charakter den entsprechenden Namen auf sich gezo-

gen haben. Doch ebenso gut ist denkbar, dass ein *Lambert* (von *Land* und *berühmt*) – Kurzform: *Lampo* – Pate gestanden hat. Was übrigens Carl *Lämmle*, den aus dem schwäbischen Laupheim stammenden Pionier der Hollywooder Filmindustrie, betrifft: Er war Jude, und der jüdische Familienname *Lämmle* ist die schwäbische Umformung von *Lamech*, einem der biblischen Urväter (1. Mose 4 und 5).

Der *Hahn* mag vom Gockel und dessen Verhalten herrühren, wozu dann auch die kleinen *Hä(h)nle*, *Henle* oder *Händel* zählen. Es könnte sich aber auch um einen verkürzten *Johann* handeln. Und *Huhn* kann

sowohl einen hühner- wie auch einen hünenhaften Ursprung haben. Denn wenn es von *hun* kommt, meint es den »Hunnen«, dessen Name wiederum auch im »Hünen« steckt.

Kommen wir zum Schluss noch auf den *Hund(t)*: Natürlich konnte damit das Tier gemeint sein. Doch wahrscheinlicher ist die Herkunft aus dem Rufnamen *Hunto* oder *Hunno* (Hauptmann), worin der *huntari*, der Führer einer Hundertschaft, nachwirkt. Und *Katz* muss nicht unbedingt von der Katze kommen, sondern kann auch auch vom jüdischen *Kahenzedek* abstammen. Das war der »rechte Priester«.

HEIDEN UND HEILIGE

Heerliche Germanen-Namen

MEIN GOTT, *Walt(h)er*: GILT DIESER STOSSSEUFZER EINEM VOR- ODER EINEM FAMILIENNAMEN? DERLEI UNSICHERHEITEN KÖNNEN SICH AUCH EINSTELLEN BEI *Hermann, Werner, Günter...*

Im späten Mittelalter hörten immer mehr Menschen auf denselben Rufnamen. Sie zu unterscheiden, bedurfte es eines weiteren Namens, und dafür wurde am liebsten der des Vaters gewählt. So wurde *Fritz*, der Sohn des *Walter*, zu *Fritz Walter*.

Das erklärt die Häufigkeit von Familiennamen, die aus Vornamen entstanden sind. In Baden-Württemberg wird ihre Liste angeführt von *Her(r)mann, Walt(h)er, Wern(h)er / Wörner*. Nach dem heute aus der Mode gekommenen Rufnamen *Hartmann* finden wir *Martin, Günt(h)er, Reinhard(t), Arnold, Dietrich, Lorenz, Ludwig, Ernst, Heinrich, Simon, Wilhelm* und *Peter*. Eigentlich müsste man in diese Liste vor dem *Heinrich* auch noch den *Vollmer / Vollmar* aufnehmen, denn der ist nichts anderes als ein etwas abgeschliffener *Volkmar*.

Bei dieser Aufzählung fällt auf: Fast all jene Namen sind germanischer Herkunft. Der häufigste christliche, *Martin*, erscheint erst auf Platz 5, der zweite, *Lorenz*, auf Platz 10, und noch später der *Simon*. Das ist bemerkenswert angesichts der Tatsache, dass sich im Laufe der Jahrhunderte nach der Christianisierung die Heiligennamen hebräischen, griechischen und lateinischen Ursprungs sehr nachhaltig durchgesetzt haben.

Warum treten christliche Namen nicht häufiger als Familiennamen auf? Der Namenforscher Konrad Kunze erklärt das vor allem in Südwestdeutschland zu beobachtende Überwiegen germanischer Namen damit, dass hier die Einführung von Familiennamen früher stattgefunden hat als in anderen Gegenden, nämlich bereits im 12./13. Jahrhundert. Damals aber hatten sich die christlichen Namen noch nicht so recht etabliert.

Die germanischen Namen bestehen aus Bausteinen, die immer wiederkehren. So stecken in *Hermann, Walther, Wernher* und *Günther* das »Heer«, althochdeutsch *hari.* Weitere Elemente der genannten Namen sind: *arn* (Adler); *ernst* (entschlossen); *gund* (Krieg); *hagin* wird zu *Hein-* (eingehegter Ort); *hard(t)* (stark, fest); *helm* (Helm); *hlut* (laut, bekannt); *mann* (Mann, Mensch); *mari* (berühmt); *ragin* wird zu *Rein-* (Schicksal); *rihhi* wird *Rich-* (Herrscher, Macht, Reich); *thiot* gerät zu *Diet-* (Volk); *(w)ald/-old* (Waltender); *werin* (Volksname der Warnen); *wig* (Kampf); *willo* (Wille).

Allerdings darf *Walt(h)er,* der aus *wald* und *hari* besteht, nicht als »Heeres-Verwalter« oder »Verwaltungs-Heer« übersetzt werden. Zwar waren wohl ursprünglich bei zweigliedrigen Namen die Bestandteile sinnvoll aufeinander bezogen. Doch spätestens als keiner mehr wusste, was die Namenglieder bedeuteten, wurden sie nach anderen Gesichtspunkten zusammengefügt, etwa nach Familienbeziehungen.

Alles klar? Mein Gott, *Walt(h)er*!

Walz, Benz, Ritz, Kotz, Wutz

Lutz, Fritz, Götz, Benz, Walz: ALLE SIND RECHT EINSILBIG, ALLE ENDEN AUF *Z* UND ALLE GEHÖREN ZU DEN 100 HÄUFIGSTEN FAMILIENNAMEN IM LAND. DOCH NUR DEM *Fritz* SIEHT MAN SEINE HERKUNFT SOFORT AN.

Fritz ist bekanntlich eine Kurzform von *Friedrich*. Und *Benz* gehört zu den Lieblingsnamen der Badener (die Württemberger bevorzugen *Daimler*). Was *Fritz* und *Benz* verbindet, ist der Umstand, dass beide die Kurzversionen längerer Namen sind. Deren abschließendes *z* ist der bescheidene Rest einer liebevoll gedachten Endung *-izo*.

Heute werden Vornamen verniedlicht, indem man ein *i* an das erste Namensglied hängt. So wird der *Ulrich* zum *Uli* und der *Volkmar* zum *Volki*. Früher hätte man sie auch *Utz* und *Volz* nennen mögen.

Diese Art, Kosenamen zu konstruieren, ist längst aus der Mode gekommen, doch zeugen noch zahlreiche Familiennamen davon: Der *Lutz* kommt vom *Ludwig*, der *Götz* vom *Gottfried*. Der *Benz*, der zum *Bienzle* weiter verkleinert wurde, stammt ebenso wie *Betz* und *Bertsch* vom *Ber(ch)told*, der sich aus althochdeutsch *beraht* (hell, strahlend) und *-(w)ald/-old* (Waltender) zusammensetzt. Manchmal ist der *Benz* aber auch dem *Bernhard* entsprossen, in dem der Bär steckt, oder dem lateinischen *Benedikt*, dem »Gesegneten«.

Wer bei *Walz* an eine große Maschine denkt, der man tunlichst aus dem Weg geht, liegt völlig falsch. Denn die ist verwandt mit dem Verb »wälzen«, während der Familienname *Walz* etwas mit »walten« zu tun hat; er ist eine Kurzform von *Walt(h)er*, dessen erstes Namensglied dem zweiten von *Ber(ch)told* entspricht. Auch *Welz* kann von *Walt(h)er* kommen, konnte aber auch der Übername für einen Fischer sein, der Welse fing.

Zu den Namen mit dem so genannten *z*-Suffix zählt auch *Seitz*, ein Abkömmling von *Seifried* oder *Siegfried*. *Kunz(e)* und *Conz(e)* kommen ebenso wie *Kotz* und *Kutz* vom *Konrad*, zu dessen zahllosen Ableitungen der schwäbische *Kienzle* gehört. Der *Hinz* ist natürlich ein verkürzter *Heinrich*, dessen nicht mehr zu unterbietende Verkleinerung übrigens der *Heinzelmann* ist.

Dass *Hinz* und *Kunz* sprichwörtlich geworden sind, liegt an ihrer häufigen Verbreitung. Früher sagte man stattdessen gerne »*Bertsch* und *Benz*«, was ein Hinweis auf die Häufigkeit auch dieser Namen war.

Hinter *Manz*, *Menz* und *Munz* stecken verschiedene Namen. *Manz* kommt von *Mangold*, der *managi* (Menge, Schar) enthält, oder vom *Manhart* oder *Manfred*, dessen erster Teil tatsächlich »Mann« bedeutet. *Menz* geht auf *Meinhart* zurück, der sich auf althochdeutsch *magan* (Stärke) bezieht. *Munz* hingegen könnte vom längst vergessenen Rufnamen *Mundoald* herrühren. Dieser *Mund* hat ebenso wenig wie der Vormund etwas mit »Maul« zu tun, sondern bedeutete »Schutz« oder »Schützer«.

Zu *Ritz* wurden Namen, die mit *Reich*- begannen. *Wörz*, *Wer(t)z* und *Wenz* gehören zu *Wern(h)er*, *Dietz* zu *Dietrich*. Und *Wutz* ist ein entfernter Verwandter von *Wotan*.

Im Namen: Christus

Christ: DER NAME IST PROGRAMM, SELBST DANN, WENN SEIN TRÄGER DAMIT NICHTS AM HUT HABEN SOLLTE. ALLERDINGS IST DIESER NAME SELTEN, VERGLICHEN MIT ANDEREN KIRCHLICHER HERKUNFT.

Von den Familiennamen, die aus christlichen Vornamen hervorgegangen sind, ist *Martin* der häufigste in Baden-Württemberg. Es folgen *Lorenz*, *Kopp* – eine Kurzform von *Jakob* –, *Simon* und *Peter*. Das sind die Namen von einem Erzvater Israels, von Aposteln und Heiligen. Doch wo bleibt der Name dessen, auf den sich alle Christen berufen, der Name *Jesus*?

Nehmen wir die Spanier: Die haben keine Scheu, ihre Kinder *Jesús* zu taufen, was hier zu Lande undenkbar war, bis 1998 *Jesus* als Vorname zugelassen wurde. Und wenn ein Spanier oder Latino den Nachnamen *Cristo* trägt, bedeutet der ganz einfach »Christus«. Der deutsche Familienname *Christ* hingegen ist im Sinne von »Christenmensch« – lateinisch: *christianus* zu verstehen. Wir kennen ihn als *Christian*.

Der ist auch in zahlreichen verkürzten Formen in die Welt der deutschen Familiennamen eingegangen. Da wären beispielsweise der schon erwähnte *Christ*, ferner *Krist*, *Krisch(an)*; dann, mit umgestelltem *r*, *Kirst*, der sich bis hin zum missverstandenen *Kirsch* weiterentwickeln konnte. Auch *Kerst (en)*, *Karst(en)* und *Korst* gehören hierher. Schließlich konnte das *r* ausgestoßen werden, was zu *Kist*, *Kest* oder *Kast* führte.

Christ beziehungsweise seine griechische Urform *Christianos* ist also ein Bekennername, der auf die Anfänge des Christentums zurückgeht. Die ersten Christen legten ihn sich bereits als Zweitnamen zu, den sie im Falle ihrer Anklage dem Richter gegenüber angaben.

Wenn Jesus Christus auch Jude war, so ist sein Name der Form nach hundertprozentig und dem Ursprung nach zur Hälfte griechisch. *Christós* bedeutet »der Gesalbte«. Das war wiederum eine Übersetzung des hebräischen »Messias«. Und *Iäsúus*, wie der Name eigentlich auszusprechen ist, war die griechische Form des hebräischen Namens *Jeschua*, einer Kurzform von *Joschua* (Josua), und das heißt »Jahwe ist Hilfe«.

Christus steckt auch im griechischen Wort *Christó-phoros*, was »Christus-Träger« bedeutet und zu Familiennamen wie *Stoffer*, *Stöffel* oder *Stoppel* wurde. Die Beliebtheit dieses Namens hängt mit der Funktion des heiligen Christophorus zusammen. Der war einer der 14 Nothelfer und amtierte als Patron gegen den jähen, plötzlichen Tod. Ein solches Ende ohne vorherige Buße galt nämlich im Mittelalter als das Schlimmste, was einem widerfahren konnte.

Damit ist allerdings die Frage noch nicht beantwortet, warum andere christliche Namen häufiger zu Familiennamen wurden als *Christian* und *Christoph*, die den Namen Christi enthalten. Doch das ist ein anderes Kapitel.

Heilige Namen mit heidnischem Kern

WIE KOMMT ES, DASS UNTER DEN BADEN-WÜRTTEMBERGISCHEN FAMILIENNAMEN KIRCHLICHEN URSPRUNGS *Martin, Lorenz* UND *Kopp* AM HÄUFIGSTEN VORKOMMEN?

Beginnen wir mit *Martin*. Auf den gehen Familiennamen wie *Martens, Merten* oder *Mertl* zurück und ebenso der Name *Mörtel*, der somit nicht zu verwechseln ist mit dem gleichnamigen Bindemittel. Das ist mit dem Mörser stammverwandt.

Martin wurde populär über die Figur des Sankt Martin, Bischof von Tours, der um 400 gestorben ist. Die Legende kennt ihn als den edlen Ritter, der seinen Mantel mit einem Bettler teilte. Seine historische Bedeutung beruht darauf, dass er die ältesten Klöster des Abendlandes gründete und vom Frankenkönig Chlodwig zum Schutzherrn des christianisierten Frankenreiches erhoben wurde.

Martins Mantel – lateinisch: *capa* – wurde zur Reliquie. Der Ort, wo sie aufbewahrt wurde, hieß nach diesem Mantel *capella* und der dazugehörige Geistliche war der *capellanus*, der heutige Kaplan.

Zahllose frühe Kirchen wurden dem heiligen Martin geweiht, der – wie Georg – Patron der Ritter war, gleichzeitig aber auch ein großer Volksheiliger. Sein Tag, der 11. November, spielt bis heute im Brauchtum eine große Rolle. Als Vorname verlor er auch nach der Reformation nicht an Beliebtheit, da der Reformator Luther ebenfalls Martin hieß. Dabei hat der Name *Martin* einen harten heidnischen Kern, in dem kein Geringerer steckt als der römische Kriegsgott Mars: *martinus* bedeutet »zu Mars gehörig«, ebenso wie übrigens auch *martialis*, das in »martialisch« steckt.

Der Name *Lorenz* kommt von *Laurentius*, womit einer bezeichnet war, der aus dem Ort *Laurentum* bei Rom stammte. Dessen Name wiederum hängt sicher mit lateinisch *laurus* (Lorbeer) zusammen, welcher übrigens im Spanischen zu *laurel* geworden ist und den Namen für einen bekannten Filmkomiker abgab. Seine Bedeutung erhielt der Name durch den Märtyrer und Heiligen Laurentius, der anno 258 auf dem glühenden Rost gemartert wurde. Nachdem am Laurenzitag, dem 10. August 955, Otto der Große auf dem Lechfeld die Ungarn geschlagen hatte, förderte er tatkräftig die Verehrung des Laurentius. *Kopp* ist eine der Kurzformen von *Jakob*. Daneben gibt es weitere wie *Jack* und *Jäckle*, *Kob* und *Kobbe*, *Köpcke* und *Köbele*, wohingegen *Köberle* der kleine *Kober* (Korb) ist. *Jakob* bedeutet »Gott möge schützen«. So hieß der alttestamentarische Patriarch, weshalb der Name schon bei den Hebräern sehr beliebt war. Allein unter den Aposteln war der Name *Jakob* zwei Mal vertreten. Für die spätere Popularität des Namens ausschlaggebend war Jakob der Ältere, spanisch: *Santiago*, zu dessen Grab in Compostela seit dem 9. Jahrhundert die Pilgerströme ziehen. So wurde er Patron der Pilger. Und da an seinem Tag, dem 25. Juli, die Ernte begann, wurde er auch Kornpatron. Es gab mithin allen Grund, sich mit ihm gut zu stellen.

Vom Kaspar zum Kasperle

Kaspar, Melchior, Balthasar: DIE HEILIGEN DREI KÖNIGE RESPEKTIVE DREI WEISEN AUS DEM MORGENLAND HABEN AUCH IN DER DEUTSCHEN FAMILIENNAMEN-LANDSCHAFT SPUREN HINTERLASSEN.

Als »Kasper« bezeichnet man heute jemanden, der gewollt oder ungewollt komisch ist. Die Gleichsetzung mit dem Hampelmann ist geprägt vom Kasperle aus dem Puppentheater, und zwischen diesem und dem ersten der heiligen drei Könige sieht niemand mehr einen Zusammenhang. Den gibt es aber, auch wenn diese Geschichte mit drei Namenlosen beginnt.

Die drei Astrologen nämlich, die laut Matthäus 2 dem Stern nach Bethlehem gefolgt waren, werden dort noch als Magier bezeichnet, ohne dass ihre Namen genannt sind. Zu Königen avancierten sie erst später durch Ausdeutung von Prophezeiungen des Alten Testaments. Ihre Namen *Kaspar*, *Melchior* und *Balthasar* erhielten sie im 9. Jahrhundert, und im 12. Jahrhundert wurde *Kaspar* schwarz. In den mittelalterlichen Dreikönigsspielen geriet der Mohrenkönig im Lauf der Zeit zur lustigen Person, und als solche löste er im 18. Jahrhundert in Wien den Hanswurst ab.

Zum Familiennamen war *Kaspar* oder *Kasper* aber schon früher geworden, als man diese Figur noch ernst nahm. Möglicherweise besteht ein Zusammenhang zwischen dem religiösen Theaterspiel und den Familiennamen, denn dass die Namen der Rollen auf ihre Darsteller übergingen, war keine Seltenheit. Auch dem Schauspieler, der den

Teufel mimte, konnte durchaus blühen, dass der Name an ihm haften blieb.

Kaspar wird von dem persischen Wort *kansbar* abgeleitet, das »Schatzmeister« bedeutet. Der hat dann als deutscher Familienname unterschiedliche Formen angenommen, etwa *Gasper, Jasper, Kaps* oder *Kapp*, wobei *Kapp* allerdings auch der Übername für einen Kapuzenträger sein oder deren Hersteller bezeichnen konnte.

Melchior ist hebräischer Herkunft und meint »König des Lichts«. Ähnlich klingende Familiennamen wie *Melcher* können jedoch auch vom wenig königlichen, aber ehrbaren Beruf des Melkers stammen.

Balthasar schließlich entspricht dem babylonischen *Belsazar*. Der Name enthält den frommen Wunsch »Der Gott Baal behüte sein Leben«. Damit steckt dieser babylonische Segen auch in den deutschen Familiennamen *Balz, Balzer, Balser, Palzer, Balster, Baltes* sowie den etwas entstellteren Abkömmlingen des *Balthasar*, die auch mal *Baltheiser, Baldhauser* und sogar *Waldhauser*, wenn nicht gar einfach *Hauser* heißen können.

Doch sind die Fälle eher selten, in denen der Familienname *Hauser* auf einen verkappten *Balthasar* zurückgeht. *Hauser* kann auch ganz einfach ein Mensch aus Hausen sein oder ein Hausbesitzer.

Wenn wir schon bei den frommen Wünschen sind, sei daran erinnert, dass die drei glückbringenden Initialen *C+M+B* über der Haustüre nicht *Caspar*, *Melchior* und *Balthasar* bedeuten, sondern *Christus mansionem benedicat*: »Christus segne dieses Haus«.

Für Fallsucht und Floristen

Valentin, DER NEUERDINGS INOFFIZIELL ZUM PATRON DER FLORISTENBRANCHE GEDIEHEN IST, HAT AUCH DEUTSCHE FAMILIENNAMEN GEPRÄGT. DARUNTER EINIGE, DIE MIT *F* BEGINNEN.

Wenn deutschen Familiennamen ein lateinischer Rufname zu Grunde liegt, steckt meist irgendein Heiliger dahinter. Im Falle von *Valentin*, der seinen Namenstag am 14. Februar feiert, ist allerdings nicht sicher, welcher Heilige hier Pate gestanden hat, denn es gibt sechs dieses Namens, von denen mindestens zwei im 3. Jahrhundert enthauptet wurden. Wenn dies auch in verschiedenen Jahren geschehen sein soll, so doch jeweils am 14. Februar.

Aber hier interessiert weniger der Wahrheitsgehalt diverser durcheinander geratener Heiligenlegenden, sondern nur der Name. Der kommt vom lateinischen Verbum *valere*, und das heißt »kräftig sein, gesund sein, sich wohl befinden«. Dieses Wort fand sich gleich zweimal in der üblichen Brief-Eingangs-Floskel, die schon vor 2000 Jahren so ähnlich lautete wie das heutige »Wie geht es Dir? Mir geht es gut.« Auf Lateinisch hieß das sinngemäß: *Si vales, bene est, ego quidem valeo*, nur dass die rationellen Römer es vorzogen, jenen rituellen Wortschwall abzukürzen in die Formel: *S.V.B.E.E.Q.V.*

Nannte ein alter Römer seinen Sprössling *Valentinus*, geschah dies in der Hoffnung, der Knabe möge gesund und kräftig werden. Das heißt, er versuchte das Prinzip, wonach der Name ein Vorzeichen sei (nomen est omen), aktiv zu nutzen, indem er dem Kind einen zukunftsweisenden Namen verpasste.

Die Deutschen, die später mit dem Namen *Valentin* konfrontiert wurden und kein Latein konnten, nahmen ihn nach ihrem Verständnis wörtlich. Da es sich eingebürgert hatte, das *v* wie ein *f* zu sprechen, sagten sie *Falentin*, glaubten, der Name komme vom deutschen Zeitwort *fallen*, und so avancierte der heilige Valentin zum Patron gegen die »Fallsucht«, wie man die Epilepsie damals nannte.
Solche Sinnsuche aufgrund ungenügender Sprachkenntnisse widerfuhr auch anderen Heiligen. So wurde *Bonifatius*, dessen Name *bonum* (gut) und *fatum* (Schicksal) enthält, für die Bohnen zuständig, die man erst nach seinem Namenstag am 5. Juni stecken durfte. *Blasius* wurde als Patron der Bläser missverstanden, obwohl sein Name vermutlich mit dem griechischen *basileus* (König) zusammenhängt, und *Augustinus* galt als Patron gegen Augenkrankheiten, obwohl seinem Namen der lateinische *Augustus* (der Erhabene) zu Grunde liegt.
Valentin wurde, lange bevor ihn die Gärtnerzunft entdeckte, auch zum Familiennamen. Er ist unter anderen in *Faltin, Ballentien* oder *Veltin* verewigt. Sein berühmtester Träger ist Karl *Valentin*, der auf die Aussprache »Falentin« bestand, da man schließlich auch nicht »Water«, sondern »Vater« sage. Allerdings hieß er, als er 1882 in München geboren wurde, Valentin Ludwig Fey.

Jahn und Hensel, Henn und John

Johannes WAR SCHON VOR 2000 JAHREN IN PALÄSTINA EINER DER GEBRÄUCHLICHSTEN NAMEN. ER HAT ÜBER 300 DEUTSCHE FAMILIENNAMEN HERVORGEBRACHT, DANEBEN AUCH DEN *Yankee* UND DEN *Iwan*.

Seit zwei Jahrtausenden stehen *Johannes* und seine Abkömmlinge auf der Beliebtheitsskala der Vornamen ganz oben. Der Häufigkeit entspricht der Variantenreichtum, der sich auch in den Familiennamen bemerkbar macht. Wer in Baden-Württembergs Telefonbüchern blättert, wird etwa 550 verschieden geschriebene Familiennamen finden, die mit *Jan-* beginnen, etwa *Janosch, Jantsch, Janek* oder *Jankowski*. Sie gehen zumeist auf eine slawische Variante von *Johannes* zurück.
Allerdings sind diese Familiennamen bei uns nicht übermäßig häufig. Klassische deutsche Formen des hebräischen Ahnen – er hieß *Jochanan* und wurde erst durch die Griechen zum *Johannes* – sind *Hansel* und *Hensel*. Doch auch sie sind weniger häufig als die Nachfahren der *Walter, Hermann, Hartmann* usw.
Der Grund dürfte darin liegen, dass der christliche Name *Johannes* in Deutschland erst Mode wurde, als die Bildung von Familiennamen schon weit fortgeschritten war. Vielen Familiennamen, die zur Namenfamilie *Johannes* gehören, sieht man die Verwandtschaft gar nicht mehr an: *Jahn, Jehn, John*, ob mit oder ohne *h*, ob mit *-s, -tz* oder *-sen* am Ende. Auch *Jandl, Janning* und *Jenninger* gehören hierher, ebenso *Handtke, Hannemann, Ham(m)ann, Henn, Hanig* und Kompositionen wie *Guterjan, Guderian, Großhans* und *Kleinhans, Althenn* und

Schneiderhan. Zu den in Deutschland verbreiteten slawischen Formen gehören *Janke, Jänisch, Jentsch, Jeschke, Gensch, Hanisch, Hanke* und *Hahnke.*

Die Entstehung des Namens *Johannes* ist eine der bestverbürgten. Im Lukas-Evangelium (Lk I, 57-66) steht die namenkundlich hochinteressante Geschichte, wie Elisabeth bei der Taufe ihres Sohnes gegen die Regel verstieß, diesem den Namen des Vaters Zacharias zu geben. Der Grund war, dass das bereits hochbetagte Ehepaar kinderlos geblieben war, bis auf die Gebete des Zacharias hin der Engel des Herrn erschien und ihm mitteilte, der Kinderwunsch werde erfüllt und der Sprössling solle *Johannes* heißen. Darin steckt ein tiefer Sinn, denn der Name bedeutet »Gott hat sich gnädig erwiesen«.

Jener *Johannes* ergriff später den Beruf des Täufers, taufte den Sohn einer Verwandten seiner Mutter, der den damals ebenfalls sehr populären Namen *Jesus* trug. Dieser Akt erhöhte wiederum später in der frühen Christenheit die Popularität des *Johannes*, dessen Geburtstag dann auf die Sommer-Sonnenwende verlegt wurde und somit das kalendarische Gegenstück zu Weihnachten bildete. Der Johannistag wurde zu einem der Haupt-Tauftage, der Name des Täufers wurde als Vorname immer beliebter und im 14. Jahrhundert überholte er gar die Spitzenreiter *Hinz* und *Kunz.*

Sankt Nikolaus und der Klomann

SANKT *Nikolaus* BESCHERT NICHT NUR ALLJÄHRLICH DEN ARTIGEN KINDERN SACKWEISE GUTE GABEN. DEM HEILIGEN AUS DER HEUTIGEN TÜRKEI VERDANKEN WIR AUCH EINEN GANZEN SACK VOLLER FAMILIENNAMEN.

Es sind sage und schreibe an die 360 Familiennamen, die Konrad Kunze in seinem dtv-Atlas Namenkunde als Abkömmlinge von *Nikolaus* auflistet. Dieser griechische Name enthält *nikos*, den Sieg, der auch weiblich und etwas anmutiger als Siegesgöttin *Nike* daherkam. Die Vokabel *laos*, die in »Laie« weiterlebt, bezeichnete das Volk. Ein anderes Wort für »Volk« war *demos* – es steckt in der Demographie, der Demokratie und der Demagogie –, weshalb *Nikolaus* und *Nikodemus* gleichbedeutend sind.
Aber bleiben wir beim *Nikolaus:* Dass *Nikolai, Nicklas, Nick* und *Klaus* hierher gehören, dürfte hinlänglich bekannt sein. Nicht mehr so deutlich erkennbar sind Derivate wie *Niggeloh, Nieglas, Niglis, Nicklisch, Nicholl(s), Nickel, Niegel, Nickling, Nitz, Nitschke, Kelas, Klauser, Lauser, Lais, Glais, Gleiser, Leissler, Laus, Glas(en), Gläsel, Las, Klasing, Klasse, Kläslin, Kläsgen, Lässing, Lessel, Klos, Kloske, Loske, Loos, Lohse, Lösel, Gla, Clawus, Glabus, Globus, Klawe, Lawis, Glauwis, Laul(e), Claven, Klafs, Klafgen, Klafke, Glabsch, Klapps, Klabs, Klage(s), Clewis, Klewe, Klähe, Klee, Kleu, Gleuel, Kleie, Kley, Leule, Klebes, Klebser, Kloe(s), Gloel, Glohe, Loes* und zum guten Schluss *Kluss.*
Daneben gibt es Zusammensetzungen, etwa mit *-mann*, bei denen man wirklich an alles andere als den Nikolaus denkt, etwa *Nickel-*

mann, Lausmann, Klassmann, Klagemann oder etwa *Klomann.* Wir finden *Kohlhaas* (was allerdings auch »Heuschrecke« bedeuten kann) als potenziellen Sprössling des *Nikolaus.* Der wurde zudem mit diversen Eigenschaftswörtern kopuliert. Meist waren es *Alt-* und *Jung-*, die zu *Altnikol* oder *Jungnitz* gerieten. Es gibt auch schwerer verdauliche Kompositionen wie *Grossklos.*

Besonders gerne für Zusammensetzungen genutzt wurde die Kurzform *Nickel: Altnickel, Jungnickel, Grasnickel, Heinickel, Honickel, Langnickel* oder der freundliche *Liebernickel.* Übrigens war *Kupfernickel* ein Schimpfwort der erzgebirgischen Bergleute für ein scheinbar wertloses Metall, das der schwedische Mineraloge Cronstedt deswegen »Nickel« nannte. Der Schimpfname *Nickel* wiederum stammt ebenfalls vom *Nikolaus* ab.

Dieser Rufname war zu der Zeit, als die Familiennamen entstanden, nach *Johannes* der zweithäufigste. Nikolaus gehörte zum harten Kern der 14 Nothelfer und war einer der großen Feiertagsheiligen, an deren Festen Sonntagsruhe zu herrschen hatte. Das konnte ihrer Popularität natürlich nur zuträglich sein. Nikolaus hatte bereits in Byzanz als besonders effektiv und »engelsgleich« gegolten, weil er schon zu Lebzeiten Wunder wirken konnte.

Wegen seiner immensen Fruchtbarkeit auf dem Felde der Familiennamen würde er gut zum Patron der Namenforscher taugen.

MÄNNER, FRAUEN UND VERWANDTE

Starke Frauen in der Männerwelt

Es war zwar kein allzu häufiges Phänomen, dass Frauen in der Männerwelt des Mittelalters einen Familiennamen geprägt haben. Aber es ist durchaus vorgekommen – ein Indiz für starke Frauen.

Bei Familiennamen wie *Gehlen, Metz, Hiller, Ketterer* oder *Künne* kommt heute kaum jemand auf den Gedanken, dass hinter ihnen eine Frau stecken könnte: Zwar kann *Künne* von *Konrad* stammen, aber ebenso gut von *Kunigunde.* Sie ist auch die Mutter der *Künischer, Könngott, Kenngott* sowie *Kingerter.*

Ketter oder *Ketterer* ist – ebenso wie *Kathreiner* – der *Katharina* entsprossen. *Gehlen* kann auf *Gertrud* zurückgehen und *Hiller* auf *Hildegund*, allerdings auch auf einen der Männernamen, die mit *Hild-* (Kampf) begonnen haben. Es käme auch noch ein Ahn in Frage, der Hüllen- oder Mützenmacher war.

Bei *Metz* denkt man zunächst eher an einen Steinmetz – was keineswegs abwegig ist, während der Metzger hier nicht zur Debatte steht. Auch das Metz genannte Kornmaß ist als Übername denkbar. Doch in vielen Fällen kommt der Familienname *Metz* – ebenso wie *Mette* oder *Metke* – vom Frauennamen *Mechthild.*

Zu den Frauennamen, aus denen Familiennamen hervorgegangen sind, zählen unter anderen *Adelheid* mit *Alken, Alscher* oder *Alschner, Hedwig* mit *Hedwiger* und *Heesche, Lutgard* mit *Lückert* und *Lucke, Walburga* mit *Wobbe, Wolper* und *Walb, Agnes* mit *Angenet, Neeser* und *Neske, Elisabeth* mit *Elsner* und *Bethge* oder *Sophia* mit *Soffner, Fige(ner)* und *Fei.*

Unter welchen Umständen gebar ein Frauenname einen Familiennamen? Antwort: unter anderen – im Sinne von »außergewöhnlichen«. Zunächst konnte es sein, dass kein Vater vorhanden war, sei es, weil er sich dünne gemacht oder weil er bereits das Zeitliche gesegnet hatte. Doch konnte es auch vorkommen, dass Mutter wirtschaftlich potenter war als Vater oder dass sie gesellschaftlich mehr hermachte. Dann schmückte sich der Nachfahre lieber mit dem mütterlichen Ruf- oder Familiennamen. So bevorzugte Johannes *Gensfleisch* den Hausnamen der Mama: *Gutenberg*.

Schließlich gibt es »Gynäkonymika«, Namen, die auf (Ehe-)Frauen zurückgehen. Sie können Abhängigkeitsverhältnisse widerspiegeln, nämlich wenn die Frau eine Chefin war. Hier ist daran zu erinnern, dass »Frau« – mittelhochdeutsch *vrouwe* – ursprünglich »Herrin« bedeutete. Diese *vrouwe*, zu *Ver-* verkürzt, ist noch in verschiedenen norddeutschen Familiennamen versteckt. So bedeutet der Name *Vernaleken* »(Dienstmann) der Herrin Adelheid«. Solche Dienstverhältnisse zeigen sich auch in Frauennamen, an die ein *-man* gehängt ist: *Taleman* war der Leibeigene der Adelheid, kurz: *Tale*. Hingegen steckt in *Telemann* und *Thälmann thiot* (Volk), welches im grammatikalischen Sinne ein Neutrum ist.

Ein Mädel oder Weibel...

CHERCHEZ LA FEMME: MAN(N) SUCHT *Frau* MEIST VERGEBENS IM ADRESSBUCH, JEDENFALLS ALS FAMILIENNAMEN. EHER FINDET MAN EIN *Weible* ODER *Mädel.*

Der Familienname *Frau* ist selten – im Gegensatz zu *Mann*, der zu den 300 häufigsten im Lande zählt. Ungefähr gleich viele Baden-Württemberger heißen *Herr*. Dagegen ist es um die *Dame* wieder ganz schlecht bestellt, ebenso um das *Weib*, das es nicht als Familiennamen gibt. Doch mangelt es nicht an *Weible, Weiblen, Weiberle* oder *Weibel.* Und zählt man die *Madel, Madl* und ähnliche zusammen, kommt man auch auf eine runde Hundertschaft.

Doch ach – das *Madel* ist kein Mädchen und das *Weibel, Waibel, Waible* oder *Weible* kein Weibchen. Im Gegenteil: Die Ursprünge beider Namen sind zum Teil ausgesprochen unweiblich, zumindest nach dem herkömmlichen Rollenverständnis. Nehmen wir *Weible*: Dieser Name stammt ebenso wie *Weiberle, Weibert, Wybert, Wippert* oder *Weitbrecht* von einem Urvater namens *Wigprecht* ab, und in dem steckt das althochdeutsche *wig* (Kampf). Das wurde zur Bildung aller möglicher Personennamen verwendet, etwa für *Wighard*, das sich im Lauf der Jahrhunderte unter anderem zu einem paradox anmutenden *Weich-(h)ardt* entwickelt hat, aber inzwischen auch *Wiegert, Weigert* oder *Wickert* heißen kann.

Weibel und *Waibel* können allerdings auch Verwandte des Feldwebels sein, in dem der mittelhochdeutsche *weibel* erhalten ist. Das war der Gerichtsbote.

Auch *Weiber* hat einen völlig unweiblichen Kern, der in diesem Falle in der Traube – schwäbisch: Weinbeere – zu suchen ist. So schrieb sich im 16. Jahrhundert ein württembergischer Höfling einmal *Weinbeer, Weinmer*, dann aber *Weiber* oder *Waiber*.
Für *Mad(e)l, Mäd(e)l, Mad(e)le, Mäd(e)le, Madler* oder *Mädler* gibt es mehrere Möglichkeiten. Entweder gehen diese Namen zurück auf einen alten Personennamen, der mit *Mahal* (Gerichtsstätte, Versammlung) begann – einem Wort übrigens, dem wir die Vokabeln »Gemahl« und »vermählen« verdanken. Ein *Madalher* konnte zum *Mädler* werden, und ein *Madulf* über die Kurzform *Matto* zum *Madel* oder *Mädel*.
Eine andere Möglichkeit ist, dass der Familienname auf einen Orts- oder Wohnstättennamen zurückgeht. Eine mähbare Wiese hieß auf Mittelhochdeutsch *mad*, und damit wurden eine ganze Reihe von Flurnamen wie etwa das schwäbische *Mä(h)dle* gebildet, die wiederum auf die Personen übergehen konnten, die dort wohnten.
Nach diesen Erfahrungen bleibt auch für *Da(h)me* nicht mehr allzu viel Hoffnung, dass eine solche Patin gestanden hätte. Tatsächlich liegt entweder ein Ortsname zu Grunde – oder der Vorname *Thomas*. Doch endlich, bei *Frau*, steckt eine dahinter – ebenso bei *Frauen*. Damit konnte jemand – natürlich ein Mann! – gemeint sein, der im Dienste einer *vrouwe*, also einer bestimmten Herrin stand.

Sah ein Knab ein Männlein stehn

DER *Knabe* REIFT ZUM *Mann*, UND AUS DEM WIRD GELEGENTLICH EIN *Herr*. UND WENN DAS *Büble* PECH HAT, WIRD NUR EIN *Männle* AUS IHM.

Die Entwicklungsstadien des Mannes haben sich alle in Familiennamen niedergeschlagen. Der eine heißt *Mann*, der andere *Knabe, Herr* oder *Bub*. Warum?

Beginnen wir beim *Mann*: Es gibt mehrere Erklärungen, warum jemand so genannt wurde, etwa, weil er als vorbildliches Mannsbild galt. Es kann aber auch einer jemandes Mann im Sinne von Gefolgsmann gewesen sein. Ferner bezeichnete der Name *Mann* eine bestimmte Stellung in der ständischen Hierarchie. Doch in den meisten Fällen wird der Mann von der Kurzform *Manno* herrühren, die für Namen stand, die mit *Man-* (Mann) begannen, etwa *Manhart* oder *Manfred.*

Konnte *Mann* der Übername für einen tüchtigen Menschen sein, so wird man sich unter *Männle, Männchen, Männel* oder *Männicke* eher ein etwas zu kurz geratenes Exemplar der Gattung Mann vorstellen müssen, falls es sich nicht um ein »Manfredle« handelte. Das kann auch für *Ma(h)nke* gelten, der aber eher auf den Personennamen *Maginolf* oder *Mangold* zurückgeht.

Beide haben nichts mit dem Mann zu tun. Vielmehr steckt im *Maginold magan* (Kraft) und im *Manegold* das althochdeutsche *manag* (viel) – denken wir an englisch *many*. Das *Männle* konnte zum *Mändl, Mandl* oder *Mendel* schrumpfen, wobei diese drei auch zwei andere

Väter haben konnten, nämlich den *Manto*, eine Kurzform des bereits erwähnten *Managold*, und den hebräischen *Immanuel*, dessen Name auf deutsch »Gott mit uns« bedeutet.

Mit *Herr(e)* verhält es sich ähnlich: Dieser Name konnte sowohl einen wirklichen Herren kennzeichnen als auch einen, der im Dienst eines Herren stand. Und er kann in der Kurzform eines Personennamens wurzeln, die mit *Herr-* beginnt, etwa *Hermann, Herbert* usw., was nichts mit einem Herren, sondern einem Heer zu tun hat.

Knab(e) kommt von *Knapp(e)*, und so nannte man zum einen die Jünglinge, die einmal Ritter werden wollten, zum anderen die Handwerksgesellen, etwa die Berg- oder Weberknappen. Außerdem bedeutete *knapp* im Fränkischen »gewandt, tüchtig«. Die *Knab(e)s* oder *Knapp(e)s* können sich also aussuchen, was ihnen als Erklärung am genehmsten ist.

Der *Bub(e)*, der im Neuhochdeutschen als Schimpfwort gelten kann, meinte zunächst einfach nur den Buben im schwäbischen oder bayrischen Sinn, also wertfrei. Es gab den Personennamen *Buobo, Buppo, Boppo* oder *Poppo*, der heute noch in vielen Orts- oder Flurnamen steckt wie etwa Poppenreute etc. Im Familiennamen *Bub(e)* kann also entweder dieser alte Taufname stecken oder eben der *Bub* im Sinne von »männliches Kind«, vielleicht auch im Sinne von »Diener« oder »Knecht«.

Etwas völlig anderes ist übrigens der *Bubner*: Sein Urahn war der ostsorbische *bubnar* – der Trommler.

Mutter, Vater, Kinder

SCHON VOR ERFINDUNG DER EMANZIPATION WURDE DER MUTTERTAG KREIERT. DEN DÜRFEN MIT FUG UND RECHT AUCH ALL JENE FEIERN, DIE MIT NACHNAMEN *Mutter* HEISSEN.

Frauennamen oder -berufe haben sich nicht gerade häufig in den Familiennamen niedergeschlagen. Das ist kein Wunder angesichts der patriarchalischen Strukturen, unter denen sich die Familiennamen entwickelt haben. Ein Wunder ist es eher, wenn es dennoch Menschen gibt, die den Familiennamen *Mutter* führen.
Das Wunder verflüchtigt sich jedoch wieder sehr schnell, wenn man genauer nachsieht, wo der Name *Mutter* eigentlich herkommt. Er dürfte nämlich nur in den selteneren Fällen ein verwandtschaftliches Verhältnis bezeichnet haben und in den meisten Fällen vom Beruf des Korn- oder Salzmessers herrühren, der den Scheffel schwang. Dieses Hohlmaß hieß im Südwesten auf mittelhochdeutsch *mutte.* An der Wiege des Familiennamens *Mutter* stand demzufolge nicht *die* Mutter, sondern *der* Mutter, auch *Mutterer* oder *Muttner* genannt.

Ein Name, in dem tatsächlich die Mutter (und nicht der Moder) steckt, lautet *Modersohn*. Damit könnte entweder angedeutet worden sein, dass der Sohn zwar eine Mutter, aber keinen (bekannten) Vater hatte, oder aber, dass er ein Muttersöhnchen war. Als Übername ist *Muttersohn* auch im Süddeutschen nachweisbar. So lebte anno 1249 in Frickingen bei Überlingen ein Hainrich, genannt *Muotersun*.

Angesichts des Familiennamens *Vater* fragt man sich: Was hat dazu geführt, jemanden so zu nennen? Zunächst gab es einen ganz praktischen Grund. Hatten Vater und Sohn denselben Vornamen, unterschied man sie durch den Zusatz *Vater* oder *Sohn*. Dem entspricht die Beobachtung des Namenforschers Konrad Kunze, dass sich die Familiennamen *Vater* und *Sohn* zahlenmäßig in etwa die Waage halten. Daneben aber gibt es Fälle, in denen nicht die familiäre Beziehung den Anlass gegeben haben dürfte, sondern eher eine väterliche Art, die den Übernamen gebar (wenn man dieses Verb in Zusammenhang mit *Vater* anwenden darf).

Auch der *Kindervater* oder *Kindsvater* bezeichnet keinen Verwandtschaftsgrad: Das war nicht der Vater des Kindes, sondern der Geburtshelfer, mitunter auch der Taufpate. Der *Kindermann, Kindelmann, Kinderer* oder *Kindler* fungierte als Pädagoge (was auf deutsch »Kinderführer« heißt), der für die Erziehung der Kleinsten zuständig war. Wer Kinderschuhe fabrizierte, wurde als *Kindscher* bezeichnet.

Als *Kindler* konnte man aber auch einen kindischen Menschen beschimpfen, ebenso mit *Kind(t)* oder *Kindle. Kinder* hingegen ist nicht unbedingt die Mehrzahl von Kind, dem Symbol der Unschuld, sondern eher das krasse Gegenteil. *Kinder* kann nämlich ebenso wie *Ginter, Günter* oder *Gunther* von *Gunthari* abstammen, und darin steckt neben *hari*, dem Heer, der *gund*, das althochdeutsche Wort für Krieg.

Wo bleibt Herr Onkel?

Vetter ODER *Neffe*: MANCHE FAMILIENNAMEN KNÜPFEN AN DIE FAMILIENBANDE AN. DOCH DA DIE FAMILIE HEUTE NICHT MEHR IST, WAS SIE EINMAL WAR, SIEHT MAN VIELEN NAMEN IHRE FAMILIÄRE HERKUNFT NICHT MEHR AN.

Auf den *Vetter* stoßen wir häufig im Adressbuch. Doch wo bleibt der Onkel? Wenn man ihn nicht im Namensverzeichnis findet, sucht man ihn am besten im Etymologischen Wörterbuch, welches über das Alter der Wörter informiert. So erfahren wir, dass das Fremdwort »Onkel« erst im 17. Jahrhundert aus Frankreich einwanderte, als die Bildung der Familiennamen abgeschlossen war.

Zuvor hatte es an des Onkels Statt zum einen den »Oheim« gegeben; das war der Bruder der Mutter. Er hat überlebt in den Familiennamen *Ohm, Öhm, Öhme, Öhmke* oder *Oehmichen.* Der Bruder des Vaters hingegen wurde *Vetter* genannt. Deswegen sieht der »Vetter« dem »Vater« so ähnlich. Das Wort wurde aus dem »Vatersbruder« gebildet. Als es durch den »Onkel« überflüssig geworden war, nahm es seine heutige Bedeutung im Sinne von »Cousin« an.

Entsprechendes geschah mit den Vorgängerinnen der »Tante«. Die trat zum einen an die Stelle der »Muhme«. Deren *Mu-* lässt ahnen, dass sie die Schwester der Mutter war. Man findet sie, wenn auch selten, in den Namen *Muhm(e)* oder *Mühmel.* Die Schwester des Vaters, die damals noch »Base« hieß, scheint jedoch keine Familiennamen hinterlassen zu haben. Während zwischen Onkeln und Tanten mütter- oder väterlicherseits also genau unterschieden wurde, waren die übrigen Verwandtschaftsbezeichnungen weniger präzise. Der »Neffe« etwa ist mit dem lateinischen *nepos* (Enkel) nicht nur von der Wortgeschichte, sondern auch von der Bedeutung her verwandt. Ursprünglich nannte der Großvater seinen Enkel »Neffe«. Die übrigen Mitglieder der Familien machten es ebenso, und so erhielt diese Bezeichnung im Lauf der Zeit ihre heutige Bedeutung. Im Telefonbuch findet man den Neffen als *Neff, Neef(e), Näf(f), Nefflin, Neeb, Nebe, Neve* usw.

Der »Enkel« ist die Verkleinerungsform des althochdeutschen *ano*, das war der Großvater. Er hat sich in den Familiennamen *Ähne* oder *Ehni* fortgepflanzt. Die Oma hieß »Ahne«.

In den Familiennamen *Schwer, Schwehr, Schwär* oder *Schwör* lebt der »Schweher« fort. Das war der Schwiegervater. Seine Frau Gemahlin war die »Schwieger«, sein Sohn der »Schwager«, der Schwiegersohn der »Eidam« und die Schwiegertochter die »Schnur«. Allerdings dürfte der Familienname *Schnu(h)r* eher auf den Beruf des Schnurmachers zurückgehen.

Neben den genauer definierten Familienmitgliedern gab es noch eine allgemeine Bezeichnung für den Blutsverwandten, der im Mittelhochdeutschen *mage* oder *mac* genannt wurde. Er existiert weiter in den Familiennamen *Maag, Moog, Maack* und *Mack*, wobei letzterer auch vom *Markwart* abstammen mag. Es kann auch eine Verwandtschaft zum gälischen *Mac* geben. Aber das ist ein anderes Kapitel.

Mack, Mac, Fitz und Türkensohn

Zur Hundertschaft der häufigsten Familiennamen des Landes gehört – wenn auch auf den hinteren Rängen – der Name *Mack*. Er führt uns in die Welt der Söhne.

Wie bei den meisten Familiennamen gibt es auch für *Mack* mehrere Deutungsmöglichkeiten. Eine leitet den Namen ab vom Rufnamen *Markwart*, der die *marca* (Grenze) und den *wart* (Wächter) enthält, der übrigens auch im »Tankwart« und in der über Frankreich reimportierten »Garde« steckt. Die andere Deutung aber sieht in den Familiennamen *Mack, Magg, Maag, Moog* usw. die Abkömmlinge des mittelhochdeutschen Wortes *mac* oder *mage*, und das war der nicht näher definierte Blutsverwandte. Der war ursprünglich mit hoher Wahrscheinlichkeit das männliche Gegenstück zur *maget*, der Maid. Verfolgt man die Spuren der beiden weit genug zurück, landet man beim indogermanischen *maghos* (jung). Von diesem wiederum stammt das ur-irische *maqqas* ab, das im Neuirischen *mac* heißt. Das ist der »Sohn«. Damit wissen wir endlich, dass *McDonald* der »Sohn des *Donald*« ist, welcher sich seinerseits zusammensetzt aus den gälischen Wörtern *dubno* (Welt) und *val* (Herrschaft).

Die Iren und Schotten stellen also ein *Mac* vor einen Rufnamen, wo die Norddeutschen, die Engländer und Skandinavier ein *-son* oder *-sen* hinten anhängen. Die Schotten sparen sich manchmal das *a* und begnügen sich mit *Mc*. Die Iren gehen im Übrigen oft noch einen Schritt weiter bis zum Enkel, für den sie ein *O'* vor den Namen des Opas stellen. *O'Brien* ist somit »der Enkel des Brien«.

In seinem dtv-Atlas Namenkunde hat Konrad Kunze eine Karte von Europa abgebildet, die »Patronymika« aller europäischen Sprachen enthält. Patronymika sind die aus dem Rufnamen des Vaters gebildeten Familiennamen. Der Karte ist zu entnehmen, dass in einer anderen keltischen Sprache, im Walisischen, der Sohn nicht *mac*, sondern *ap* heißt und – zum *P*- oder *B*- geschrumpft – ebenfalls vor den Namen des Vaters gestellt wird. *Bevan* ist also »der Sohn des *Evan*« (Johann).
Als typisch britisch gelten auch Namen, die mit *Fitz*- beginnen, etwa *Fitzgerald*. Dieser *Fitz*- ist nichts anderes als der lateinische *filius* (Sohn), der über die französische Version *fils* auf die Insel gekommen ist. In Frankreich wird das *fils* gerne an den Vaternamen angehängt und heraus kommt zum Beispiel ein *Jeanfils*, ein »Sohn des Hans«. Der

zur selben Familie gehörende italienische *figlio* steckt, zum *Fi*- verkürzt, etwa in *Fittipaldi*.
Von Karl May alias Kara Ben Nemsi wissen wir, dass *Ben* in Arabien »Sohn« heißt. Das arabische Erbe hat sich in Spanien gehalten, etwa im Namen *Benavides*. Der türkische Sohn, *ogul*, wird als *-oglu* an den Vaternamen gehängt. Fügt man ihn an den Volksnamen, so haben wir den auch in Baden-Württemberg vertretenen Familiennamen *Türkoglu*, den »Türkensohn«. Womöglich wohnt der Tür an Tür mit *Mack*.

Die Früchte verbotener Liebe

Kögel, Liebeskind, Halbritter – HINTER JEDEM DIESER FAMILIENNAMEN STECKT EIN SCHICKSAL: DAS SCHICKSAL DES ERSTEN, DER DIESEN NAMEN TRUG.

Den *Kögel* kennen wir aus der Redewendung »mit Kind und Kegel«, die nicht etwa Ausdruck einer verbreiteten Vorliebe für das Kegelschieben, sondern eher für andere Vorlieben ist: *Kegel* bedeutete »uneheliches Kind«. Die mittelalterliche Gesellschaft konnte so unfreundlich sein, unehelich Geborene mit einem Übernamen zu kennzeichnen, der dann zum Familiennamen wurde. Doch konnte auch ein plumper Mensch *K(o)egel* geschimpft werden.

Kegel oder *Kögel* war nicht die einzige Bezeichnung für den *Muttersohn* – norddeutsch *Modersohn* –, wie eine etwas rücksichtsvollere Umschreibung lautete. Zu den freundlichen Versionen kann – muss aber nicht – auch *Liebeskind*, das Kind der Liebe, zählen.

Doch die unromantische Wirklichkeit hat dafür gesorgt, dass der Begriff *Bankert* eine nachhaltigere Verbreitung fand. Er wird noch heute als Schimpfwort verwendet und hat sich gegenüber den gleichbedeutenden Wörtern »Bänkling« und »Bankkind« durchgesetzt. *Bankert* deutet an, dass der so Bezeichnete nicht mit der rechtmäßig Angetrauten im ehelichen Bett, sondern mit der Magd auf der Bank gezeugt worden ist. Er ist übrigens nicht zu verwechseln mit dem *Bangert*: Das war der Baumgärtner.

Eine inzwischen vergessene Vokabel für den unehelich Geborenen war das mittelhochdeutsche Wort *ruschart*. Es existiert fort in den Familiennamen *Rauscher(t), Rauschart* und *Rausch(h)ardt,* wobei als andere Möglichkeit die Abstammung von einem *Rauscher* im Sinne von »Polterer« in Frage kommt. Auch *bi-slac* bezeichnete die Frucht verbotener Liebe, zu der in diesem Falle ein Adeliger beigetragen hatte – vergleichbar also dem französischen *bastard.* Daraus kann der Familienname *Beischlag* oder *Beyschlag* entstanden sein, doch der Namenforscher Josef Karlmann Brechenmacher hält es für wahrscheinlicher, dass dieser Name auf ein durch Zaun oder Graben abgesondertes Stück Land zurückgeht.

Die Maßbezeichnung *Halb-* konnte auf einen anderen Makel der Geburt weisen – auf einen wirtschaftlichen: Der *Halbritter* mochte zur Hälfte von einem Ritter abstammen, der *Halbpfaff* oder *Halfpape* von einem Priester, der *Halbherr* von einem Herren, doch das ist nicht zwingend. Es können auch Arbeits- und Eigentumsverhältnisse dahinter stecken wie beim *Halbbauer*, beim *Halb-* oder *Hallhuber* oder dem *Halb-, Half-* oder *Hallmaier*, die nur ein halbes Gut oder eine halbe Hube bewirtschafteten.

Uneheliche Kinder, die ausgesetzt werden, nennt man Findelkinder. Von diesem Schicksal zeugen Namen wie *Fintl, Funden, Findling* oder *Fündeling.* Bisweilen nannte man sie auch nach ihrem Fundort *Ufer, Breitegaß, Birkenbusch,* was allerdings auch Wohnstättennamen sein können. Eindeutig jedoch ist der Sinn des Namens *Unbekannt.*

Von wegen Todt und Leich

DEM TOD GEHT MAN AM LIEBSTEN AUS DEM WEG. JEDOCH GIBT ES KEINERLEI GRUND, SICH VOR MENSCHEN NAMENS *Todt* WEGEN IHRES NAMENS ZU FÜRCHTEN, DENN DER HAT MIT DEM SENSENMANN NICHTS ZU TUN.

Wenn der Name *Todt* manchen älteren Zeitgenossen in unangenehmer Erinnerung ist, dann hängt das mit einer technischen Spezialtruppe des »Dritten Reiches« zusammen, die den Westwall baute und den martialisch klingenden Namen »Organisation Todt« trug. Sie war benannt nach dem gebürtigen Pforzheimer Fritz Todt, den Hitler zum Generalinspekteur für das deutsche Straßenwesen ernannt hatte.
Mögen diese historischen Umstände auch nahe legen, *Todt* mit Tod in Verbindung zu bringen, ist es dennoch in den meisten Fällen falsch. Zwar ist einer der möglichen Ursprünge dieses Namens tatsächlich das Adjektiv *tot*, doch der damit Bezeichnete lebte natürlich noch, war aber vergleichsweise blass, was die boshaften Mitmenschen zu jenem drastischen Übernamen veranlasste. Zu solchen spöttischen Übernamen gehören auch *Todtenkopf* und *Todt(en)haupt*.
Anders verhält es sich mit *Todtmann*, der direkt verwandt ist mit *Dietmann* und *Thiemann*. Sie alle gehen auf den Namensstamm *diet* zurück, der »Volk« bedeutet und der sowohl im *Dieter* wie im Wort *deutsch* enthalten und im Übrigen ein weiterer der möglichen Ursprünge des Namens *Todt* ist.
Eine dritte Erklärung ist typisch süddeutsch: *Todt* kann nämlich auch von dem Wort »Dote« (Pate) kommen, was wiederum eine kindliche

Lallform von »Gote« ist. Das war eine Abkürzung für »Vater in Gott« beziehungsweise »Mutter in Gott«, wie die Stellvertreter der leiblichen Eltern bezeichnet wurden. Hierher gehört auch der Familienname *Todtenbier*, der sich auf den Taufschmaus bezieht.

Todt vom Paten abzuleiten, ist doch wesentlich sympathischer als vom Gevatter Tod. Dennoch scheint *Todt* schon zur Zeit der Humanisten, die ihre Namen zu latinisieren liebten, gerne im letalen Sinne verstanden worden zu sein. Dafür spricht der Umstand, dass es den Familiennamen *Mors* gibt. Das bedeutet nichts anderes als »der Tod«.

Betrachten wir bei der Gelegenheit auch noch den Namen *Leich*. Dabei handelt es sich um eine Kurzform des Rufnamens *Leichhard*, in dem das althochdeutsche Wort *leih* (Tanz, Kampfspiel) steckt. Diese längst vergessene Vokabel finden wir auch im »Wetterleuchten«, das nichts mit der Leuchtkraft, sondern mit dem Tanz der Blitze zu tun hat und im Mittelhochdeutschen noch *wetterleichen* hieß.

Der Mann, der zum Tanz aufspielte, wurde dementsprechend als *leichaere* bezeichnet. Er lebt noch in den Namen *Leicher* und *Leichmann*, denen mithin ein sehr vitaler Sinn innewohnt, auch wenn das Gegenteil der Fall zu sein scheint.

DER KALENDER

Montag, Freitag und Domingo

Sonntag, Montag, Freitag: WARUM HABEN SICH DIESE TERMINE IN FAMILIENNAMEN NIEDERGESCHLAGEN, WÄHREND ES *Dienstag, Mittwoch, Donnerstag, Samstag* ODER *Sonnabend* SO GUT WIE NICHT GIBT?

Donnerstag als Personennamen kennen wir von Robinson Crusoe, der einen Eingeborenen so getauft hat, weil er glaubte, ihn an einem Donnerstag kennen gelernt zu haben. Als er später feststellte, dass er sich um einen Tag vertan hatte, taufte er *Donnerstag* um in *Freitag.*
Diese Erklärung für die Entstehung eines Personennamens ist von Robinsons Insel auf den deutschen Sprachraum insofern übertragbar, als auch hier der Tag des ersten Auftauchens namengebend sein konnte, nämlich der Tag der Geburt oder – bei Findelkindern – der Tag, an dem man sie von der Kirchenschwelle aufgesammelt hatte.
Da jedoch Kinder sonntags, montags und freitags weder häufiger noch seltener geboren oder gefunden werden als dienstags bis donnerstags oder samstags/ sonnabends, reicht der Geburtstag allein als Motiv nicht aus. Also muss mehr dahinter stecken.
In Baden-Württemberg kommen die Familiennamen *Sonntag* und *Freitag/Freytag* etwa gleich oft vor, *Montag* weniger. Bei *Freitag* und *Sonntag* denkt man unwillkürlich an Karfreitag und Ostersonntag – und ist damit einer plausiblen Erklärung auf der Spur. Das Handwörterbuch des Deutschen Aberglaubens bestätigt: »Der Name *Freitag* kommt fast so häufig wie der *Sonntag* als Familienname vor, jedenfalls in Beziehung auf Christi Tod, durch den die Menschheit erlöst wurde.«

Der Umstand, dass dem Freitag in diesem Nachschlagewerk 28 Spalten gewidmet sind, bestätigt dessen hohe Bedeutung in der Volkskultur: »Kein Tag in der Woche weist eine solche Fülle Aberglaubens auf wie der Freitag.« In der Volksmedizin war er der wichtigste überhaupt. Sonntag hingegen war Tag der Auferstehung und damit der Geburtstag des Christentums, der »Tag des Herrn«. Er war uneingeschränkter Glückstag – im Gegensatz zum Freitag, der auch als Unglückstag angesehen wurde. Sonntagskinder gelten schließlich bis heute als Glückskinder. Und so ist denkbar, dass Kinder, die an einem Sonntag geboren sind, nach diesem Glück bringenden Datum benannt wurden.
»(Tag) des Herrn« heißt übrigens auf lateinisch *dominicus*, auf griechisch *kyriakos* und hat auch solchermaßen schon frühzeitig in vielen Namen von *Cyriak* bis *Domingo* seine Spuren hinterlassen.
Und der Montag? Der spielte in Glauben und Aberglauben keine vergleichbare Rolle, und wenn, dann eher eine unheilvolle. Insofern könnte der Familienname *Montag* eher auf einen Termin zurückgehen, zu dem Zinsen oder andere Abgaben zu liefern waren (was auch für *Freitag* nicht völlig auszuschließen ist). Sonst bliebe zur Erklärung nur der »blaue Montag«, aber den hat die Namenforschung dafür bisher noch nicht in Betracht gezogen.

März, April und Mai im Namen

März UND *Merz, Mai, May, Mey*: IN DIESEN FAMILIENNAMEN ERKENNEN WIR DIE NAMEN DER MONATE MÄRZ UND MAI WIEDER. DAS KANN STIMMEN – ODER AUCH NICHT.

Warum benennt man jemanden nach einem Monat? Darüber sind sich die Namenforscher nicht völlig im Klaren. Solche »Zeitnamen« könnten auf Geburts- oder auf Zinstermine deuten – vielleicht auch auf Charaktereigenschaften, die mit einem Monat verbunden werden: Wir denken an die Launen des April, auf den die Familiennamen *Aprell, Aberell* oder *Avril* zurückgehen.

Die übrigen Monate tauchen als Familiennamen eher selten auf: *Jenner, July, Au(g)st.* In den baden-württembergischen Telefonbüchern findet sich gerade noch *Dezember*. Doch nach September, Oktober, November sucht man vergebens; nach Juni und Februar ebenso.

Allerdings hat der Februar auch einen deutschen Namen, nämlich »Hornung«. Und nachdem Karl der Große versucht hatte, deutsche Monatsnamen einzuführen, wurde der Januar auch »Hartung« genannt. *Hornung* und *Hartung* existieren ebenfalls als Familiennamen, wobei auch hier wieder gilt, dass sie ebenso gut zurückgehen können auf Rufnamen, in denen die althochdeutschen Vokabeln *hart* (hart, streng) oder *horn* (Horn, Macht, Ende) stecken.

Die deutschen Monatsnamen haben sich nicht durchgesetzt. Was aber bedeuten die lateinischen? Die alten Römer kannten ursprünglich nur zehn Monate, die sie zum Teil durchnummerierten. Geblieben sind die Nummern Sieben (*septem*), Acht (*octo*), Neun (*novem*) und Zehn

(*decem*), an die man nur ein *-ber* anhängen muss, um den entsprechenden Monatsnamen zu erhalten. Der sechste Monat Sextilis wurde anno 7 v. Chr. zu Ehren des Kaiser *Augustus* umbenannt, weil der in diesem Monat die meisten Siege errungen hatte. Der fünfte Monat Quintilis war vier Jahrzehnte zuvor dem Kalenderreformer *Julius* Caesar gewidmet worden.
Doch zurück zu den Familiennamen *März / Merz* und *Mai / May / Mey*: Der Monatsname März geht auf den Kriegsgott *Mars* zurück, der auch für die Naturkräfte stand, die im Frühjahr erwachten. Der Familienname *März* oder *Merz* kann aber auch in einem Rufnamen wurzeln, der mit *Mar-* oder *Mark-* beginnt. *Mar* konnte sowohl »Pferd« als auch »Meer« als auch »berühmt« bedeuten; *mark* war die Grenze.
Der Wonnemonat verdankt seinen Namen wohl der Göttin *Maia*, die für das Wachstum zuständig war und der man im Mai eine trächtige Sau opferte. Beim Familiennamen sind einzelne Fälle nicht auszuschließen, die mit dem »Maien« (Zweig) zu tun haben: Hieß ein Haus »Zum Maien«, konnte der Name auf den Besitzer übergehen.
Dass *April* von *aperire* (öffnen) komme und sich auf das Sich-Öffnen der Natur beziehe, ist umstritten. Eine der Vermutungen zielt auf die Liebesgöttin *Aphrodite* – was gut zur Launenhaftigkeit dieses Monats passen würde.

April, April: Säuferle und Lauser

NEHMEN WIR DEN 1. APRIL ZUM ANLASS, NAMEN ZU BETRACHTEN, DIE IN DIE IRRE LEITEN: BEI *Schnorrer, Schimpf* ODER *Säuferle* AN BETTLER, NÖRGLER ODER ALKOHOLIKER ZU DENKEN, LIEGT ZWAR NAHE, IST ABER FALSCH.

Ein Schnorrer oder Schnurrer war ursprünglich jemand, der die Schnurre spielte. Das war ein Instrument, das bei Straßenmusikanten beliebt war. Über die Bettelmusikanten erhielt der Begriff später seine heutige Bedeutung, aber das war, nachdem sich *Schnorr(er)* und *Schnurr(er)* schon längst als Familiennamen etabliert hatten.
Schnorren gilt heute als schimpflich. Dabei wollten die Ur-Schnorrer lediglich ein wenig »Schimpf« treiben, wie der »Spaß« im Mittelhochdeutschen noch hieß. Wenn sich damals jemand als Spaßvogel hervortat, konnte ihm das den völlig unschimpflich gemeinten Übernamen *Schimpf* einbringen.
Den Namen *Säuferle* mögen die einen für spaßig, die anderen für schimpflich halten, was daran liegt, dass ihm niemand mehr seinen heldenhaften Ursprung ansieht: Im Anfang stand kein Geringerer als *Siegfried*, dem alle möglichen Nachfahren entsprossen sind wie *Siefart, Seifart* oder *Seifert, Seifritz, Sievers, Ziefer, Seuffert* oder *Seifferlein*.
So, wie *Siegfried* zum *Säuferle* degenerierte, kam der Hauptmann auf den *Hund(t)*. Denn dieser Familienname kann zwar durchaus als Übername auf unsere vierbeinigen Freunde gezielt haben. Doch in erster Linie führen ihn die Namenforscher auf den althochdeutschen

Rufnamen *Hunto* zurück, der wiederum auf der Berufsbezeichnung des *hunteri* beruht. Das war der Hauptmann einer Hundertschaft.

Tatsächlich ins Tierreich verweist ein Familienname, den jedoch die meisten im rein zwischenmenschlichen Bereich ansiedeln: Der *Vögler*, der sich verständlicherweise lieber *Vogler* schreibt, war ein Vogelfänger oder Geflügelhändler. Der *Lauser* hingegen hat rein gar nichts zu tun mit jenen flügellosen Blutsaugern, derer man sich früher durch gegenseitiges Lausen entledigte. Vielmehr handelt es sich dabei um die schwäbische Form von *Lasser*, womit der Aderlasser gemeint war. Dessen Kollege war der *Köpfer*, der seinen Dienst keineswegs auf dem Schafott verrichtete, sondern in der Baderstube, wo er mit Schröpfköpfen hantierte. Ein echter Scharfrichter war dagegen der so freundlich klingende *Freimann*.

Um mit den Heilberufen fortzufahren: Der *Heiler* war kein Arzt, sondern der Mann, der die Eber mit dem Messer *heilte*, wie »kastrieren« auf deutsch genannt wurde. Den Eber nennt man in Bayern noch heute »Saubär«, und dem nahm der *Bär-, Bern-* oder *Beerschneider* beziehungsweise *-stecher* seine Wildheit. Wenn weibliche Schweine verschnitten wurden, nannte man sie »Nonnen«, und das erledigte der *Nonnenmacher*.

Wer seinen Eber aber komplett ließ und als solchen einsetzte, war ein *Bär-*, *Beer-* oder *Bierhalter* – und hatte daher mit Alkohol so viel oder wenig zu tun wie der *Säuferle*.

Veronika, der Lenz ist da!

WO BLEIBT DER *Frühling*? SO MÖCHTE MAN RUFEN BEIM BLICK INS TELEFON- UND ADRESSBUCH, WO ES KEINEN MANGEL HAT AN *Winter, Sommer* UND *Herbst*.

Wenn von den vier Jahreszeiten der *Winter* sich am häufigsten als Familienname findet, scheint das beim hiesigen Klima geradezu natürlich. Doch der *Sommer* ist auch nicht viel schlechter vertreten. Seltener ist *Herbst*; eine Rarität hingegen ist der Familienname *Frühling*. Und wenn man den genauer betrachtet, hat er mit der gleichnamigen Jahreszeit vermutlich gar nichts zu tun.
Vielmehr hat man als »Frühling« auch bezeichnet, was heute »Frühchen« genannt wird: ein zu früh geborenes Kind. Der Name kann auch vom *vrilinc*, dem Freigelassenen, stammen. Oder er könnte ebenso wie der *Fridolin* auf einen Personennamen *Fridilo* zurückgehen.
Damit gäbe es unter den Familiennamen keinen *Frühling* im jahreszeitlichen Sinne. Warum? Mit dem Wetter dürfte diese Merkwürdigkeit nichts zu tun haben. Eher mit der Tatsache, dass »Frühling« ebenso wie »Frühjahr« eine relativ junge Saison-Bezeichnung ist, die sich – im Gegensatz zu ihrem Altersgenossen, dem wieder in Vergessenheit geratenen »Spätling« (Herbst) – bis heute gehalten hat.
Aus Lied und Literatur wissen wir, wie der Frühling früher geheißen hat: »Veronika, der Lenz ist da!« Und siehe da: Als Familienname lässt der *Lenz* uns zweieinhalbmal so häufig grüßen wie der *Herbst*. Allerdings muss gleich wieder eingeschränkt werden, dass *Lenz*, wie Freunde bayerischer Folklore wissen, auch ein Rufname ist, nämlich

die Kurzform von *Lorenz*. In dieser Eigenschaft dürfte *Lenz* häufiger zum Familiennamen geworden sein als in seinem frühlingshaften Sinne.

Wenn sowohl *Frühling* wie auch *Lenz* so unsicherer Abstammung sind: Wie sicher sind denn dann noch *Sommer, Winter* und *Herbst*?

Am unzweideutigsten ist der *Herbst*, der dem englischen Wort *harvest* entspricht und mithin »Ernte« oder »Weinlese« bedeutet. Die Frage ist hier allenfalls, ob sich der Name auf den Vorgang der Ernte oder auf ihren Zeitpunkt, die Jahreszeit, bezieht.

Beim *Sommer*, schwäbisch: *Sohmer*, könnte unter Umständen noch der mittelhochdeutsche *sumber* in Betracht kommen, der mehrere Bedeutungen hatte (Korb, Getreidemaß, Trommel oder Pauke). Und der *Winter* könnte auch einen Urahnen gehabt haben, der *Winither* hieß und mehr mit *Winfried* zu tun hat denn mit Schnee und Eis.

Doch unabhängig von diesen »Konkurrenzen« ist davon auszugehen, dass ein erheblicher, wenn nicht der größte Teil der Familiennamen *Sommer, Winter, Herbst* und *Lenz* tatsächlich auf die vier Jahreszeiten zurückgeht. Warum aber nannte man jemanden so?

In den genannten Fällen ist das nicht so recht klar. Ein *Herbst* konnte im Herbst geboren sein, vielleicht aber musste er im Herbst seinen Zins abliefern. Die sympathischste Lösung: Er war Winzer.

Alles dreht sich um das Fass

Fastnacht UND *Fasching* GIBT ES NICHT NUR ALS JÄHRLICH WIEDERKEHRENDE MASSENBEWEGUNG, SONDERN AUCH ALS FAMILIENNAMEN. DASS ES UNTER DIESEN MEHR *Faßnacht* ALS *Fastnacht* GIBT, HAT GUTE GRÜNDE.

Unter den Familiennamen ist die Schreibweise *Faßnacht* oder *Fassnacht* häufiger als *Fastnacht*. Das liegt zunächst einmal daran, dass sie ganz allgemein die verbreitetere war. Wenn im späten Mittelalter und der frühen Neuzeit um den Sonntag Estomihi die öffentliche Ordnung aus dem Ruder zu laufen drohte, erließen die Obrigkeiten allerlei Erlasse wider das wilde Treiben zur Faßnacht mit *ß*.
Faßnacht oder *Fastnacht*? Um diese Frage ist in der Fastnachtsforschung geradezu ein Glaubenskrieg entbrannt. Die eine Richtung, die jenes Narrentreiben als eine Erfindung der katholischen Kirche zum Zwecke der erhöhten Bußfertigkeit in der anschließenden Fastenzeit erachtet, geht – wohl zurecht – davon aus, dass der erste Teil des Wortes von *Fasten* kommt.
Bevor diese Richtung an Einfluss in der Volkskunde gewonnen hatte, war es in diesem Fach Sitte, alles Brauchtum auf irgendwelche heidnischen Fruchtbarkeitsrituale zurückzuführen. Und so wurde der erste Teil der *Fasenacht* nicht einfach nur auf *faseln* (Unsinn reden) zurückgeführt, sondern auf eine Wortwurzel *fas* in der Grundbedeutung von »fruchtbar werden, gedeihen«, die auch in dem Wort *Faselsau* (Zuchtsau) erhalten ist.

Näher lag da schon die bereits im 17. Jahrhundert angestellte Überlegung, ob *Faßnacht* nicht direkt vom *Fass* abzuleiten sei, »dieweil darinnen [in der Fastnacht] die Wein- und Bierfässer gestürmet und geleeret« würden. Diese Überlegung hat sich in neuerer Zeit auch der Volkskundler Hans Moser zu Eigen gemacht, nachdem er zum Vergleich das Wort *Fasching* beziehungsweise das ältere *Faschang* herangezogen hatte.

Auch dieses lässt sich fromm oder trivial deuten, nämlich als »Ausschenken des Fastentrunks« oder ganz einfach als »Fass-Schank«. Moser bevorzugt die zweite Version und beruft sich dabei auf den Personennamen *Vaschang*, da der älter sei als die ältesten Schriftzeugnisse über die Fastnacht und den Fasching. *Vaschang*, so glaubt Moser, war eine Bezeichnung für den (Fass-)Schankwirt.

Das Ausschenken aber, so weist Moser nach, kennzeichnete jene Tage um den Aschermittwoch, die ein zentraler Termin zur Zinsabgabe waren – und damit auch zur Bewirtung der Zinspflichtigen. Und dass gerade die Küfer, welche die Fässer herstellten, ihre Zunftbräuche mit Vorliebe zur Fastnachtszeit übten, war Moser ein weiteres Indiz dafür, dass sich in *Faßnacht* und *Fasching* alles um das Fass dreht.

Neben der von Moser angebotenen Interpretation für *Faschang/ -ing* als »Schankwirt« gibt es noch eine weitere: Auch Zinstermine konnten sich in Familiennamen verwandeln. Wer an Pfingsten zahlen musste, hieß *Pfingstner*. Und entsprechend lässt sich der Name *Faßnacht* erklären.

Palm, Palmer, am Palmsten

WENN HIER ZU LANDE JEMAND *Birnbaum, Fichte* ODER *Linde* HEISST, WUNDERT DIES NIEMANDEN. WIE ABER KOMMT MAN IN UNSEREN EHER UNWIRTLICHEN BREITEN ZUM NAMEN *Palm, Palme* ODER *Palmer*?

Wer einmal den Versuch macht, aus den Telefonbüchern des Landes alle Namen zusammenzustellen, die *Palm-* enthalten, wird sein blaues Wunder erleben und feststellen, dass dies ein unglaublich variantenreicher Name ist, und zwar auf internationaler Ebene: Es gibt davon ziemlich genau 50 Versionen:
Palmer, Palm, Palme, Palmieri, Palma, Palmowski, Palmtag, Palmbach, Palmen, Palmisano, Di Palma, Palmeri, Palmert, Palminteri, De Palma, Palmitesta, Palmas, Palmi, Palmisciano, Palmai, Palmano, Palmerio, Palmers, Palmiero, Palmioli, Palmiro, Palmizi, Da Palma, Di Palmo, Palmberg, Palmido, Palmeiro, Pälmer, Palmera, Palmes, Palmertshofer, Palmhart, Palmié, Palmier, Palmiere, Palmigiano, Palmotti, Palmira, Palmosi, Palmquist und *Palmscher*. Dabei sind noch nicht mitgezählt die *Balm, Balme, Balmer und Bal(l)mert.*
Der internationalen Dimension halber sei einmal ein ausländisches Nachschlagewerk zu Rate gezogen, etwa das in Mexiko erschienene vergleichende etymologische Wörterbuch der spanischen, hispanoamerikanischen und philippinischen Nachnamen. Dort wird der Name *Palma* naheliegenderweise vom identischen lateinischen Wort abgeleitet, das ursprünglich »flache Hand« bedeutet hatte und dann auf jene Wärme liebende Baumart übertragen wurde.

Unter *Palmero* aber steht, dass dies vom lateinischen *palmarius* kommt. So wurden die Pilger bezeichnet, die aus dem Heiligen Land Palmzweige mitbrachten. Davon werden die Namen *Palmeiro, Palmier, Palmada, Paumier* und auch *Palm, Palme* und *Palmer* abgeleitet, wobei Letztgenannter nicht nur im Deutschen, sondern auch im Katalanischen vorkommt.

Das ist keineswegs die einzige Erklärung für diesen Namen. Vielmehr ist dieser Palmen-Pilger in diversen deutschen Namenlexika gar nicht erwähnt. Ein Zusammenhang mit dem christlichen Palmenbrauch ist hier nur vage angedeutet, etwa beim Namen *Palmtag*, einer Kurzform von Palmsonntag.

Stattdessen liest man hier, dass *Palm* eine Kurzform des Heiligennamen *Palmatius* ist. Und dann kommen die »germanischen« Varianten: *Palm(e)(r)* mit *P* oder *B* kann auch eine Kurzform des Rufnamens *Baldomar* sein, in dem das althochdeutsche Adjektiv *bald* (kühn) steckt, das im Englischen noch heute *bold* heißt.

Dann gab es im Mittelhochdeutschen das Wort *balme* (überhängender Fels). Es gilt ebenfalls als möglicher Ursprung für *Palm(e)(r)* etc., einigermaßen sicher aber für Komposita wie *Palmberg* und *Palmbach*, die somit zu den Wohnstättennamen gehören.

Aurora und der Osterhammer

AM *Ostertag* GEHT DER *Ostermann* MIT DEM *Österle* IN DEN *Osterwald.* DORT FINDET ER EINEN ROSTIGEN *Osterhammer*, DEN DER *Osterbauer* NACH FÜNF *Osterkorn* DORT VERLOREN HAT.

Unter den Familiennamen in Baden-Württemberg gibt es an die acht Dutzend, die mit *Oster-* oder *Öster-* beginnen. Doch mit Ostern haben die wenigsten davon zu tun. So sucht man unter ihnen auch vergeblich nach den Namen Osterhas oder Osterlamm.
Hingegen gehen alle Arten von Landschaften harmonische Verbindungen mit *Oster-* oder *Öster-* ein, von *Osterberg* über *Osterfeld, -holz, -moor, -ried* bis hin zum verallgemeinernden *Osterland.* Auch Dorfbewohner finden wir in derartigen Koalitionen, vom *Osterbauer* über den *Osterhuber* bis zum *Ostermayer.* Alle diese *Oster*-Namen haben allerdings null und nichts mit dem Osterfest zu schaffen. Sie weisen vielmehr in die östliche Himmelsrichtung. Die fand Eingang in Flur- oder Ortsnamen, um Flurstücke oder Dörfer zu unterscheiden, etwa ein östliches Osterheim vom westlichen Westerheim – Orte also, die in Bayern auch Osterham und in England Westham heißen können. Somit entpuppt sich der *Osterhammer* als Einwohner von Osterham.
Wer aus dem Osten kam, hieß einfach *Ost* oder *Oster, Ost(er)mann, Osterling* oder *Österling.* Der östlich wohnende Bauer, Maier, Huber oder Lehner bekam die ihn kennzeichnende Himmelsrichtung als Identifikationsmerkmal vor den Namen gesetzt.

Ein wenig anders sieht es mit dem *Österle* aus. Dieser Familienname dürfte von einem Vornamen rühren, für den mehrere Personennamen in Frage kommen, etwa der *Austrulf* – kurz: *Austro*. Das germanische *Aust-*, das den ersten Teil dieses Namens bildet und das sich zu *Ost-* weiterentwickelte, hängt zusammen mit einem indogermanischen *ausos* (Morgenröte), das sich zur *Aurora* respektive bei den Griechen zur rosenfingrigen *Eos* (ohne *r*!) mauserte. Und die erhebt sich bekanntlich im Osten. Insofern hat auch der *Austrulf* etwas mit dem Osten zu tun.

Österle kann aber auch von *Ostertag* kommen, und damit haben wir endlich einen Namen, der eindeutig auf Ostern zielt: Der Namenforscher Josef Karlmann Brechenmacher berichtet, dass Friedrich von Zollern, der um 1300 gelebt hat, *Ostertag* genannt wurde, nach dem »glückhaften Tag der Geburt«. Da »Ostern« auf lateinisch *pascha* bedeutet – von hebräisch *pesach* –, heißt der an Ostern Geborene *paschalis* und seine romanischen Nachfahren *Pasquale, Pascal, Pasquet* etc. etc.

Letztlich sind der östliche *Ostermann* und der österliche *Ostertag* doch weitläufig verwandt, denn Ostern und Osten hängen, wie oben angedeutet, zusammen – man weiß nur nicht so recht, wie. Eine angebliche germanische Frühlingsgöttin *Ostara*, von der man Ostern früher gerne herleitete, fällt als Erklärung flach: Sie gilt inzwischen als Erfindung des 19. Jahrhunderts.

Pfingstliches im Namensschild

Pfingsten, DAS LIEBLICHE FEST, HAT NICHT NUR GOETHE INSPIRIERT, SEINEN »REINEKE FUCHS« DAMIT EINZULEITEN. ES FINDET SICH AUCH – WENNGLEICH NICHT SEHR HÄUFIG – AUF MANCHEM NAMENSSCHILD.

Es gibt Leute, die heißen ganz einfach *Pfingsten.* Andere, mit Pfingsten verbundene Namen, die in den Telefonbüchern Baden-Württembergs zu finden sind, lauten *Pfingst, Pfingstag, Pfingstler, Pfingstl, Pfingstgräf, Pfingstberg* und *Pfingstweid.* Darüber hinaus gibt es noch *Pfingsthorn* und *Pfingstmann.*

Auch wenn Pfingsten der gemeinsame Nenner all dieser Namen ist, gehören sie doch zu verschiedenen Namentypen, die wiederum mit der Mehrfach-Funktion dieses Festes zusammenhängen. Zum einen war es ein Fälligkeitsdatum, zu dem bestimmte Abgaben zu entrichten waren. Wer davon betroffen war, konnte den Namen *Pfingst, P(f)ingsten* oder *Pfingstner* davontragen.

Das war die eher unangenehme Seite von Pfingsten, das Goethe im Übrigen vollkommen zu Recht als »liebliches Fest« bezeichnet hat, schon allein der klimatischen Bedingungen wegen. Die Pfingstbräuche, die vorwiegend weltlichen Charakter hatten, füllen viele Seiten volkskundlicher Nachschlagewerke.

Damit kommen wir zur zweiten Sorte der pfingstlichen Familiennamen. Ihnen liegt ein Pfingstbrauch zu Grunde. So war es üblich, irgendwelche Pfingstgestalten aus Stroh oder aus Fleisch und Blut in Prozessionen umzuführen und anschließend symbolisch zu vernichten. Diese Gestalten hatten je nach Region unterschiedliche Namen, etwa *Pfingstbutz* oder *Pfingstlümmel*, die als Übernamen zu Familiennamen werden konnten. In diesen Zusammenhang dürften *Pfingstl* und wohl auch *Pfingstmann* gehören.

Der heute ausgestorbene Übername *Pfingstochs* erinnerte an den Brauch, zu Pfingsten das Vieh hinter dem geschmückten Leitochsen auf die *Pfingstweide* zu treiben, die für diesen Zweck bis Pfingsten nicht genutzt wurde.

Neben der *Pfingstweide* gab es den *Pfingstberg* oder das *Pfingsthorn*, wobei sich hier nicht das Vieh, sondern die Dorfjugend tummelte und Spiele oder Wettkämpfe veranstaltete. Der Sieger erhielt den Titel *Pfingstgra(e)f*, der auch als Familienname weiterlebt. Wer aber am *Pfingstberg*, *Pfingstanger* oder an der *Pfingstweide* wohnte, konnte mit diesem »Wohnstättennamen« bezeichnet werden.

Das Wort *Pfingsten* geht zurück auf griechisch *pentekostä*, bedeutet »fünfzigste« und kennzeichnet den 50. Tag nach Ostern. Auch der 40. Tag nach Ostern, Himmelfahrt, ist als Familiennamen erhalten, nämlich in *Auffarth* und eventuell *Ufert*. So wurde das Himmelfahrtsfest nämlich noch zu Luthers Zeiten genannt.

Diese Auffahrt wurde im Gottesdienst szenisch umgesetzt: Ein hölzerner Christus wurde am Strick nach oben gezogen. Das Loch, in dem er verschwand, ist noch heute in vielen Kirchendecken zu sehen.

IN- UND AUSLÄNDER

Nicht alle heißen Hägele

»MIR HOISSAT ALLE *Hägele*« LAUTET DER REFRAIN EINES SCHLAGERS, DER DIE GÄNGIGEN VORSTELLUNGEN ÜBER EIGENSCHAFTEN UND NAMEN DER SCHWABEN POINTIERT ZUSAMMENFASST.

Von wegen *Hägele*: Man kann ziemlich lange suchen, bevor man in der nach Häufigkeit geordneten Liste der baden-württembergischen Familiennamen auf *Hägele* stößt. Davor stehen noch über 200 andere Namen. Dass *Hägele* dennoch als landestypisch gilt, liegt nicht nur am breiten *ä*, sondern eher daran, dass sich dieser schwäbische Urlaut mit der schwäbischen Verkleinerungsform *-le* paart.

Doch welches ist der häufigste *-le*-Name? Die Liste verrät: Es ist *Eisele*. Auch hierin erklingt ein wunderschöner, noch typischerer schwäbischer Urlaut, das *ei*. Wenn die Schlagertext-Dichter dennoch lieber *Hägele* gewählt haben, dann vielleicht deswegen, weil sich darauf das »Jahreswägele« reimen lässt, während einem für *Eisele* so schnell nichts Vernünftiges einfällt.

Ob sich *Eisele* unter den 100 häufigsten Namen des Landes befindet, hängt davon ab, ob man Varianten wie *Maier*, *Mayer* etc. als einen Namen zählt. Tut man das nicht, kommt *Eisele* auf Platz 115. Betrachten wir nun die 25 häufigsten Namen auf *-le*. Auf *Eisele* folgen *Eberle, Merkle, Bäuerle, Hägele, Bürkle, Abele, Wehrle, Stehle, Nägele, Schätzle, Jehle, Dieterle, Epple, Häberle, Kienzle, Schüle, Schaible, Vögele, Kühnle, Wöhrle, Häfele, Karle, Bächle* und *Rühle*.

Man hänselt die Schwaben gerne mit der Unterstellung, überall ein *-le* anzuhängen. Dieser Vorwurf ist völlig ungerechtfertigt angesichts all

der *Schmid(e)l, Schmittchen, Schmidtke(n), Schmiding* oder *Schmidlin*, die nichts anderes sind als regionaltypisch verkleinerte Namensvettern des *Schmidle.*

Das lässt sich auch international ausdehnen: Das *-le* von *Enderle*, dem »kleinen *Andreas*«, findet seine Entsprechung im *-otti* von italienisch *Andreotti*, im *-akis* vom griechischen *Andreadakis*, im *-ek* vom tschechischen *Andraschek.*

Eisele ist bekanntlich die Verkleinerungsform von Eisen. Aber warum heißt man so? Es gibt verschiedene Möglichkeiten: Manchmal stand das Material für den Beruf, dann hätte man mit dem liebevoll verkleinerten *Eisele* einen Schmied oder einen Eisenhändler bezeichnet. Oder es kommt vom alten Rufnamen *Eisenhart* oder *Eisenbrecht.*

Und *Hägele*? Hier könnte ein grimmer *Hagen* zum *Hägele* geschrumpft sein. Dann wäre da noch der Zuchtstier, schwäbisch »Häge«. Da aber Zuchtstier oder Zuchtstierle kein Beruf für einen rechtschaffenen Schwaben ist, wird wohl der Stier-Halter *Hägele* genannt worden sein. Möglich ist aber auch noch eine harmlosere Variante: »der am Hag (Hecke, Zaun) wohnt«.

Au, au, au: Typisch schwäbisch

FRAGT MAN DEN FREIBURGER NAMENKUNDLER PROFESSOR KONRAD KUNZE NACH »TYPISCH SCHWÄBISCHEN« FAMILIENNAMEN, ANTWORTET ER SPONTAN: »*Jauch*, *Jaus* UND *Sauter*«.

Was haben *Jauch*, *Jaus* und *Sauter* gemeinsam? Natürlich das *au*, welches zu den verräterischen Urlauten gehört, an denen man Schwaben selbst dann noch erkennen kann, wenn sie einen Leistungskurs in Bühnendeutsch durchlitten haben. Ansonsten sind diese Namen absolut unterschiedlicher Herkunft, die im Übrigen nicht schwäbisch ist, sondern im Falle von *Jaus* keltisch und im Falle von *Sauter* lateinisch.

Beginnen wir mit *Sauter*, da dies der häufigste von den dreien und überdies einer der hundert häufigsten Namen im Lande ist. Er kommt vom lateinischen Wort *sutor*, das eigentlich »(Schuh-)Näher«, also »Schuster« heißt, wobei der *sutor* sogar im Wort (und Namen) *Schuster* steckt. Denn nachdem das lateinische Wort ins Oberdeutsche

übernommen und in *suter* verwandelt worden war – daher die Namen *Sutter* und *Sütterlin* –, kam zur Verdeutlichung der »Schuh« davor. So entstand der mittelhochdeutsche *schuochsuter* – kürzer: *Schuster.*

Als dann im ausgehenden Mittelalter im Schwäbischen das »Hus« zum »Haus« wurde, geriet entsprechend der *Sut(t)er* zum *Saut(t)er.* Ebenso wurde das mittelhochdeutsche *juch* mit langem *u* – heute heißt es »Joch« – im Schwäbischen zu *Jauch,* womit dieser ehrwürdige Familienname vom Geruch befreit ist, etwas mit Jauche zu tun zu haben. Die ist von slawisch *jucha* (Brühe, Suppe) entlehnt. *Jauch* kommt also vom Joch, in das man die Ochsen spannte, und bezeichnete ein Flächenmaß. Ein Joch war so viel Land, wie man an einem Tag mit einem Joch – einem Paar Rinder also – pflügen konnte: ein Tagwerk.

Jauch konnte, wie das gleichbedeutende Flächenmaß »Jauchert«, der Name einer Örtlichkeit sein, die auf den Bewohner überging, oder der Übername für einen Bauern, vergleichbar dem Bauern-Übernamen *Siebenmorgen.*

Doch nicht nur das lange *u* wurde im Schwäbischen zum *au,* sondern auch das lange *o.* Das steckt im Namen *Jaus* (mit *-s, -ss* oder *-ß*). Der wiederum hat nichts zu tun mit dem österreichischen Imbiss. Die »Jause« nämlich leitet sich vom slowenischen Mittagessen *juzina* her, das etymologisch mit *Jugoslawien* (Süd-Slawien) verwandt ist: In beiden steckt *jug* (Süden, Mittag). Der Familienname *Jaus* aber entspricht *Joos, Jost* oder *Jößle.* Alle stammen sie ab vom heiligen *Jodokus* (um 620 bis um 668), dessen Name keltischen Ursprungs ist und »Kämpfer« bedeutet.

Warum gehörte der Bretone Jodok auch in Deutschland zu den meistverehrten Heiligen? Er war nach Jakob dem Älteren der bedeutendste Pilgerpatron. In seine Zuständigkeit fielen auch die Siechenhäuser, die gute Ernte sowie die Abwehr von Fieber und Pest – viele gute Gründe also, populär zu sein.

Die Bayers in Württemberg

Vom Lande der Schwaben erwarten manche, dass jeder zweite Bewohner *Schwab* oder besser: *Schwäble* heisst. Stattdessen gibt es hier fast so viele *Bayer* wie *Mayer*.

Um die Erwartung an ein gehäuftes Auftreten von *Schwäble* gleich im Keim zu ersticken: Es gibt, den baden-württembergischen Telefonbüchern zufolge, deren gerade mal fünf Dutzend im Lande. Und die *Schwab*, mit einem oder zwei *a* und mit oder ohne *e* am Ende bringen es nicht einmal auf dreitausend.

Hingegen wimmelt es von Menschen namens *Bayer*, *Baier*, *Beyer*, *Beier* etc. Von diesem, dem Stamme der Bajuwaren entsprossenen Familiennamen, sind 14 verschiedene Schreibweisen, davon 6 mit *P*, festzustellen – 4 mehr als bei *Maier* & Co. Zusammengezählt bringen es die diversen *Bayer* auf fast sechseinhalbtausend und stehen auf Platz 24 der häufigsten Namen im Lande.

Im Grunde ist es ja auch vollkommen logisch, dass unter den Schwaben mehr Leute leben, die *Bayer* heißen, als Leute namens *Schwab*. Denn Namen sind unter anderem aus Bezeichnungen entstanden, die eine Besonderheit kennzeichneten. Und ein Schwabe in Schwaben ist weniger besonders als ein Bayer in Schwaben.

Sowohl *Bayer* wie *Schwab* gehören zu den »Herkunftsnamen«, Unterabteilung »Stammesnamen«. Und es sieht ganz so aus, als ob die näher gelegenen Stämme sich häufiger in den Familiennamen niedergeschlagen haben. Denn nur knapp hinter den *Bayer* liegen die *Frank* oder *Franke* mit und ohne *ck*. Diesen allerdings kann auch der Rufname *Frank* zu Grunde liegen; es läge also ein zum Familienname gewordener Rufname vor, vergleichbar den Familiennamen *Friedrich* oder *Konrad.* Das ist im Übrigen auch bei anderen Stammesnamen nicht auszuschließen.

Frank(e) gibt es etwa gleich viele wie *Schwab(e).* Es folgen naheliegenderweise die *Schwei(t)zer*, dann die *Heß / Hesse / Höß / Höss* und schließlich die *Böhm(e) / Behm / Beheim*, womit die Bewohner Böhmens gemeint waren. Die *Böhmer* pauschal hinzuzuzählen, wäre hingegen problematisch, denn ein Großteil von ihnen hat die Grenzen nicht überschritten, sondern bewacht: Selbst wenn mancher *Böhmer* aus Böhmen stammen mag, ist der Name häufig vom Baum im Sinne von »Schlagbaum« abzuleiten: Der *Böhmer* oder *Bäumer* war der Schrankenwärter.

Mit der Entfernung der namengebenden Stämme sinkt die Zahl der entsprechenden Familiennamen. Die *Sachs(e)* bringen es zusammen mit ihrer Variante *Sass(e)* auf knapp tausend, wobei *Sass(e)* auch von »sitzen« abgeleitet sein kann, wie wir es vom Wort »Insasse« kennen. Die Thüringer sind mit *Döring, Dühring* etc. zwar prominent, aber weniger zahlreich vertreten als die Friesen, nach denen neben den *Fries(s)* auch die *Frese* und *Vrese* benannt sind. *Fries(e)* kann aber auch von mittelhochdeutsch *vriese* (Damm- und Schlammarbeiter) kommen, was die höhere Häufigkeit dieses Namens im Süden erklären könnte.

Die früheren Fremdlinge

Der Zuzug und die Integration von Fremden ist beileibe nichts Neues. Davon kündet eine Reihe von typisch deutschen Familiennamen.

Wahl, Wünsch, Wend, Unger: Alles Ausländer im Grunde ihres Namens. Bei *Wahl(en)* denkt man unwillkürlich an die Vor-, Durch- oder Bundestagswahl. Doch wäre es angebrachter, sich an die Walnuss zu erinnern, denn in ihr steckt derselbe Kern wie in den Familiennamen *Wahl, Wahlen, Wahlmann, Walich, Walch, Walcher, Wallich, Wehl, Wehling, Welch* oder *Welsch.*

Beim letztgenannten Namen fällt uns unwillkürlich, aber aus gutem Grund, das »Kauderwelsch« oder »Rotwelsch« ein. »Rotwelsch« ist die Sprache der Gauner. Das Wort ist gebildet aus der rotwelschen Vokabel *rot* (Bettler) und *welsch*, das man ganz einfach als »ausländisch« übersetzen könnte. Im »Kauderwelsch« steckt möglicherweise der *Kauderer.* Das war der Flachs- oder Garnhändler, der seinerseits zum Familiennamen geworden ist. »Kauderwelsch« wäre demnach eine unverständliche Händlersprache.

Das Adjektiv *welsch* bezeichnete seit dem 8. Jahrhundert das Romanische, etwa die welsche Nuss, die heutzutage Walnuss heißt. *Welsch* soll zurückgehen auf einen gallischen Stamm, den Caesar als *Volcae* bezeichnet hat und der den Germanen benachbart war. Somit waren die Volcer aus germanischer Sicht Ausländer. Das althochdeutsche *walah*, mittelhochdeutsch *wal(hi)sch* zielte auf beziehungsweise gegen die Romanen: Es hatte einen negativen Beigeschmack.

Die eingangs erwähnten Familiennamen können nun unmittelbar auf einen Italiener, Franzosen oder einen sonstigen »Welschen« zurückgehen. Sie können aber auch aus einem Rufnamen entstanden sein, etwa *Walcher* aus *Walaheri* oder *Wahl* aus *Walh(o)*. Doch wenn wir diese Namen weiter zurückführen, landen wir erneut bei den Welschen, die übrigens auch namengebend waren für die in Rumänien gelegene Walachei, nach der der Wallach benannt ist, der Hengst, dem wichtige Organe entfernt wurden.

Wenn die Welschen die westlichen und südlichen Ausländer waren, dann stand der *Wende* für den östlichen, für den Slawen. Noch heute heißen die Sorben, die in Sachsen und Brandenburg lebende slawische Minderheit, »Wenden«. Ihnen verdanken wir nicht nur den Windhund, sondern auch Familiennamen wie *Wend(e), Wind(e)(l), Windisch(er), Windischmann, Wünsch(e)(r), Wünschmann, Wendisch* oder *Wendland(t)*. Hingegen sind *Wendel* und *Wendelin* mit den Wandalen verwandt.

Von weit her kam auch der *Unger, Ungerer, Ungermann* oder *Ungar.* Dieser Volksname wurde auffallend häufig als Übername verwendet und geriet dementsprechend häufig zum Familiennamen. Doch nicht nur der echte *Ungar* wurde so bezeichnet, sondern auch, wer in Ungarn gekämpft hatte oder wer irgendwie fremdartig wirkte.

Schließlich wurde der Begriff auch als Schimpfwort gebraucht. Doch das ist heute längst vergessen.

Türk und Öztürk

NEBEN DEN ALTEN, VERTRAUTEN DEUTSCHEN FAMILIENNAMEN *Türk* IST IN DEN VERGANGENEN JAHREN DER NAME *Öztürk* GETRETEN. UND DAHINTER, DAS MERKT MAN IRGENDWIE, STECKT MEIST EIN ECHTER TÜRKE.

Was ist der Unterschied zwischen *Türk* und *Öztürk*? Das *Öz* natürlich. Es weist den Träger jenes Namens als türkischer Herkunft aus, denn *Türk* ohne *Öz* ist nicht nur ein türkischer, sondern auch ein verbreiteter deutscher Familienname.

Der rührt in den meisten Fällen von einem Übernamen. Dieser konnte ebenso dem Teilnehmer an einem Feldzug gegen die Türken gelten wie auch einem echten Türken, der etwa als Gefangener hierher gekommen war. Da »der Türke« als der Heide schlechthin galt, wurde *Türk* auch als Schimpf- oder als Hundename verwendet.

Die im späten Mittelalter verbreitete Figur des zotteligen »wilden Mannes« war ein beliebter Häusername, etwa wenn ein solcher auf ein Haus gemalt war. Bisweilen wurde dieser Häusername geändert in ein kürzeres »Zum Türken«, und dieser neue Name konnte auf die Bewohner übergehen. Ferner kann *Türk* auch auf den Ortsnamen Türkheim zurückgehen, in dem nicht die Türken, sondern die Thüringer stecken. Ebenso kann *Türk* – wie *Dirk* – aus deutschen Namen wie *Dietrich* entstanden sein.

Deutsche Variationen von *Türk* sind *Türck, Turgg, Turk, Dürk* oder *Turek*. Doch auch die Türken haben ihren Stammesnamen variiert. Das heißt, neben dem türkischen Familiennamen *Türk* gibt es den wohl häufigeren *Öztürk*, wobei auffällt, dass sehr viele türkische Familiennamen dieses *Öz* enthalten wie etwa der des schwäbischen Bundestagsabgeordneten *Özdemir*. *Öz* bezeichnet das Wesen, den Kern. *Öztürk* heißt somit »echter Türke«, und da *demir* »Eisen« bedeutet, ist *Özdemir* »echt Eisen«.

Im Gegensatz zu den deutschen Familiennamen, deren Bedeutung in den meisten Fällen nicht mehr klar ist, sind die türkischen sehr transparent. Es gibt sie nämlich erst, seit Mustafa Kemal, der Gründer der türkischen Republik, am 28. Juni 1934 die Annahme von Familiennamen zur Pflicht machte. Er erhielt bei dieser Gelegenheit den Ehrennamen *Atatürk*. Das heißt »Türkenvater«.

Da damals alle Staatsbürger der Türkei türkische Familiennamen annehmen mussten, galt dies auch für die Kurden, die eine gänzlich andere, eine indoeuropäische Sprache sprechen. Das erklärt, warum ein Kurdenführer den türkischen Namen *Öcalan* führt, was übrigens mit »der Rache nimmt« zu übersetzen ist.

Die gebräuchlichsten Vokabeln in türkischen Familiennamen sind *arslan* (Löwe), *demir* (Eisen), *ay* (Mond), *gün* (Tag), *kann* (Blut), *kaya* (Fels), *aydin* (hell), a*k* (weiß), *kara* (schwarz), *yilmaz* (furchtlos), *er* (Mann). *Akkaya* heißt somit »weißer Fels« und *Ertürk* bedeutet »Mann, Türke«. *Türkmen* hingegen ist keineswegs der »Türkischmann«, sondern erinnert an den mongolischen Stamm der Turkmenen.

Niemetz, Deutsch und Dödel

Deutsch BEDEUTET AUF AUSLÄNDISCH *Alemann* ODER *Niemetz*. UND DIE VETTERN VON *Deutschmann* ODER *Dutschke* KÖNNEN *Dödel* ODER *Duden* HEISSEN.

Ebenso, wie Fremde in Deutschland nach ihrer Herkunft benannt wurden, blieb auch Deutschen, die in die Fremde zogen, ihr Ursprung als Familiennamen anhaften. So entstand im Westen der *Alemann, Lallemand* oder *Dallemagne*, in dem wir unschwer die Alemannen wiedererkennen, und im Osten der *Niemetz, Niemz, Nimts, Nemetz, Nemec, Nemes* oder *Nimpsch*. Karl-May-Lesern fällt dabei auch noch Kara ben *Nemsi*, »Karl, der Deutschensohn«, ein, auch wenn »der Deutsche« auf Arabisch *al alman* heißt.

Dieser *njémez*, wie der Russe den Deutschen noch heute nennt, hat allerdings einen etwas merkwürdigen Ursprung. Das Wort bedeutet im Grunde »stumm«. Doch ist das nicht so zu verstehen, dass die so benannten Deutschen auf den Mund gefallen, sondern dass sie des Slawischen nicht mächtig waren.

Nun gibt es auch Leute, die *Deutsch, Deutscher, Deutschmann, Deutschländer, Dutschmann* oder *Tütschmann* heißen. Da ein Deutscher in Deutschland nichts Besonderes war, muss dieser Name irgendwo entstanden sein, wo deutsch zu sein ein Unterscheidungsmerkmal war und dennoch deutsch gesprochen wurde. Tatsächlich wurde dieser Name gerne in (Grenz-)Gebieten mit gemischter Bevölkerung vergeben, wie sie etwa heute noch in den neuen Bundesländern anzutreffen ist. Dort lebt die slawische Minderheit der Sorben, denen wir den Familiennamen *Dutschke* verdanken, der nichts anderes meint als »der Deutsche«. Was aber bedeutet eigentlich *deutsch*? Im Althochdeutschen hieß es noch *diutisc*, und dieses Eigenschaftswort ist abgeleitet vom germanischen Wort *theudo*. Das war das »Volk« im Sinne von »Volksmasse«. *Diutisc* ist »zum Volk gehörig« und bezeichnete zunächst die Sprache, die ihre Sprecher von den Romanen und dem Latein sprechenden Klerus unterschied.

Das germanische *theudo*, das zum althochdeutschen *diot* oder *deot* wurde, ist identisch mit dem germanischen Namenglied *Diet-*, das ebenfalls »Volk« bedeutet. Damit wurden zahlreiche Rufnamen gebildet, die wiederum eine Unzahl von Kurzformen und Abarten gebaren, die zu Familiennamen wurden. Aus deren Legion ein paar Beispiele: *Dietbald* wurde zu *Diebold, Dietbert* zu *Tupper, Dietbrand* – kurz: *Tiebbo* – zu *Diepgen* oder *Deppe, Diether* zu *Dotter* oder *Töter, Dietmar* – kurz: *Thiemo* – zu *Diemler* oder *Temme, Dietrich* zu *Türk, Diedolf* zu *Dödel* oder *Duden, Teuzo* zu *Diesel* (wobei allerdings die meisten dieser Namen auch noch andere Wurzeln haben können). Zur Frage: Wie bezeichnen uns die Anderen?, ist auch der *Piefke* noch kurz zu erwähnen. Dieses österreichische Schimpfwort für die Deutschen zielte ursprünglich gegen die (Sau-)Preußen. Es kommt vom slawischen *pivo* (Bier) und geht auf eine Witzfigur des Berliner Satirikers Glassbrenner zurück.

Nowak, der Neumann

OB *Hanke* ODER *Janke, Kretschmar* ODER *Bednarz*: FAMILIENNAMEN, DIE AUS DEM SLAWISCHEN STAMMEN, SIND HIER ZU LANDE LÄNGST SO SELBSTVERSTÄNDLICH, DASS SIE ALS TYPISCH DEUTSCH GELTEN.

Unter den Familiennamen ausländischer Herkunft sind weitaus die meisten slawischen Ursprungs. In den Telefonbüchern des Landes sind sie mit *Nowak* unter den 350 häufigsten vertreten.

Man stelle sich vor: Diesen Namen gibt es in Baden-Württemberg noch häufiger als *Nägele* und *Schätzle*. Dabei ist noch nicht berücksichtigt, dass er einmal so und einmal so geschrieben wird: mit *ck* statt mit *k*, mit *v* statt mit *w*; oder ohne beides: *Noack*. Darüber hinaus existiert noch eine Legion von Varianten, die sich nur unterscheiden durch die ebenfalls unzähligen slawischen Endsilben: *Nowotny, Novakovic, Nowakowski, Nowicky* oder, in deutscher Schreibweise: *Nowitzki* etc. etc.

Und so bestätigt der Blick auch ins deutsche Telefonbuch, dass *Nowak* beziehungsweise *Novak* der häufigste westslawische Familienname ist. Er geht zurück auf das Eigenschaftswort *novy* (neu), meint den neu in die Gemeinschaft Hinzugekommenen und entspricht damit dem deutschen *Neumann*.

Seit hunderten von Jahren leben Deutsche und Slawen in enger Nachbarschaft, leben deutsche Minderheiten in den slawischen Nachbarländern und slawische Minderheiten wie die Sorben in deutschen Gebieten. Im vergangenen Jahrhundert sind durch die Industrialisierung und den Bedarf an Arbeitskräften zahlreiche polnische Arbeiter vor allem ins Ruhrgebiet gekommen, wovon noch heute die Aufstellungslisten der dortigen Fußballmannschaften beredtes Zeugnis ablegen. Und schließlich hat der Zweite Weltkrieg eine Völkerwanderung in Bewegung gesetzt, die ihrerseits den Bestand an slawischen Familiennamen in Deutschland erhöht hat.

Die eingangs erwähnten *Hanke* und *Janke* sind verwandt mit *Hans* und *Johann*, nur ihre Endungen weisen sie als slawisch aus, so wie *Fritsche* eine sorbische Variante des *Fritz* und *Ni(e)t(z)sch(k)e* ein sorbischer *Nikolaus* sein können.

Wie die deutschen Familiennamen reflektieren auch die slawischen Aussehen, Verhalten oder Beruf ihrer ersten Träger. In *Bialas* oder *Bialek* steckt die Farbe »weiß«, in *Tschernik* oder *Tschornik* »schwarz«. *Maly* ist »klein« und *Nossek* deutet auf den Inhaber eines ausgeprägten Riechorgans.

Wessely ist eine Frohnatur, *Pokorny* dagegen untertänig und bescheiden. *Bigalke* ist einer, der herumläuft, *Doleschal* ein Faulenzer, *Czaja* ein Schleicher, und *Schwitalla* hängt zusammen mit »dämmern«. Auch die Tier- und Pflanzenwelt stand Pate, etwa *Jelinek*, der Hirsch, und *Jagoda*, die Beere.

Natürlich sind auch die Berufe vertreten, etwa *Kowal(ski)*, der Schmied, *Bednarz*, der Küfer, oder der zu Recht so beliebte *Kretschmar*. Das war der Wirt.

Von A wie Astor bis Z wie Zenetti

Es gibt wackere Schwaben, die hören auf Familiennamen wie *Batzill, Zenetti* oder *Charrier*. In diesen Namen spiegeln sich historische Prozesse wider.

Blicken wir dreieinhalb Jahrhunderte zurück: Nachdem zunächst die Pest und dann der Dreißigjährige Krieg die Bevölkerung des Landes im 17. Jahrhundert erheblich dezimiert hatten, waren Einwanderer gefragt. Sie kamen zu einem großen Teil aus Italien, etwa in Neuhausen auf den Fildern, wo heute noch Familiennamen wie *Batzill, Beron* und *Friton* an italienische Wiederaufbauhelfer erinnern. Der Name *Piron* taucht erstmals 1675 auf, *Frito* 1681, und 1702 ist ein Gabriel Maria *Bacilla* aus »Graventona im Land Italia« eingewandert.

Nicht sofort sesshaft wurden hingegen norditalienische Händler, die etwa ein Jahrhundert lang Alpenkräuter und Eisenwaren wie Scheren, Messer oder andere Feinschmiedearbeiten ins Land brachten, um mit Salz beladen wieder zurückzukehren. Auch sie füllten mit ihrem Angebot Lücken, die der Dreißigjährige Krieg gerissen hatte. In Italien nannte man diese Händler *cramars* – also Krämer. Auf sie gehen etwa die *Zenetti* – auf deutsch: »Hänschen« – zurück, die es vor allem in Bayerisch-Schwaben zu Ansehen gebracht haben.

Die konfessionellen Konflikte waren mit dem Dreißigjährigen Krieg noch lange nicht beendet. In den habsburgischen Gebieten Innerösterreichs etwa sollten Protestanten ihrem Glauben abschwören. Da sie das nicht tun wollten, mussten sie auswandern. Diese »Exulanten« waren in den entvölkerten Gebieten Süddeutschlands hochwillkommen. Sie brachten ihre österreichischen Familiennamen mit, etwa *Unterweger* oder *Mitterecker*.

Als 1685 in Frankreich das Edikt von Nantes außer Kraft gesetzt und damit die Religionsfreiheit aufgehoben wurde, verließen 30 000 Hugenottenfamilien das Land. Sie flohen nach Brandenburg, Hessen, in die Pfalz, nach Württemberg und trugen Namen wie *Fontane, Chamisso, Laroche, Linnier*.

Kurz danach, 1698, ist im Piemont die reformierte Glaubensgemeinschaft der Waldenser des Landes verwiesen worden. Deren Namen geht zurück auf den Lyoner Kaufmann Valdez, der im 12. Jahrhundert diese Bewegung gegründet hatte. Sie flohen zunächst in die Schweiz und wurden von dort auf weitere »Aufnahmeländer« verteilt – unter anderem nach Württemberg.

Dort vermischten sie sich jedoch nicht gleich mit den Einheimischen, sondern blieben unter sich, gründeten Dörfer wie Perouse, Pinache und Serres und sprachen weiterhin ihre Heimatsprache, das Patois. Ihre Familiennamen lauten nach wie vor *Charrier, Vincon, Baral, Baret, Gayde, Simonde*t oder *Rivoir*. Ein prominenter Waldenser-Name ist *Astor*, das vom italienischen *astore* (Habicht) kommt. Das Walldorf-Astoria-Hotel heißt so, weil sein Gründer Johann Jakob *Astor* aus Walldorf bei Heidelberg stammte. Auch seine Vorfahren waren aus dem Piemont eingewandert.

Lewin kann auch Liebwein sein

Marx, Meier, Mann, Lewin, Löw ODER *Lemberger* – ALLE DIESE NAMEN KÖNNEN EINEN JÜDISCHEN ODER EINEN DEUTSCHEN URSPRUNG HABEN – ODER BEIDES.

Die jüdischen Familiennamen sind ein besonderes Kapitel in der deutschen Namengeschichte. Das hat weniger mit Rasse als mit Klasse zu tun: Vom Mittelalter bis ins 19. Jahrhundert bildeten die Juden eine eigene Gruppe in der Bevölkerung, da sie ihren Unterhalt mit den bei den Christen verpönten Geldgeschäften zu verdienen hatten. Andere Berufe blieben ihnen in aller Regel verschlossen.

So bildeten sie eine eigene Kaste mit eigener Religion. In mittelalterlichen Urkunden ist diese Gruppenzugehörigkeit oft in Form des Beinamens *Jude* oder lateinisch *Judeus* vermerkt. So ist 1349 ein »Arnolt *Judemann*« verzeichnet oder ein Jahr später ein »Hermannus *Jude*«. Das zeigt im Übrigen, dass schon damals Juden sich deutsche Namen zulegten – sofern jener Arnold und jener Hermann nicht etwa deutsche Geldverleiher waren, die sich zum Judentum bekehrt hatten. Ob mit deutschem oder hebräischem Rufnamen: Lange Zeit führten die Juden keine Familiennamen, sondern hängten an ihren eigenen Vornamen den des Vaters an, etwa Moses *Mendelssohn*.

Spätestens im 19. Jahrhundert, als die Juden gleiche gesellschaftliche Rechte bekamen – und damit auch Pflichten –, benötigten sie bleibende Familiennamen. Deren Einführung verlief unterschiedlich: Manche Juden drängten sich danach, andere wurden gedrängt. Viele nannten sich nach ihren Herkunftsorten, etwa *Leipheimer, Erlanger,*

Dörzbacher, Wallersteiner, Lemberger, wobei natürlich auch Christen so heißen konnten. Oft handelte es sich dabei um die Namen von Orten, die in der Vergangenheit Schutzjuden beherbergt hatten.
In Frankfurt übernahmen die Juden gerne die Namen ihrer Häuser, an denen etwa ein rotes Schild, ein Stern oder ein Bär prangte. Daraus wurden die Namen *Rothschild, Stern, Bär* oder *Beer*, wobei natürlich auch andere Deutsche so heißen konnten – ebenso wie *Löw, Hirsch* oder *Wolf*. Doch für die Juden hatten diese drei Tiere noch eine besondere Bedeutung, weil Erzvater Jakob seine Söhne Juda, Naftali und Benjamin damit verglichen hatte. Ein anderer Sohn Jakobs war *Levi*, was »Anhänglichkeit« bedeutet. Daraus wurde *Levinger, Leib, Liebenthal* oder – durch Umstellung der Buchstaben – *Weil*. Wer es etwas deutscher wollte, verwandelte *Levi* in *Löw* beziehungsweise *Löb* oder – weil es der hebräischen Vokabel *leb* (Herz) ähnelte – in *Herz* oder *Herzel*. Die Form *Lewin* kann jedoch genauso gut auf den deutschen Rufnamen *Liebwein*, gebildet aus *Lieb* und *wini* (Freund), zurückgehen.
Ähnlichkeiten mit deutschen Namen waren wohl gewollt, wenn das Eigenschaftswort *mejr* (glänzend, erleuchtet) zu *Meier* wurde oder *Emanuel* zu *Mann* beziehungsweise *Mandel* oder *Mardochai* zu *Marx*, der im Deutschen ein verkürzter *Markus* war.

Das gelehrte »-us« am Schluss

MANCHER FAMILIENNAME HAT EINEN LATEINISCHEN DUKTUS, WEIL ER AUF *-US* ENDET. MAN DENKE AN *MAGIRUS*. DABEI IST DER EIGENTLICH GRIECHISCH.

Prätorius – das klingt doch wesentlich exklusiver als *Schulze* und natürlich ungleich gelehrter. So dachten wohl auch jene Herren *Schulz, Scholz, Schultheiß, Richter* oder *Vogt*, die vom 15. Jahrhundert an ihre Familiennamen ins Lateinische übersetzten, in dem es die vergleichbare Amtsbezeichnung *praetor* gibt. Und damit auch der letzte Landbewohner merkte, dass er einen lateinischen Familiennamen vor sich hatte, hängten sie sicherheitshalber noch ein zusätzliches *-ius* ans Wortende. Ebenso verfuhren jene *Schneider, Schuster* und *Beck(er)*, denen die Vokabeln *sartor, sutor, pistor* nicht lateinisch genug waren und die sich daher *Sartorius, Sutorius* und *Pistorius* nannten.

Die Begeisterung für das klassische Altertum hatte im 14. Jahrhundert zunächst die italienischen Humanisten veranlasst, ihre Namen zu latinisieren. Ihre deutschen Gesinnungsgenossen folgten diesem Beispiel. Sofern sie in Italien studierten, mag das auch den praktischen Nutzen gehabt haben, dass damit die für Italiener oft unaussprechlichen deutschen Namen entfielen.

Zum Teil wurden die deutschen Namen ganz einfach übersetzt. Problemlos übertragbar waren Äußerlichkeiten wie Haarfarbe oder Gestalt oder viele Berufsbezeichnungen: Aus *Weiß* wurde ein *Albus*, aus *Schwarz* oder *Mohr* wurde ein *Maurus* und aus *Groß* ein *Magnus. Müller* nannte sich nun *Molitor, Fischer* schrieb sich *Piscator* und *Weber*

gefiel sich als *Textor*. Dem *Koch* hingegen war der lateinische *coquus* zu fad. Er griff zum griechischen *mágeiros* und bereitete daraus einen *Magirus* zu.
Mit seinem Rückgriff auf den Sprachschatz der Hellenen war *Magirus* beileibe keine Ausnahme. Davon zeugen die Namen, die auf *-ander* enden, was »Mann« bedeutet. *Neander* ist der *Neumann, Xylander* der *Holzmann, Melander* der *Apfel-* oder *Eppelmann*. Ein Kuriosum ist in diesem Zusammenhang der berühmte Name *Osiander*. Das ist eine halbe Übersetzung des Namens *Hosemann*, der die Hose behalten hat, wenn auch ohne *H*.
Übersetzt wurden die Namen so, wie man sie verstand, wobei schon damals, vor gut einem halben Jahrtausend, der ursprüngliche Sinn oft nicht mehr klar war. So interpretierte Philipp *Schwarzert* seinen Namen als »schwarze Erde« und formte daraus den griechischen *Melanchthon*.
Die Latinisierungswelle nahm erstaunliche Ausmaße an. Der Namenforscher Konrad Kunze hat insgesamt 1838 Namen in ganz Deutschland gezählt, die auf *-ius* enden. Sie sind oft auf denkbar schlichte Weise zu Stande gekommen, indem nämlich jene lateinische Endung an den deutschen Namen gehängt wurde. Der *Dibl* avancierte zum *Dibelius, Schmitz* nannte sich *Schmitzius, Bock* wurde *Bockius*. Und *Kurzius* ist nichts anderes als ein Kleinwüchsiger mit einem gelehrten Hinterteil.

Schall
Rauch

Literatur

Bahlow, Hans: Deutsches Namenlexikon. Frankfurt/Main 1972.

Berger, Dieter: Geographische Namen in Deutschland. Herkunft und Bedeutung der Namen von Ländern, Städten, Bergen und Gewässern. Mannheim; Leipzig; Wien; Zürich 1993.

Brechenmacher, Josef Karlmann: Etymologisches Wörterbuch der Deutschen Familiennamen. Limburg a. d. Lahn, 1. Bd. 1957-69, 2. Bd. 1960-63.

Efinger, Eugen: Die Familie Batzill (Familiengeschichtliche Forschungen von Neuhausen a. d. Fildern, 1. Heft). Cannstatt 1930.

Gottschald, Max: Deutsche Namenkunde. Unsere Familiennamen nach ihrer Entstehung und Bedeutung. Berlin 1954.

Grees, Hermann: Ländliche Sozialstruktur, Wirtschaft und Siedlung seit dem ausgehenden Mittelalter. In: Der Stadt- und der Landkreis Ulm. Amtliche Kreisbeschreibung. Allgemeiner Teil. Ulm 1972.

Grohne, Ernst: Die Hausnamen und Hauszeichen, ihre Geschichte, Verbreitung und Einwirkung auf die Bildung der Familien- und Gassennamen. Göttingen 1912.

Heimerans Vornamenbuch. Erweitert und bearbeitet von Hellmut Rosenfeld. Passau 1968.

Jastrow, Otto: Die Familiennamen der türkischen Republik. Bildungsweise und Bedeutung. In: Rudolf Schützeichel, Alfred Wendehorst: Erlanger Familiennamen-Colloquium. Neustadt/Aisch 1985, S. 101-110.

Kluge, Friedrich: Etymologisches Wörterbuch der deutschen Sprache. (23. Auflage) Berlin 1995.

Koß, Gerhard: Namenforschung. Eine Einführung in die Onomastik. Tübingen 1990.

Kunze, Konrad: dtv-Atlas Namenkunde. Vor- und Familiennamen im deutschen Sprachgebiet. München 1999.

Linnartz, Kaspar: Unsere Familiennamen. Band I, Zehntausend Berufsnamen im Abc erklärt. (3. Auflage) Bonn, Hannover, Hamburg 1958.

Mitterauer, Michael: Ahnen und Heilige. Namengebung in der Europäischen Geschichte. München 1993.

Moser, Hans: Fasnacht, Faßnacht, Faschang. In: Schweizerisches Archiv für Volkskunde 68/69 (1972/73), S. 433-453.

Namenforschung. Ein internationales Handbuch zur Onomastik. Hg. von Ernst Eichler, Gerold Hilty, Heinrich Löffler, Hugo Steger, Ladislav Zgusta. Berlin, 1. Bd. 1995, 2. Bd. 1996.

Naumann, Horst: Das große Buch der Familiennamen. Alter, Herkunft, Bedeutung. Niedernhausen/Ts. 1999.

Petershagen, Wolf-Henning: Die Wahrheit über Deppenhausen. Kuriose Ortsnamen in Baden-Württemberg. Stuttgart 1999.

Rosenfeld, Hellmut: Fastnacht und Karneval. Name, Geschichte, Wirklichkeit. In: Archiv für Kulturgeschichte. 51. Band. Köln, Wien 1969.

Schmoldt, Hans: Kleines Lexikon der biblischen Eigennamen. Stuttgart 1990.

Schütz, Joseph: Russische Familiennamen. In: Rudolf Schützeichel, Alfred Wendehorst: Erlanger Familiennamen-Colloquium. Neustadt/Aisch 1985, S. 41-48.

Seibicke, Wilfried: Die Personennamen im Deutschen. Belin/New York 1982.

Tibón, Gutierre: Diccionario etimológico de los apellidos españoles, hispanoamericanos y filipinos. México 1992.

Wenzel, Walter: Lausitzer Familiennamen slawischen Ursprungs. Bautzen 1999.

Index der in diesem Band erklärten Namen